华为营销方法丛书

群狼战术

华为销售团队建设与激励法则

WOLVES' TACTICS

SALES TEAM BUILDING AND SALES RULE OF HUAWEI

周庆 易鸣 向升瑜 ◎ 著

中国人民大学出版社
· 北京 ·

公司在研发、市场系统必须建立一个适应“狼”生存发展的组织和机制，吸引、培养大量具有强烈求胜欲的进攻型、扩张型干部，激励他们像“狼”一样嗅觉敏锐、团结作战，不顾一切地捕捉机会，扩张产品和市场。

——任正非 1997 年“与 HAY 专家在任职资格考核会上的对话”

前言

营销工作中，如何打造一线团队是许多企业相当重视的课题，也是许多一线管理者在实际管理过程中感到困惑和力有不逮的地方。尽管他们能够意识到销售团队建设和激励的重要性，但在操作过程中往往感觉无从下手。因此，他们亟待能够系统、全面地了解如何建设销售团队，如何激发营销人员的积极性。

作为世界领先的通信设备供应商，华为的一线团队遍布于全球九十多个国家和地区，所服务的客户不乏沃达丰、德国电信(T-Mobile)、英国电信(BT)等世界一流的电信运营商。同时，随着近几年华为终端业务的崛起，在渠道销售以及零售门店的销售管理上也获得了长足的进步。在这个过程中，华为的一线团队积累了丰富的经验，对于销售团队的建设拥有了自己的一套方法。

如今，许多企业在管理上向华为看齐，“向华为学管理”成为许多企业和管理者的共识。基于这样的出发点，笔者希望能够系统地梳理和总结华为在销售团队建设上的经验和方法，呈现给广大读者——特别是身处一线的营销人员，用于帮助大家有效提升自己的销售管理水平。

笔者在华为工作期间，一直在海外奋斗，从产品经理做起，一直到担任系统部主任。在漫长的一线工作经历中，积累了诸多宝贵的经验，对华为在销售团队建设上的探索与实践有着较为深刻的认识，其间也经历过从普通员工到管理者的艰难转身，对于销售团队管理过程中的难点也深有体会。同时，本书的写作还得益于团队的力量，周庆先生是老华为人，在华为工作二十多年，是华为资深的市场营销人员，向升瑜女士则从客户维护的角度为这本书提供了一些积极的补充和帮助。

事实上，随着现代市场经济的发展和一系列先进技术的出现，销售团队已成为企业之间竞争的“急先锋”，正如任正非指出的那样，销售团队就应该是深入前线的特种部队，而后方则是随时提供火力支援的大平台。因此，销售团队的作用不仅没有弱化，反而更加重要了，这也对一线团队的综合能力提出了全新的要求。

客观而言，许多企业对于销售团队还停留在比较传统的认识上。笔者希望通过这本书，能够使更多的企业管理者认识到像华为这样的世界级企业在销售团队建设上的先进之处，以及他们对于销售团队建设的探索，这也是笔者写作本书的一个很重要的原因。

本书结合了创作团队自身的管理经验，同时参考了许多经典的管理学书籍，通过大量的案例，对华为销售团队建设的逻辑和方法进行了梳理。本书按照团队组建、能力建设、目标确定、客户关系、团队协同、冲突化解、风险应对、团队激励、持续成长九个方面，对华为销售团队建设的方法进行了深入浅出的解读。本书以及本丛书关于华为方面的写作素材全部来源于公开材料，包括华为的官网、公众号，以及一些网络资料、公开出版物等。对于曾经培育过我们的华为，我们永远怀着感恩之心，并热爱它。

在写作本书的过程中，笔者得到了诸多管理学专家、高校教师、一线管理者以及华为老同事的大力支持和帮助，在此一一表示感谢。另外还要感谢本书的两位合作者，我们一起碰撞交流，通过对各个主题不同角度的理解，在假设和求证中完成了更深层次的思考。

衷心希望本书能够对读者朋友有所启发，并能够提供切实有效的帮助。限于笔者能力，书中难免存在不足或问题，希望读者朋友不吝赐教，提出宝贵的意见和建议。

易鸣

2018 年 2 月

目录

第1章 打造作战团队

华为要有开放的用人态度，吸纳全球优秀人才，组合世界上最优秀的资源，和优秀厂家结成战略合作伙伴关系，多层次构建为我所知、为我所用、为我所有的能力组合。

——任正非

1. 构建狼性销售团队

作为直接面向客户的团队，销售就是把产品交付给客户的最后环节，如果最后一个环节没有做好，那么前面的努力就白费了。从某种意义上来说，销售团队代表了公司的最终形象，如果销售团队整体能力不强，给客户的印象和服务不够好，即便产品再出色，客户也可能不会购买。因此，一个强有力的销售团队对企业来说至关重要。

1.1 以“铁三角”为核心打造作战单元

早期华为各地代表处并没有统一的解决方案销售部，而是按照产品，分为固定网、移动网、传送网、业务与软件等产品部，如果客户需要综合解决方案，华为各个产品线都要派人去，而华为的竞争对手爱立信只需要一两个解决方案专家就可以解决客户的所有问题。

让华为彻底醒悟，并组建一线“铁三角”销售组织，缘于2006年在苏丹项目中的一次惨败。在与客户的交流中，华为客户线的人员本来已经了解到对方的需求信息，却没有把信息有效传递给产品人员，而产品人员关注的重点还停留在传统报价模式上，并没有从客户的角度去优化产品方案。客户召集的一次网络分析会，华为去了七八个人，每个人都忙着向客户解释各自领域的问题。客户高层抱怨道：“我们要的不是一张数通网，不是一张核心网，更不是一张交钥匙工程的网，我们要的是一张可运营的电信网！”

痛定思痛，华为苏丹代表处在随后的工作中慢慢总结出了“铁三角”运作模式。经过实验和摸索，这一模式也得以在华为各代表处全面展开。

2009 年，华为以客户经理、解决方案专家、交付专家为核心组建项目管理团队，形成面向客户的以项目为中心的一线作战单元，在北非地区部率先试点推行后取得了良好的反响，并逐渐在华为全公司推行。

在“铁三角”中，客户经理是项目运作、整体规划、客户平台建设、客户满意度提升、经营指标实现的第一责任人。解决方案专家负责项目的整体产品品牌和解决方案，从解决方案角度来解决客户需求，帮助客户实现商业成功，对客户群解决方案的业务目标负责。交付专家是项目整体交付与服务的第一责任人。“铁三角”是三种职责的融合，使一线的最小作战单位目标一致，分工明确。围绕着“铁三角”的核心作战团队，客户关系、产品与解决方案、交付与服务等部门在一旁提供协同支持。

华为“铁三角”模式以项目为中心组建，具有灵活机动的特点，又充分发挥团队作战的优势，从而打破了组织内部的部门壁垒，让团队内部沟通畅通，快速响应客户的需求；并且可以和客户的组织对接，全面满足客户需求，做厚做宽客户关系，实现与客户的双赢。

当然，并非所有的企业都是华为强矩阵式项目型组织，但这种“铁三角”模式具有普遍的可应用性，即便不是项目型组织的企业，也可以应用“铁三角”模式，来打造自己的狼性销售团队。“铁三角”模式的核心在于突出销售团队中核心成员的作用和功能，以全面承接客户的需求，也就是说“集中力量办大事”。

“铁三角”模式给了任正非极大的启发，任正非说：“我们业务开展的各领域、各环节，都可能存在‘铁三角’，三角是最稳定的结构，但并不代表一定只有‘三角’，‘四角’‘五角’甚至更多也是可能的。这给我们的组织变革提供了很好的思路和借鉴。”

1.2 选拔和融合团队需要的周边人才

对于华为这样面向运营商和企业客户的企业来说，一个项目往往周期长、情况复杂，涉及人员也相当多，如果在海外，那就更复杂了。这就意味着，销售团队除了最核心的团队成员，其他支撑项目运作成员也相当多，例如项目主谈判人、投标责任人、商务负责人、合同负责人、融资负责人、合同负责人、供应链负责人、项目采购负责人、业务财务控制人、项目财务控制人等。

支撑项目运作的成员虽然并不起到最核心的作用，但是他们起到的是润滑剂的作用，是项目成功不可缺少的部分，他们往往是各自领域里的专家，因此，利用好他们的能力，能够让团队更高效地运作，甚至某些时候可能会决定一个项目的成败。

2007 年，华为在北非某国的 Turnkey 项目启动，但是在项目前期，由于物料不全等原因，问题层出不穷。客户项目经理对华为非常不满意，多次投诉到高层，导致该项目已经换掉了三任项目经理，其中不乏外籍专家、资深项目经理。为了解决这一系列问题，项目组又紧急从国内征召了数位员工加入项目。王军便是在此时加入该项目，担任计划控制经理。王军仔细和客户沟通，把客户反映的问题一个个记下来，回到办公室，分析问题，制定解决方案，再反馈给客户，一点一点地解决问题，一步步建立客户的信任，也赢得了项目组领导的信任。于是，几个月后，这个原本只是过来出差支持的员工，却成了项目组的重要成员，留在了代表处，并担任该项目的交付项目经理。

在一线销售团队的人员配置上，华为毫不吝啬，从来都是以高标准配置的，尤其在华为发展早期，客户有什么疑问或问题，华为的销售团队总是能以最快的速度赶到客户现场，解决客户的问题。也正是这种灵活快速的反应机制，让华为大获裨益。甚至有时候，在价格和性能都不占优势的情况下，客户依然点名要华为的产品，就是看重华为的服务能力。因此，在打造作战团队时，除了选好团队的核心成员，对于支撑团队运作的周边人员，也要认真对接和筛选，以获得更好的支持。

1.3 重视资源型人才，为团队提供作战支持

在任正非看来，要适应新时代的发展，灵活应对瞬息万变的市场，作战部队就必须精简。但作战部队精简了，如何应对各种情况呢？这就需要后方的支援部队随时都要跟上。

任正非曾经给华为干部讲过一个关于美军第二十四师师长的故事。伊拉克战争时，第二十四机步师是攻击巴格达正面战场的主力部队，开战前一天，师长却临时提出还需要增加两个基数的弹药。这近乎一个不合情理的要求，战区司令官就拒绝了师长的要求，因为两个基数实在是太大、太复杂了。这些弹药的种类要从哪些仓库调出、装在哪里、投放在哪里、如何配套是一个相当复杂的工程，工

作量也相当大，把这些东西分类清楚，并运到指定地点，就更难了。但负责后期的装备少将和后勤少将表态说：“没问题，你把路途的集结点告诉我们，我们负责运送过去。”就这样，美军后勤部只用一天就满足了师长的要求。

2009年，华为以代表处系统部“铁三角”模式为基础，确立了能力综合化的轻装海军陆战队式的作战队形。“铁三角”在小范围完成对合同获取、合同交付的作战组织以及对重大项目支持的规划与请求；地区部“重装旅”以高度专业化的能力，支持一线的项目成功。地区部集中专业精英力量，给前线提供及时、有效的支持。同时，华为借鉴美军参谋长联席会议的组织模式，提出了片区的改革方案，片区联席会议将以全球化的视野完成战略规划，并对战略实施进行组织与协调，灵活地调配全球资源对重大项目进行支持，并以此推动各地区部、代表处、产品线、后方平台的进步。

任正非用“海军陆战队”和“重装旅”来形容华为的代表处和地区部。“海军陆战队”，即代表处，规模小、装备轻、灵活机动，并具有综合作战能力，是直接面向客户的一线作战单元；而作为“重装旅”的地区部是专业化的队伍，配备齐全，在后方给陆战队提供资源和炮火。

任正非说：“抢滩登陆时，我们需要海军陆战队在滩头上撕开一个缺口，建立一个阵地，但是没有后续支援，它是无法继续作战的，也不能展开战略纵深。有了这个阵地，我们的重装旅就可以跟上去了，给海军陆战队提供后续支援。”

华为东北欧地区部行政团队坐落于波兰，除了为地区部和波兰代表处员工的生活提供保障，东北欧地区部其他代表处以及西欧等国的行政平台也需要他们的支撑和协助。

海外代表处不仅有中国员工，还有相当一部分本地员工，因此吃饭是个大问题，既要满足中国员工，也要满足本地员工。作为“行政技术支持”，肖秀林在东北欧地区部的任务是帮助各代表处建立食堂。

建食堂看似简单，但欧洲国家众多，各国的基本情况各不相同，有些国家资源缺乏，有些国家厨师不好找，有些国家某些食堂炊具根本就没有；而且不同国家的法律也不太一样，例如英国对餐厅的卫生、消防、排污等条件要求就很严格。肖秀林每到一处，就协助代表处行政，从食堂格局的规划、向当地部门提供申请报告，到采购厨具、培训本地厨师等，把这些事情办理得清清楚楚。

十年时间里，肖秀林的足迹几乎踏遍了所有的欧洲国家。在肖秀林的支持下，从西欧的德国、英国到南欧的意大利、西班牙再到东欧的罗马尼亚、乌克兰，华为在欧洲各地的代表处基本都建立了自己的食堂，解决了一线作战团队的后顾之忧。

因此，在地区部“重装旅”的建设上，华为重视各种平台的建设，包括共享中心的建设、人员的培训、经验总结推广等。华为不同的代表处，组织配置也不尽相同，而地区部就是针对代表处缺少的能力补全，包括后勤服务等。当代表处的项目需要支援时，就能随时提供支援，助力一线团队持续有效地作战。

2. 按作战阵型配备人才

按照华为狼性销售团队的架构，各代表处还需要为此找到合适的作战人选，组建项目团队。一般而言，无论是以区域划分的销售团队还是以项目划分的团队，建立团队的第一步当然是确定团队的核心成员，确定核心成员后再根据需求去配置其他人员。面对人才需求，华为很少从外部临时招收，绝大部分都来自公司的人力资源池，这也是华为公司的特别之处。

2.1 找准作战团队核心人才

在华为人看来，最优秀的人才，靠一般的流程是招不来的，越优秀的人才，越关键的人才，越不缺发展的机会和空间。这就需要变成伯乐，擦亮眼睛主动去寻找。

华为在筹建爱尔兰研发能力中心时，在爱尔兰还只有一个小的办事处，几乎没有任何人脉。为了招募高端人才，承接 OSS（运营支撑系统）和 BSS（业务支撑系统）开发，负责人徐静开始尝试在 Linkedin 上面搜，用了各种办法，相关的人才倒是搜索到了，可发出邀请之后基本就石沉大海了，只有少数人回复了他，他圈定了四个人。

因为是高端招聘，之后审批环节也比较复杂，徐静反复跟各环节的负责人解释和沟通，这中间花了近半年的时间，不过总算招到了两个专家。在寻找目标人才的过程中，徐静发现他想要招募的人才都在科克这个小镇上，因此，华为决定将研发中心放在科克。贴近人才建组织，这也是华为近些年来全球化人才策略的重要举措。

华为曾经有一个“狼狈组织”的说法。在任正非看来，华为的一线团队要像“狼狈”那样精诚合作。而作战团队的核心成员就是这匹“狼”，要能清晰地理解公司的战略方向，还要有周密的策划能力，能带领团队攻占山头，“多打粮食”，不断实现新的突破。

虽然如今华为已经不怎么提“狼狈组织”这一概念，但华为对于“狼”的基本要求却从未降低过，甚至还更加严格了。

新世纪初，华为走出国门，开拓欧洲市场。当时的欧洲市场被爱立信等巨头牢牢掌控着，华为可谓在夹缝中求生存。华为在欧洲推广 3G 业务的时候，余承东找到运营商的基站，然后问他们：“什么是你们最烦心、最头疼的事情？说出来，我可以帮你们解决。”

余承东这种不讲规矩、不按套路出牌的“野路子”不失为一种策略，由于华为当时在欧洲刚刚起步，许多客户不相信华为能解决他们的问题。但是爱立信那些老牌的通信业巨头地位很稳固，利润很好，不可能到现场去跟运营商一起解决问题。他们向市场推出的标准化的产品，绝不会跟客户承诺额外的功能和服务，并且每一个阶段的产品都要把钱完全赚足，不会匆匆忙忙就把新技术拿出来。他们这种产品思路在没有遇到华为的冲击之前是很有效的，也用不着去考虑客户在使用产品的时候实际面对的问题。所以有些运营商也抱着试试看的想法，把自己的问题告诉华为，说明自己的技术需求。

余承东这种“野路子”，让华为在欧洲硬生生地从那些通信业巨头里面“啃出几块肉来”。其实，余承东带领的团队也有遭遇低谷的时候，但余承东总是能找到突破点，抓住客户的需求，实现绝地反击，包括任正非在内的诸多华为高管最认可余承东的地方就在这里，这也是任正非坚持信任余承东的原因。在任正非看来，没有人是不会犯错的，《亮剑》中的李云龙虽然总是犯错，但依然是优秀的干部，华为一线作战团队最需要的就是这种敢战能战的勇将。

2.2 列出人才需求清单

在组建团队时，团队管理者首先需要知道自己需要哪些人才，列出人才需求清单，然后看看缺少哪些，确定是从公司内部调遣还是外部招聘，就能有针对性地补充人员。在华为，团队和组织建设是主管的第一职责和责任，机关或者人力资源部门起到的只是辅助作用，起主要作用的还是项目负责人。

2015 年，彭高飞来到南非某项目群担任项目经理，这个项目群包括四个 A 级项目，也是华为到当时为止所有交付项目中最复杂的全 TK 项目，几乎涵盖华为所有的网络部署业务场景。该项目群客户线网信息复杂，站点、路权获取困难，分包资源稀缺，计划集成困难，并且华为在南非没有相关交付经验，交付形势不可谓不严峻。

由于没有任何经验借鉴，项目一开始，彭高飞也不清楚哪些站点容易交付，哪些站点交付困难，只能摸着石头过河，因此出现了一个策略上的失误，一上来就选择了交付周期最长的一个站点。四个月后，友商交付新建站点 37 个，而华为只交付了 7 个。这让客户相当不满意，用邮件、电话向华为代表处的领导投诉。

经过反复的思考，彭高飞开始意识到，没有优质团队和优质资源，项目不可能取得成功。他对项目人员状况进行了盘点，大致摸清了项目的人员需求缺口，然后利用华为内部的人力资源池，集结人马，用一个月时间重新组建团队。接着开始梳理内外部流程，整理和分析新建站点类型的瓶颈和难点，制定交付方案，拉通各个子项目，优化流程。团队经过优化，再加上所有人的努力，2015 年年底，华为的新建站在三个区域大量交付。他们的努力工作也得到了客户的认可。

在组建团队的过程中，如何找到合适的人选，达到合理的人员配置，是一个比较艰难的过程。尤其对于项目型团队来说，时间短、任务重，更加难以达到理想的状况。在华为也不例外，很多时候想要的人要么调不来，要么正在忙别的项目，而能使用的人员要么经验不够，要么能力专业不对口。华为西欧地区部总裁彭博曾经回忆他刚到欧洲一线时，为了组建团队，找到合适的人才，不管是见客户还是和机关、其他区域的同事吃饭，都要问一问对方能不能向他推荐人。

为了解决找人难的问题，华为建立了内部人才市场，同时推行内部转岗机制。即如果某部门缺少人手，首先会在华为内部的招聘网站上发布招聘信息，在十多万名华为员工中甄选合适的人选，而如果有员工适合该岗位，并且对该岗位有意向，可向自己所在的部门提出转岗，取得部门领导的同意后，便可以实现内部转岗。

为了进一步优化内部的人才结构，实现“在正确的时间，把正确的人才，运用到正确的地方”，从 2013 年开始，华为 GTS 开始着手建立服务人才供应链，上线资源管理系统，资源库中拥有 3 万名员工的信息，经验、技能、特长及忙闲状况等都可通过这个资源管理系统查询得知。谁会说葡萄牙语？谁有非洲的项目经验？谁的技能合适？什么时候有空？项目组可以到资源库中找符合自己需要的人才，根据项目情况做 3~6 个月的人力供应计划，实现人员快速精准供应。

2015 年，华为的墨西哥 AT&T 项目便利用内部人力资源库极好地完成了人员调度。墨西哥 AT&T 项目相当复杂，项目一启动，项目经理李隆兴利用内部人才资源库，仔细甄选合适的人才，广招人马，2 个月时间就从中国、美国、印度、马来西亚等各国，集结懂西班牙语的人员、懂北美标准的专家以及各类网络专家 455 人，很好地保障了项目的顺利推进，让 AT&T 项目顺利交付。

通过内部人才市场，华为极大地提升了对一线作战团队的人员支援力度，提高了一线团队组建的效率。当然，对于中小型企业而言，他们并没有那么多的内部人才可供调用，利用客户资源、猎头或者外部招聘网站也是一个不错的办法。

2.3 对准作战，合理配置人才结构

团队组建完备，人员已经就绪，但是团队的人才结构可能还没达到合理的状态。比较常见的情况就是成员由于经验或能力的原因，达不到团队作战的要求。例如在华为，围绕着一个项目，许多部门都参与进来，研发、行政、财务、采购、市场等，由于不同部门的参与程度不同，配置到项目的人员难免存在差异，不一定是最适合这个项目的，而项目负责人也不一定对所有成员都非常了解，只有团队运行一段时间后，才能发现问题。这时候，就需要对人员结构进行优化，使团队作战能力最大化。

任正非在谈到华为的资源配置问题时指出，当前在项目管理上，要把最优质的资源配置到项目上。很多项目主管反映，项目实施和落地存在困难。比如说项目财务，环顾一看，大多数是13、14级的员工，极少数是16、17级的员工，他们虽然有冲劲、有激情，但能力和经验还很难承载项目经营和管理的一线责任，这些都是需要时间积累的。管理机关也很少关注一线项目，导致一线缺少足够的、实时的专家团队支撑。仅凭他们的一己之力怎么能够满足项目的期望和要求？

有时候，团队人员的配置也会出现能力“溢出”的情况，这种情况并不少见。就是说，团队可能只需要一个“连长”，配到团队来的却是一个“团长”，甚至是“旅长”“师长”。就公司层面而言，这无疑是极大的资源浪费。就团队本身而言，也要考虑投入和产出的问题，团队成员能力固然越高越好，但高能力也往往意味着高成本，如果高投入不能换来高产出，肯定是得不偿失。

在任正非看来，将来华为的一线作战，可能是21级的“将军”带着一批13级的“班长”和“排长”小规模作战，如果是带一群18级、19级的“团长”和“旅长”打阵地战，那成本就太高了，华为也承受不起。稻盛和夫大力推行的“阿米巴经营组织”实际上就是合理配置人才结构的一种体现。

日本航空公司曾是日本最大的航空公司、世界第三大航空公司，由于航线飞行效率低下，人员冗余，日航陷入了严重亏损状态，2010年向东京地方法院申请破产保护。稻盛和夫接手日航后，大力推行改革，主要有两个措施：一是推行主动式工作，“敬天爱人，尊重员工”，让员工由被动工作变主动工作；二是“阿米巴经营组织”，将一套会计核算体系植入人力资源管理，去量化组织中每个团队、每个人有多少能力，产生了多少价值，然后迅速做出调整，低效率的团队进行裁员，甚至直接撤裁这一团队，将高薪低能的人调整下来，将高能低薪的人提拔上去，优化内部人才结构。稻盛和夫用两年时间将日航扭亏为盈。

因此，作为销售团队，合理配置人才结构，选用合适的人才，是打造高效作战团队不可或缺的环节。华为与稻盛和夫推崇的“阿米巴经营组织”理念有相似之处，都是用一套量化的会计核算体系来衡量每个人的价值和能力，然后进行调配。当然，具体的执行过程，华为和日航差别比较大，每个企业都有自己的一套企业文化和制度体系。

3. 坚持选拔制，人尽其才

华为的文化是一个赛马文化，施行的是公平的竞争机制。“是千里马都拉出来赛”，跑在前面的就由有关部门去考察。尽管如此，任正非还是指出，华为选拔人才方法还是要继续优化，要看到别人的成长性和优点，不要总抓住缺点，要给予改正的机会。要能根据不同的环境、不同的条件，发挥个人能力上的优势。

3.1 尊重和欣赏个体差异

尊重和欣赏个体差异，在现代团队管理中是非常重要的一个课题。其实，如果团队成员个性单一，那也不利于达到优势互补的作用，团队反而有可能变得死气沉沉，缺乏活力。就好比说相声，既要有捧哏，也要有逗哏。所以，销售团队应该接纳不同个性的成员，并在日常管理中，灵活处理不同员工的个性，尽可能地发挥他们的能力。

NBA著名球星丹尼斯·罗德曼个人能力非常突出，但同时也是一个极其有个性的球员，在球场内外，他总是以极其夸张的穿戴和发型引人注目，外号“花大虫”。在罗德曼效力芝加哥公牛队时，公牛队当时的教练菲尔·杰克逊为了用好这位个性球星，激发他发挥出最大的能力，对他说：“如果你每场比赛都能抢下20个篮板，我就绝不干涉你的私生活。”罗德曼果然不负众望，以球场上的表现征服了杰克逊和球迷，就这样，杰克逊让球队中每个人的能力都发挥到最大化，他带领的芝加哥公牛队成为20世纪90年代NBA最强大的球队，六次夺得总决赛冠军，两次三连冠，建立了名噪一时的“公牛王朝”。

现代科学研究表明，人的大脑大致分为四个区域，左上区域关注逻辑、理性方面的数据、事实；左下区域关注微观方面的东西，比如执行和细节；右下区域关注人与人的交往、人的情感等偏感性的认识；右上区域关注宏观方面的东西，例如行为习惯给未来带来的影响。在个人的成长过程中，每个人大脑开发的区域不尽一致，因此四个区的偏好度都是不一样的，在一个团队中，不同的岗位也需要不同素质模型的成员。

任正非说："华为是个大平台，需要各种各样的人才，要宽容'歪瓜裂枣'的奇思异想，以前一说歪瓜裂枣，就把'裂'写成劣等的'劣'。实际上，枣是裂的最甜，瓜是歪的最甜，战略上，我们需要更多的人才，还要用好他们。今天我们再去看王国维、李鸿章，实际上他们就是那个时代的'歪瓜裂枣'。说不定这些'歪瓜裂枣'中间就出现了我们时代的凡·高，我们时代的贝多芬，未来的扎克伯格。"

年轻气盛的孔令贤刚加入华为的时候，满脑袋都是点子，一心想做出一番事业，但他觉得华为的管理制度太严格，条条框框太多，限制了自己的发挥，打算出去证明自己的实力。

后来，孔令贤的主管发现他点子多，对新事物感兴趣，就鼓励他做新技术的预研，选择一项他感兴趣的技术扎进去。之后，孔令贤了解到还没有华为的人加入开源技术社区 OpenStack。他开始坐下来静心研究，一心扑在上面，潜心钻研技术，与世界顶尖专家交流、分享。他的努力没有白费，是华为进入 OpenStack 社区第一人，在社区上发表专题文章 150 余篇，并成功带领一支能够将开源和商业成果相结合的团队，成为 OpenStack 社区的核心成员，让华为成为 OpenStack 金牌会员。

作为团队管理者，在日常管理中，可以稍加留意团队成员大概属于哪一种类型，并且多和成员交流，让他们说出或找到自己擅长的事项，这样一来，就能更合理地对团队进行分工，团队的默契度也就更高了。

3.2 发掘人才潜力，用人所长

除了要用好不同个性、不同特点的成员，作为团队管理者，还要善于发掘团队成员的潜力，看到他们身上的闪光点。余承东在华为敢作敢为，并且口无遮拦，时常语出惊人，"余大嘴"的名号不胫而走。比如在华为笔记本的新闻发布会上，他说："华为要么不做，要做就做老大。"甚至在许多老华为人眼里，余承东老惹麻烦，老犯错误。但任正非认为余承东身上那股"闯劲"是许多人没有的。余承东果然不负期望，先后带领华为无线和华为终端都做出了突出的贡献。

世界上许多知名的企业家都以擅长用人而著称，苹果公司的创始人乔布斯正是如此。乔布斯在苹果的职业生涯堪称传奇，他在发现人才、使用人才上面更是有独到之处。

乔布斯以创办和掌管苹果公司而闻名于世，并带领苹果公司成为世界上最成功的科技企业之一。不过鲜为人知的是，美国著名的动画公司皮克斯工作室也是乔布斯一手发展壮大的。实际上，皮克斯工作室最初成立的时候是一家硬件公司，因为其在计算机绘图上有着卓越的表现而被乔布斯收购，作为他“完美电脑”计划的一部分。不过皮克斯的成员颇有些“不务正业”，居然痴迷于绘制3D动画片。当乔布斯看到他们制作出来的3D动画片时，便被他们精湛的技术所征服了，于是乔布斯不再强求他们继续鼓捣硬件，而是鼓励他们发挥创造力，把3D动画片继续做下去。起初，他们做了几个短片，获得“奥斯卡”的青睐之后便开始着手制作长篇动画，这便是1995年上映的《玩具总动员》。之后皮克斯一发而不可收，接连制作了《虫虫危机》《怪物电力公司》《海底总动员》等知名影片，变成了一个彻头彻尾的电影工作室。2006年，美国电影巨头迪斯尼公司以74亿美元的价格收购了皮克斯工作室。

在团队中，有的成员也许是能力经验尚且不够，也许是在不适合他的岗位上，因而成绩不尽如人意。对于这种情况，管理者一方面要保持耐心，看看成员是否有进步，另一方面要有敏锐的观察力，看他是否适合别的岗位。

王端军是华为一位项目经理，他刚到摩洛哥接任PMO主管一职时，有两个员工考评被打了C。其中有一个是本地员工，之前被安排负责PMO管理工作，由于对华为的业务流程不太熟悉，交流上又有障碍，做了一段时间，业绩比较差，达不到华为的要求。王端军主动找到他，跟他做了多次深入沟通，对他说：“不要因为一次考评结果，就认为公司否定了你。也许你不适合这个岗位，换个岗位说不定就能干好。当然，也要找出自己的不足，积极改进，同时发挥自己的长处，坚持做下去。”后来王端军又观察了他一段时间，觉得他可以在FR岗位上发挥价值，于是将他推荐到企业网做FR，这位本地员工在新的岗位终于找到了感觉，每天工作都干劲十足，更是让其他人刮目相看。他自己也以在华为工作为荣。

王端军说，项目经理进行项目管理就像指挥一个交响乐团，每个人的才能都不一样，每个部分又都很重要，作为乐团的“指挥”，要时常和“乐手”沟通，看到每个人身上的优点，最大限度地发挥他们的才干。

当然，在日常管理中，除了依靠自己多观察、和成员多交流，也要鼓励成员根据自己擅长的事情或领域主动挑战目标，从被动接受分配任务的状态转变到主动选择的状态。

3.3 坚持选拔制，竞争上岗

在人才选用上，华为坚持选拔制，而不是使用培养制。每一个员工都要通过实际工作证明自己的能力，从本职工作中脱颖而出。任正非要求，在重要岗位上，要坚持竞争上岗的原则，不能直接任命。任正非说：“人才苗子是自己蹿上来的，不是我们拿锄头刨地三尺，然后才找到苗子。我们最多就是给土壤洒洒水、施施肥，创造一个公平合理的平台。机会是靠自己创造的，不是我们给你安排的。”

1996年2月，刚过完新年的华为人，一个大事件迎面而来，这就是轰轰烈烈、当年惊动全国的华为市场部“集体大辞职”事件。由市场部主任孙亚芳带头，所有的办事处主任、市场部的正职向公司集体递交辞职书，然后重新竞争上岗，从市场部主任到各办事处主任，每个人都要向公司提交两份报告，一份是述职报告，一份是辞职报告。华为根据其表现、发展潜力和公司发展需要，批准其中的一份报告。在这次“集体大辞职”中，市场体系30%的干部被下课，由能力更强的员工替代。

这次“集体大辞职”体现的就是华为“竞争上岗”的意识。随着华为在管理认识上的加深，华为在选拔制上有了更为科学合理的办法，那就是人才资源池的机制。用任正非的话说，就是“饿狼逼饱狼”。

华为首先会对组织结构进行分析，以及工作量分析、业务分析，然后就可以知道，在某一岗位上需要多少个达到某个职级的人员，某一部门需要多少人，从而做出预案，在进行任职资格评定的时候，就有了参考，华为通常会让通过任职资格的人数超过岗位数量一些，形成资源池，当然，这个数量华为会严格控制。资格总放量不超过岗位配置的10%，每级放量最高不超过20%，以体现各级人员能力的不均衡。举例来说，如果华为某产品线需要100个工程师（需要技术一级），那符合条件的人可能有110到120个，上任的员工只有好好干才行，否则就可能被人顶替。这样的机制下就有了竞争，用来激发团队内部的活力。

4. 用好开放性人才资源

如今，人才资源不再像过去那样封闭在一个部门或团队里面，而是越来越像一个可以自由组合的盒子，可以根据自身的需要，增减相应的模块。因此，对于销售团队来说，除了自身团队的人力资源，来自公司后方的支援或者合作伙伴的支援也必不可少。作为团队管理者，要利用好这些资源，将团队的作战能力提升到最大。

4.1 主动呼唤炮火，获取平台支持

在任正非看来，一线团队的任务就是找目标、找机会。找准目标后，迅速向后方寻求支援，及时与后方平台沟通，明确自己的需求，主动“呼唤炮火”。也就是说，一线团队要清楚自己需要什么样的支援、支援力度有多大，这样才能更好地获取后方平台的支持。

任正非十分推崇美军特种部队的作战模式，他举了美军特种部队在阿富汗的战例。美军在现代战争中展现了极强的系统后方支援能力，在作战前线，美军的组织功能全面、授权明确，特种部队只需要一个通讯呼叫，空军、炮兵的支援就跟了过来。美军前线3人一组，分工明确，包括一名信息情报专家、一名炸弹专家、一名战斗专家。他们互相了解一些对方的领域的知识，紧急救援、包扎等都经过强化训练。当发现目标后，信息情报专家利用先进的卫星工具等确定敌人的集群、目标、方向、装备等，炸弹专家配置炸弹、火力，战斗专家计算出必要的作战方式，他们的配合相当娴熟，能非常快地做出应对，对敌人的目标进行打击。

华为一线团队的组织变革就是在学习美军这种模式，贴近客户，应变迅捷，发掘机会的能力敏锐，一旦发现机会，找准客户需要的服务，就迅速通过华为后方提供的大平台快速获得相应的支援。

2016年，卡塔尔哈马德国际机场视频监控项目公开招标，机场行业一直以来都是视频云团队努力突破的重点行业，嗅到商业机会，华为卡塔尔的员工异常兴奋，向上级表态："一定要拿下这个项目，打造出华为视频云在中东的品牌形象！"为了支持项目组，华为总部充分授权，使他们可以在授权范围内自主决策，并提供充足的资源支持。

项目组拿到标书后发现，不论是方案设计，还是功能特性要求，这个项目简直就是为华为量身定制的，但是标书中对于摄像头数量和视频码率这些业务层的信息只字未提。无法获取关键的业务和应用信息，就不可能根据客户的需求，设计出打动客户的方案。

项目组迅速调整方案，选择从集成商一侧突破，经过和集成商的多次深入沟通，项目组对业务层面客户的需求有了深入的了解。他们立刻联系产品线，产品线确定可以匹配这个项目的可交付时间，这个答复让他们吃了定心丸。

在其他投标厂商还未开始行动时，华为项目组已经有序展开各项工作：投标方案搭配优秀实践、案例，安排高层拜访、技术交流等。从技术层到决策层，客户一致认为华为的方案非常契合业务需求。

由于没有合作的先例，客户对华为产品和方案的能力存在疑问，毕竟这是华为在卡塔尔第一个10PB级的项目。为了让客户完全信任华为，华为决定组织概念验证测试。华为一个月前就成立了联合交付保障项目组，由一线企业业务部长和云存储PDT经理牵头，联系监控软件厂商获取监控软件，研发在国内搭建镜像环境测试，华为的内部测试反应良好。概念验证测试通过后，客户终于放下了心。

任正非指出："我们的后方平台实际上是一个求助系统，华为人，尤其是华为的干部要加强学习。不会使用求助系统的人，本质上还是在个人奋斗。我们要以开放、积极、主动的心态进行求助，学会调动资源，利用资源。只有这样，我们才能抓住转瞬即逝的机会，迅速拿下目标。"

4.2 借用外围资源支撑和推进业务开展

在华为，为了支撑和推进业务开展，除了后方平台的支援，一线团队寻求和利用周边团队或外围资源帮忙的情况也不少见。在有些企业，平级的团队之间可能存在不愿意帮忙、调不动人员的情况。但在华为，很少出现这种情况。

华为内部的向心力是异常强大的，可以说，这也是华为能成长为世界级企业的原因。

西非某国属于法语区，会说英语的电信人才奇缺。因此，该国的交付业务非常依赖第三国招聘和其他地区的支援，这使得当地的人力供给出现人力缺口大、招聘平台弱、电信人才少的情况，项目交付成本持续攀升。为了解决这些问题，项目主管李博仔细思考了项目的具体需求，制定了一系列解决方案。针对人才供给难题，李博一方面请求地区部派遣专家过来支援，另一方面重点提升当地工程师的工作效率。

地区部的专家来到该国后，一边支持项目，一边给当地的工程师们进行培训，并对绩效 A 的员工进行大力宣传，让项目工程师们知道如何达成高绩效；同时，充分利用西非地区部统一的激励方案，宣传“获取分享制”的理念，并且以排名激发工程师们的斗志。在地区部专家的支持下，工程师们的工作能力得到了很大的提升，项目交付效率迅速提升，工程师们也拿到了奖金，实现双赢。仅两个半月时间，项目就完成接近一半的交付量，其中业软部分还创造全球最快交付速度，服务成本降低了 40%，项目组也获得客户的高度认可和称赞。

在任正非看来，华为所有的部门和团队虽然在具体的目标和方向上有所差别，但总的方向应该是向着公司的战略目标前进的，因此，部门之间、团队之间相互交流、互相支援、给对方提供支撑也是理所当然的事情。

任正非要求华为干部一定要多关注周边部门，对上下游要有足够的认识，并且要多和周边部门协作，在部门之间形成合力。只有企业内部形成合力，才能将整体利益最大化。因此，维系好组织关系、加强内部协作、有效推进业务发展是一个管理者的必修课。

4.3 寻找合作伙伴，实现多赢发展

当今世界，开放共赢是大势所趋，无论是宏观上企业的战略大目标，还是微观上销售团队的具体目标，都离不开合作伙伴的力量。作为团队管理者，应该积极主动寻找合作伙伴，整合双方资源，共谋发展。

国家开发银行和华为的合作关系可谓优秀典范。由于华为海外拓展销售融资

业务与国家开发银行"走出去"的战略合拍，所以两家看似毫无交集的组织走在了一起。国家开发银行走出国门伊始，面临着缺乏客户的困境，而华为有大量的海外客户资源，华为积极和国家开发银行合作，将这些资源与国家开发银行共享，共同打造强健的销售融资产业链。

得益于华为大量的海外融资项目，这些项目如潮水一般涌入国家开发银行。华为与国家开发银行合作的全球第一单保理业务，是北非某国数百万美元的单子。国家开发银行陆陆续续往全球派了八十多个工作组，每到一个地方，他们都会先找到华为。华为当地代表处便协助国家开发银行的工作人员，请他们吃饭，帮他们找办公室、招聘员工等。华为员工与国家开发银行的工作人员结下了深厚的战斗友谊。有华为员工开玩笑说，在全世界任意一个偏僻角落，只要有华为的人，十有八九就能遇到国家开发银行的人。在华为人看来，华为和国家开发银行不是甲方和乙方的关系，也不是企业和银行的关系，而是一个战壕里的战友。

2010年，华为在北京举行发布会，向全球发布云计算战略及端到端的解决方案。借此机会，在发布会上，任正非阐明了华为的合作理念："华为要走向未来，适应新时代、新世界，就要开放、合作。我们要保持'深淘滩、低作堰'的态度，多把困难留给自己，多把利益让给别人，团结越来越多的合作伙伴一起做事，实现互利共赢。"

华为还提出了强强联合的"被集成组织"的概念。也就是说，不是主动去整合对手甚至吞并对手，而是成为强者的支持者、合作者，承认自己处于"守弱"的局面。在被集成组织模式下，华为不会成为合作者的竞争对手，特别是在行业领域，华为不轻易涉足对手的业务领域，双方的合作也只限定在技术、方案和服务层面上。通过这种"被集成组织"的强强联合，华为不仅增强了自身在国际市场上的竞争力，提高了华为的品牌影响力，也极大地增加了合作伙伴的数量。

如今，在销售领域，利用各自的优势，形成资源互补，扩大双方的影响力，与合作伙伴展开联合攻势也是常见的合作方式。

2014 年，华为"荣耀"手机和腾讯展开了多项合作，对双方来说，这是一次整合各自资源的跨界合作，华为作为硬件厂商，充分利用腾讯公司的软件资源和社交平台，用软硬结合的合作模式，为消费者提供更好的软件服务，并扩大在消费者中的认知度，腾讯则可利用华为"荣耀"手机的品牌影响力，帮助自身平台支付系统的发展，拉动更多的人使用他们的支付功能。

2014年5月，华为“荣耀”在手机QQ、微信平台上开展首发预约活动，借助手机QQ和微信平台社交网络强大的影响力，直接预约销售，取得了非常理想的成绩。“荣耀”6天内的预约量超过700万。

2014年9月，华为“荣耀”又和腾讯游戏在“TGA移动游戏大奖赛”上展开合作，将“荣耀”作为“TGA移动游戏大奖赛”安卓版比赛专用手机，通过推出“定制”版手机，华为在细分市场中形成自身的品牌优势，并进一步赢得消费者的认可。

任正非说：“开放与合作是未来的大趋势，只有加强合作，你中有我，我中有你，才能把蛋糕做大，获得更大的共同利益。所以这种广泛对等的合作，使我们的优势很快得到提升，可以迅速推出很多新的产品，在很短时间提供和外国公司一样的服务。”

5. 高效团队的规则建设

销售团队要显现高效运作，实现公司制定的目标，为公司创造更多的价值，就必须建立一个团队上下共同遵守的行为规范或准则。在统一制度面前，团队管理才能有章可循。

5.1 价值观宣贯与传承

企业要长久地生存下去，就必须遵循社会的准则，必须按市场的规律办事，因此，必须要有制度来约束企业及其员工。对一个团队来说也是如此。这其中，既有“硬性”的规章制度，也有“软性”的价值观。规章制度是对价值观的具体呈现，企业的价值观又对规章制度的制定与实施起着指导作用。

华为向来重视价值观的传承与落地。在华为，所有新员工都要接受为期不短的入职培训，第一周的大队培训营主要的内容就是宣讲华为的核心价值观，让大家理解和接受华为的价值观。在日常运营中，华为也相当重视价值观氛围的营造，许多部门都有自己朗朗上口的口号。例如市场部“胜则举杯相庆，败则拼死相救”的口号。当然，这些口号华为并非简单地喊一喊，而是实实在在落实到工作中去的。

2008年，《华为公司基本法》正式颁布十年之后，华为EMT团队对华为的价值观重新进行了讨论，对其内在实质重新审定。在这次讨论之后，华为的价值观梳理为以下六条：

成就客户

华为认为，为客户服务是华为存在的唯一理由，客户需求是华为发展的第一原动力。华为要继续坚持以客户为中心，快速响应客户需求，持续为客户创造价值，帮助客户成功。华为工作的方向和价值评价的标尺就是为客户提供有效服务，成就客户就是成就华为自己。

艰苦奋斗

华为的生存与发展没有任何稀缺资源可以依赖，唯有持续地艰苦奋斗。只有艰苦奋斗，才能持续赢得客户的尊重与信赖，实现华为的长远发展。时时、处处都能奋斗，任何为客户创造价值的微小活动都可以是奋斗。华为坚持以奋斗为本，让奋斗者得到合理的回报。

自我批判

自我批判是华为重要的思想武器，目的是让所有人不断进步，不断改进。只有坚持自我批判，才能倾听、扬弃和持续超越，才能互相尊重，求同存异，达成一致，实现客户、公司、团队和个人的多赢。

开放进取

为了不断满足客户需求，华为必须积极进取、勇于开拓，坚持开放与创新。在开放创新中，坚持客户需求导向，围绕客户需求，将先进的技术、产品、解决方案和业务管理转化为商业成功，持续创造价值。

至诚守信

华为坚持以诚信赢得客户，诚信是华为最重要的无形资产。华为人只有坦荡诚恳，才能对客户言出必行，信守承诺。

团队合作

胜则举杯相庆，败则拼死相救。华为必须坚持走集体奋斗的道路，提倡紧密的团队合作。团队合作不仅能够跨越文化的差异，实现群体协作，也是打破部门墙、提升流程效率的有力保障。

除了在公司和团队层面进行价值观的宣贯，在个人层面，华为也注重价值观的灌输。华为的干部经常通过“一对一”的辅导，解决团队成员的困惑和烦恼，尤其在价值观这一块。在这方面，华为的“思想导师”也发挥着极其重要的作用。就是通过价值观的传承，让团队行动一致，朝着统一的目标和方向前进。

作为一家全球化的公司，海外本地员工的选拔、使用和培养一直是华为在团队建设上非常重要的环节。让一个本地员工像中国员工那样理解和认同华为的价值观并不是一件很容易的事情，尤其是薪酬和激励体系。如果不能很好地使本地员工融入华为，那么就等于团队内分成了两个不一样的小群体，这显然是非常不利于管理的。因此，华为的干部一般都会与他们积极交流，向他们介绍华为的激励机制，帮助他们理解和认同华为的价值观，融入华为。

V国本地客户经理亨德森在华为工作已经9年。有一天，亨德森找到华为的主管，他说：“新来的PR经理工资比我部下的三个本地客户经理工资都高，他们很不满意，觉得不公平。我现在都不知道如何向他们解释。”

主管仔细地想了想，亨德森虽然在华为工作已久，也是代表处的优秀本地员工，但是否真正理解华为的核心价值观并能正确向他的部下传输呢？因此，要帮助亨德森解决这个问题，还是要详细沟通，使他理解华为的价值观。

主管便跟亨德森说：“华为的激励机制就是绩效导向，好的绩效就有好的激励，员工的绩效评价是根据PBC来考核的，也就是说只跟你自己比，不横向比较。另外华为是定岗定薪，易岗易薪，不同的岗位级别不同，工资不同是很正常的。如果想拿同样的薪酬就要拿出成绩来。”听完主管的话，亨德森说：“原来公司有这么多规定，我之前还真没有具体了解过。我相信华为还是公平的。”

亨德森的话也让主管意识到，跟本地员工不能只谈具体的工作，平时也要多深入交流，给他们介绍华为的薪酬和激励体系，传承华为的核心价值观。此后，这位主管更加注重与本地员工沟通的方式，不局限于具体的工作，也会跟他们交流华为的文化、相关的激励政策、薪酬体系等。这一系列的改变也让本地员工认识到努力工作是有回报的，工作上更加积极主动了。

任正非指出：“华为的核心价值观是推动华为向前发展的动力，干部肩负着传承企业价值观的使命。只有用共同的价值观塑造团队，我们才拥有共同的信念，才有气吞山河的战斗力。”

5.2 强化规则意识，培养对规则的敬畏

制定了相应的规则制度，不仅需要严格去执行，还要在团队内部形成一种习惯和氛围，让所有成员自觉去遵守各项规则，让每一位成员明白，怎样做是对团队有利的，经过一定时间的积淀，习惯成了自然，在团队成员心中就形成了共同的价值观和行为规范，而这种“观念”一旦形成，又会反作用于大家的行为。华为注重从基层开始培养员工的规则意识。只有从最开始培养员工的规则意识，让规则意识深入每个员工内心，才能用规则约束团队的行为。

华为新员工在进入公司之后，都必须进行半个月军训，学习华为的企业文化，以这种方式来培养员工的规则意识。华为新员工培训纪律中有一条：“皮带、西裤、衬衫、领带，一个都不能少！”从进入华为第一天起，每位员工都要接受严格的检查，不合格的必须立即改正，拒绝改正者，很可能被开除，只要是规定，员工必须遵守执行。军训时规则意识渗透到华为员工的内心深处。

华为还有一条特别的规定，所有写软件的员工被统一安排“编程规范”的培训，例如“一二一软件训练营”，公司所有软件编写所用的语言、模式都是统一的，包括文档的格式全部是统一的。这种基础训练使员工能够规范编程语言，减少沟通障碍导致的时间浪费。

华为员工养成的这种规则意识，使得华为人像军人一样去按时、有效地完成任务。这也是华为始终能够保持队形、在国际市场上具有竞争力的重要原因。曾经有一段时间，华为部分干部和员工对规范化管理存在一定的抵触心理，认为条条框框太多。针对华为部分干部和员工对规范化管理认识上的不足，任正非专门强调，华为的干部要“勤洗澡”，统一认识，认清规范化管理的重要性。

华为的中央研究部有人给任正非写信，说作为研发部门，中研部必须要有很多活思想，规范化管理会使他们效率降低，新突破减少，所以不能搞规范化管理。任正非回复说，你们中研部的文化层次很高，很聪明，但是看事情还是不够远。如果不规范管理，那么，主意越多，人心越乱，管理就越没有希望。如果中研部的工具库、数据库，甚至每个功能模块、每段程序都不规范，拿什么去拼国外领先的企业，凭什么能做出具有创造性思维的产品？

任正非拿华为和西门子等国际大企业做比较。他认为华为的客户里面，不是没有优秀的运营商，甚至可能比西门子的还多，但华为的销售额还远远比不上西门子。因为西门子的产品是按照同一套标准去开发的，具有很好的继承性，等于整体上降低了产品的价格，所以运营商选择西门子的产品。很多运营商，尤其是固网的运营商始终面临着来自资本市场的压力，必须降低成本。华为不仅要控制和降低硬件产品的价格，更要降低软件、服务以及其他相关支出等整体解决方案的价格，华为要在国际上树立自己的品牌，就必须让自己的产品有可继承性、可拓展性，也就是说，所有产品都要严格按照一定的标准去开发，运营商购买后只需要进行升级就可以了，不用将整套设备全部替换。

《华为人》曾刊载了一位华为干部的文章，该文指出，华为不缺流程规范、不缺发文，缺的是对流程规范的敬畏，缺的是对规则的敬畏。某一个环节的人不遵守规则，就导致上下游相关人员的工作都游离在规则之外。实际上，总是破坏规则才是对客户利益的最大危害。

规则意识对于销售团队来说更是无比的重要。销售环节涉及相当多的法律法规，还有许多企业内部的保密信息。如果团队成员没有规则意识，那么无论是违反法律法规，还是泄露保密信息，对企业的经营都是极大的风险。因此，作为销售团队的管理者，要时常强化成员的规则意识，培养成员对规则的敬畏之心。

5.3 规范团队行为，强化战斗力

军人出身的任正非深知严格执行规则的重要性。任正非说："军队是通过平时的训练养成服从命令的习惯和纪律，打仗的时候才能有铁一样的纪律。在日常管理中，我们也要时常灌输规则意识，规范团队的行为，这样作战的时候我们才有军队一样的战斗力。"

因此，华为的许多规则都是向军队看齐的，就是为了打造一支无往不利的"铁军"。任正非相当推崇美军的管理，他曾说，如果把美军看成一个公司，那它是世界上相当了不起的公司，只不过它不讲成本。如果考虑成本，那美军就是世界上最伟大的公司。

美国海军陆战队素来以规则严格著称，每一位海军陆战队士兵都要严格执行规则，不因遇到特殊情况而放松要求。正是这样严格执行规定，才使得美国海军陆战队成为一支让人望而生畏的部队。

2013年，时任美国总统奥巴马与土耳其总理埃尔多安在白宫玫瑰花园举行联合记者会。当天华盛顿正好下起了雨，奥巴马便让身旁海军陆战队士兵为他和宾客打伞。这件事顿时掀起轩然大波，奥巴马遭到了美国军方激烈的批评，因为根据美国《海军陆战队手册》的规定，男性士兵在穿制服时不能带伞和打伞，并且未获得海军陆战队司令的批准，任何官员不能向海军陆战队队员发出与手册条款相冲突的指令，包括总统。面对美国军方的批评，奥巴马不得不承认自己违规，并向海军陆战队道歉。

很多企业或团队制定了看似合理的制度，结果最后却成了一纸空文，因为他们没有意识到：制度不只是被拿来管理员工的，对管理者本身也要起到约束作用。

曾经有咨询公司调查发现，90%以上破坏企业规则的人，往往都是各级管理者，他们违反规则的次数是普通员工的十倍，甚至更多。普通员工看见中高层管理者带头违反规则，他们便难免“上行下效”，做出违反规则的事。

大雁在迁徙途中，会采用雁阵的形式结队飞行，由头雁带领整个雁群的方向，头雁飞向哪里，整个雁队就飞向哪里。而对于一个企业而言，干部就是众人眼中的头雁，就是众人的榜样，干部的一举一动、一言一行都将影响到员工的言行。这就是“雁阵效应”。

因此，在规则管理上，管理者应该带头执行，成为榜样。北宋著名哲学家周敦颐说：“上安下顺，弊绝风清。”他认为上级如果安分律己，宁静守一，不做特殊、越轨的事情，下级也不敢做，社会弊端和歪风邪气就不会平地而起。

联想集团有这样一条规定：凡是开会迟到的都要罚站。联想创始人柳传志接受媒体采访时曾说：“公司规定，如果不请假迟到就一定要罚站。我也被罚过三次，其实这三次都是在无法请假的情况下发生的，有一次我被关在电梯里面，很无奈。虽然罚站看起来是一个没什么惩罚的措施，但罚站是一个很严肃的事情，而且是很尴尬的事情。因为这不是随便站着就可以敷衍了事的。在20个人开会的时候，迟到的人进来后，几十个人的双眼注视着你。这不是很容易接受的一件事，尤其在大的会场，我们采用通报的方式。制定这个制度之后，第一个被罚站的是我的一个老领导，他罚站的时候，站了一身汗，我坐着也出了一身汗。后来我找到他说，今天晚上我到你家去，给你站一分钟。这个制度不好做，但我们也硬是坚持下来了。”

任正非要求华为的干部一定要起到榜样作用，当好员工的领头人。只有管理者带好头，做好榜样，严格遵守规章制度，才能真正对成员起到约束作用，才能让团队按照规则办事，强化团队的战斗力。

第2章 销售能力建设

互联网上的内容 80% 是碎片化的，老员工有很多经验和消化能力，能把这些碎片化信息粘成一个战略洞察面。年轻人看着碎片化信息，联系不起来。有经验的人要学习，没有经验的人更要学习，学习与年龄无关。

——任正非

1. 构建狼性团队作战能力

任正非指出，未来的一线作战是“班长的战争”。在大数据大流量时代，华为必须“让听得见炮声的人来呼唤炮火”，这就要求一线团队在最前线发挥主导作用，把握住市场大势，提高反应速度，果断出手抓住机会，取得成果。要打好这场即将到来的“班长的战争”，就必须强化一线团队的综合作战能力，强化一线团队抓机会的能力。

1.1 加强综合能力，推动小团队作战

在一线作战方面，华为推行精兵作战，最小化核算单位，让经营单元直接面向客户，从而灵活应对市场。把这两者结合起来，就使一个企业既可以依靠大平台获得规模优势，又能像中小企业一般运转自如。

在“铁三角”模式下，华为一线作战要从客户经理的单兵作战转变为小团队作战，客户经理要加强营销业务的综合能力，要提高做生意的能力，全面强化客户关系、解决方案、融资和回款条件以及交付这四个方面的能力；解决方案专家要一专多能，对不熟悉的专业领域也要学会利用求助渠道；交付专家与客户沟通要高效，让客户清楚工程与服务的解决方案，同时对后台的可承诺能力和交付流程的各个环节了如指掌。

在任正非看来，华为所有的一线团队都要变成“特种部队”。任正非说：“美军的作战单位已经开始从‘师’变成‘旅’，作战的能力却增强了，美军未来的变革方向，作战单位将可能从‘旅’直管‘营’，甚至缩小到‘排’‘班’，到时候就是‘班长的战争’，这不是没有可能的，通过阿富汗战争、伊拉克战争，美军就已经展示了这种能力。通过强化作战团队的综合能力，小规模的作战单位战斗能力没有下降，反而提升了，更加灵活。我们未来组织改革的目标就是将一线打造成具有综合作战能力的精兵组织。”

这就意味着一线团队要具备相应的作战能力。显然，如果一线团队能力达不到要求，或者相关业务知识不牢靠，那么不仅抓不到机会，满足不了客户的需求，还会损害公司的利益。

2017年，为了强化员工的综合能力，华为广泛号召消费者BG的员工认真学习《国际商法》。不仅要学，还要对干部进行考试，考试没通过的就不能在分销、渠道等岗位担任领导职务。甚至审计人员也要学习《国际商法》，以在必要时能够支持业务作战。

任正非说："在我读过的书中，印象最深刻的是《国际商法》，这对我创建华为很有启发。《国际商法》对人类社会关系做了很好的总结，尤其是契约关系，把渠道管理、代理商管理、代理商权力等都讲得很清楚。如果没有这本书，可能就会把分销、代理看成一个操作方法，但它其实是一个法律。一边是货物，一边是客户，法律把他们连接起来。"

显然，在任正非看来，作为一个国际化企业，如果营销体系的领导干部不懂分销、代理相关的法律，那么在与客户打交道时，很多东西就搞不懂，甚至签下不合理的合同，让华为遭受损失。

因此，要支撑一线作战团队正确决策，抓住机会，高效作战，就必须使一线团队的成员在业务上专业化，同时加强综合业务能力，强化协调作战能力。任正非说："只有把最优秀的人才放在一线，给他们配备最完善的资源，我们才能敢打仗、打胜仗。"

1.2 营销能力建设应随业务变化而变化

一线团队的能力建设，没有一劳永逸的办法。市场无时无刻不在变化，客户的需求也在变化，这就要求销售团队的营销能力建设也要跟上市场和客户需求的步伐，随业务的变化而变化。

早在1995年，任正非就提出，华为的市场部要转变销售思想，树立战略营销思想，贯彻全面客户服务意识，营销能力建设要实现从观念到组织的五个转变：公关到策划的转变，推销到营销的转变，孤军作战到团队作战的转变，小市场到大市场的转变，产品营销到战略营销的转变。可见，华为在那时便已经意识到营销能力建设需要应时而动。

在华为内部，关于客户经理能力要求的变化，有一个形象的比喻。就是说，客户经理的能力要求也要像软件那样升级，从1.0版本不断升级，如今已经是4.0版本的时代了。

1.0 版本的客户经理是“千军万马上前线”，像蒲公英一样飘到世界各地去开疆拓土。这其中有不少并不是专业的客户经理，但他们满怀激情和勇气，雄赳赳，气昂昂，漂洋过海。

2.0 版本的客户经理不再是“半路出家”的非专业人士，而是对海外市场和客户有着充分了解，英语流利，有的还会当地的语言，了解跨国运营商的流程管理，并且能全面深入研究当地法律法规的人才。

3.0 版本的客户经理进一步升级，在业务能力上强化了很多，能帮助客户诊断运营痛点、优化网络、强化运营效率，项目运作能力娴熟，客户关系维护专业，和客户高层在商业层面进行有效对话，是运营商发展的问计对象和战略伙伴。

4.0 版本的客户经理是华为通过训战“将军池”，严格按照未来的要求进行培养和打造的。他们是未来的销售专家和商业领袖，综合能力得到进一步提升，能够深刻洞察行业趋势，深层次理解客户需求，把握市场的“机会窗”，具备设计商业模式、交易模式的能力，各种合同场景下的交易模式都能应对自如，从而帮助客户成功，实现多赢。

营销能力不仅仅是指把产品卖给客户的能力，而是项目运作或团队运营等全方位的能力。因此，营销能力建设体现在多个方面，从客户关系、合同管理，到项目运作、市场格局、行业趋势等。

曾经有一段时间华为做工程分包、采购的一线员工有许多人都不懂工程，在部分项目上这个比例甚至达到了三分之二，结果导致华为四百多亿美元的工程项目最后是亏损的。因此，任正非坚决要求华为的工程采购人员必须要具有工程项目经验，否则就不具备做工程采购人员的资质。

华为用了三年左右的时间，把没有工程经验的人换成有工程经验的人，换下来的人员重新接受赋能，补齐工程经验，再回到工作岗位。一步一步调整，逐步将采购队伍变为拥有实践经验的队伍，有力地支撑了华为一线项目的作战。

而近年来，华为由于消费者终端业务和企业业务的快速发展，也有许多曾在运营商业务干出过成绩的员工转身到这两个业务部门，对此，任正非也表示：“前几年，公司推动大量具有泛网络业务优秀实践经验的干部补充到了消费者业务，他们敢于挑战、敢于学习，快速转身，也做出了成绩。华为公司久经革命考验的人是有价值的，相信他们能够转型。”

当然，由于消费者终端业务和企业业务之间存在巨大差异，尤其是消费者终端业务，华为也十分清醒地认识到，一线团队的营销能力建设还是任重而道远。

2017年，华为轮值CEO徐直军指出消费者BG营销能力欠缺的问题。在他看来，华为在全球很多国家都建了体验店，在中国就有两千多家体验店，但这么多体验店，并没有给消费者带来一致的体验和服务。消费者来到华为的体验店中，第一是没有音乐，最多就放几首华为自己的主题歌曲，第二是没有预装的游戏、应用让消费者可以体验。这样的体验店顶多就是一个产品展示店。华为的体验店，不管是华为自建的还是合作伙伴建的，一定要让消费者感受到华为一致的服务，这样才能让华为的品牌形象深入人心。

徐直军说：“不仅是体验一致的问题，有些店基本的服务都欠缺，部分员工板着脸对待消费者。我每到一个代表处，都会问当地终端业务主管，有没有亲自去买过一次华为手机？有没有亲自去修过一次华为手机？有没有亲自打过一次消费者服务电话？大多数都告诉我‘没有’。我们终端业务各级主管要加强团队的营销能力建设，要打造让消费者满意的营销团队。如果说我们连消费者的体验都不清楚，我们如何让消费者认同华为的品牌？”

在任正非看来，销售团队的营销能力是一个企业综合实力的直接体现，是企业的“门面”。销售团队的能力必须要达标，才能撑得起“门面”，让客户感到宾至如归。因此，营销能力建设一定要围绕着业务、围绕着客户展开。

1.3 打造良好的学习环境，构建学习型组织

华为是一个高科技公司，所涉及的产业也都是高科技产业，在这些领域，技术进步每时每刻都在发生，变革的浪潮日新月异。销售人员也好，团队也好，企业也好，必须加强学习，提升自我，才能跟上时代的步伐，在激烈的市场竞争中存活下来。

为了推动企业和员工的成长，华为推行“不断学习”的理念，不仅仅是要求员工自主学习，还要“终身学习”，通过良好的学习氛围把华为打造成一个学习型组织。实际上，不仅仅是华为，近年来有许多知名企业都相当推崇学习

型组织的理念。

美国管理学者彼得·圣吉在其著作《第五项修炼——学习型组织的艺术与实践》中正式提出了“学习型组织”的管理概念。在他看来，面对瞬息万变的外部环境，企业组织应力求精简、扁平化、弹性因应，并且在组织内部能熟练地创造、获得和传递知识。同时，组织内部的成员贯彻终身学习理念，对自身的行为不断进行修正，进行自我再造，以改善和提高个人的综合素质能力，进而提升企业的核心竞争力。

近年来，随着华为多项管理变革的推行与实施，对许多部门都提出了新的要求。以供应链为例，华为明确供应链作为全流程物流管理的责任者，要实现向客户价值创造的转身。

西非供应链积极响应，倡导“自主学习，提升能力”，全方位提升业务能力。针对每位员工的能力差异，西非地区部通过自我批判、头脑风暴、业务沙盘演练等方式，总结出每个人的业务知识短板，再按照订单管理、仓储、物流、内控、清关等业务模块成立业务专家团，为员工制订针对性的提升计划和提供实践机会。

西非地区部还每周例行开设供应链大讲堂，围绕变革业务焦点，帮助员工快速补齐最新业务知识短板。周末的自主学习课程也不停歇，他们将课堂搬到了户外，进行开放式引导培训加研讨。

在中方员工的带动下，本地员工也表现出了积极的学习欲望。西非地区部实行“一中一非”“一中一新”的策略。从“BCG 案例”到供应商管理，从供应方案到特殊需求管理，让优秀员工站出来分享自己的知识和经验，帮助本地员工和新员工深入理解供应链相关的业务知识。良好的学习氛围极大地提升了供应链的综合业务能力，西非供应链部门得到了极大的好评。

当然，对销售团队而言，学习也要有针对性，要立足于自身的业务，满足业务需求。任正非就曾批评某些干部在团队能力建设上主次不分、轻重不分，他说：“我们提倡构建学习型组织，但不是把知识‘一锅倒’，什么东西都塞给员工，要有所区分，教给他必要的知识，针对性地提升他的技能和能力。有的主管喜欢高瞻远瞩，员工还在做这个项目，主管就把下一层的东西‘倒’给他，员工也有意见。依我看，那不是高瞻远瞩，是好高骛远。他负责这个项目，你就帮他提升这个项目的经验和能力，扎扎实实做好眼前这个项目。”

2. 人人都要掌握产品知识

优秀的销售人员不仅要具备全面的营销能力，也要掌握相关的产品知识。任正非曾经指出，华为的销售人员要像产品的开发人员那样，对产品的特性、优点、独到之处都能娓娓道来，深入浅出地向客户进行介绍，对不同产品之间的差异也能分析和比较，给客户提供对比。实际上，华为不少一线团队的销售人员以前就是产品开发人员，就是为了确保能以最好的方式把华为的产品和解决方案介绍给客户。

2.1 市场人员应该具备基本的产品知识

当然，并非所有企业都可以像华为那样，让产品开发人员转身去一线。一来这两个职业的特性确实差别比较大，所需的知识结构完全不同；二来一般而言，企业产品开发人员是他们最优秀的人才，如果去一线，的确存在人才资源浪费的情况。

但无论是什么样的企业，华为也好，通用电气也好，销售团队的人员都应该具备最基本的产品知识。这是毋庸置疑的。说到底，销售是一个信息交流的过程，客户在购买产品时当然要了解产品的相关信息，确定这个产品是不是他所需要的。而这些信息应该由谁传递给客户呢？那必然是销售团队的成员。

如今，许多科技企业在发布新产品时通常都由公司 CEO 亲自上台介绍，这一习惯源自美国“硅谷”的科技企业，并由比尔·盖茨、乔布斯、扎克伯格等人将这一传统发扬光大。在台上，这些 CEO 暂时卸下公司管理者相对严肃的形象，化身为最普通的销售员，以活泼轻松的语言，对着台下众多潜在的客户讲解他们新产品的功能、特性、优势等。他们的穿着也一改西装革履的严肃，而是以相对日常的服装面对大众，以拉近与大众的距离。以乔布斯为例，在新产品发布会上，他一般穿深色 T 恤或休闲衬衫、普通的牛仔裤和运动鞋。

他们为什么要亲自上台呢？原因其实很简单，在他们看来，最好的产品经理往往是最好的销售人员，新产品的发布会并非是简单地告诉客户出了什么产品，而是向客户展示这个产品能干什么、能满足什么需求，因此，他们主动抓住这样的机会，化身销售人员向市场推销他们的产品。同时还向市场传递这样一个信息：如果一个企业的CEO都能对他的产品了如指掌，像一个普通用户那样使用他的产品，那么他的销售团队同样也能把产品的特性介绍给客户。

其实，类似于这样的新产品发布会，上台讲解的CEO们并非没有遇到过意外，比如比尔·盖茨在某年的展会介绍微软新的Windows系统时，就曾遇到过电脑“死机”的尴尬情况，好在比尔·盖茨以幽默的方式化解了这种尴尬。这也启示我们，销售人员在向客户介绍产品时，遇到意外情况，如果对产品一知半解，那么就会陷入尴尬的境地，甚至让客户产生放弃购买产品的想法，而如果销售人员对产品有着深入了解，就能有效地化解这种尴尬，提升客户对产品的满意度。

随着华为对于营销团队能力建设认识的加深，华为也越来越意识到，像华为这样主要面向运营商和企业的公司，一个项目往往周期长、投入大、建设复杂，不少项目从投标到交付需要几年的时间，部分营销人员实际上没有深入一线参与过项目交付，营销人员对一个项目如何落地并不了解，做出的方案也存在不合理不专业的情况。因此，近年来，华为要求所有的营销人员去部门报道前，都要有交付实践的经历。

毕业于上海交通大学新闻传播系的王晓雪加入华为后，她的工作岗位是营销工程师。刚加入华为的她自认营销的专业知识掌握得比较熟练，但是对于华为的产品几乎是一无所知，甚至连自己卖的产品是干什么的都不是很清楚。

一次，她随同客户经理去拜访客户，客户随口问了一句：“华为的产品和别的产品比优势在哪里？”结果她一句话也答不上来。客户很不满意：“你们连自己的产品的特点都说不出来，还怎么来打动客户？”

这一经历对王晓雪触动很大，虽然她刚加入华为不久，对华为的产品确实还没有足够的时间去了解，但是IT领域她以前从来都没接触过，可谓“知识盲点”，要当好一个营销工程师，就必须去接触和了解IT行业，诸如交换机、服务器、光纤电缆等，都要搞清楚才行。

之后，华为安排她去参加为期半年的交付实践，她每天都花时间去了解相关的知识，进出机房，向同事请教，在交付实践中积极摸索和学习。如今的她，已经是懂产品懂技术的营销经理，还能自己动手做营销方案。

通过交付实践，华为很好地提升了一线团队营销人员的综合能力，尤其是产品知识相关方面的能力，营销方案的专业性也大幅度上升，既提升了客户的满意度，也大大提升了交付团队的交付效率。

2.2 用产品构建说服力，打动客户

在销售人员足够了解产品的前提下，在与客户的沟通过程中，销售人员应该利用掌握的产品知识，将相关信息传递给客户，让客户对产品有全面的认识，并针对客户需求提出建议和意见，这是一个优秀的销售人员应该具备的素质。

陈贤是华为的项目客户经理，在中东某国接手一个无线搬迁项目时，客户商务诉求很高，项目的合作伙伴更是选了又选，虽然客户倾向于华为，但还是下不定决心。与华为谈判的客户 CTO，一贯坚持自己的立场，因此项目一直悬而不决。

为了争取早日敲定项目，陈贤带领团队梳理客户需求，吃准客户的痛点。最后一次谈判时，陈贤对客户说，如果项目所有的流程都按标书来，那对双方都是不利的，最好是根据实际情况稍作改动，在部分物料上使用华为的产品，不仅能大大加快项目的进展，成本上也能节约许多。陈贤的方案打动了客户，决定关闭项目谈判。之后，该项目顺利推进，交付周期缩短让客户十分满意，而华为也赚得了不少利润，实现双赢。

在华为员工看来，华为的客户经理是一个极具挑战的职位。与别的企业不同，在华为，客户经理不仅承担着维护客户关系的职责，还要根据市场变化和客户需求做出战略规划，此外还包括项目运作、商务谈判、交易质量管理等方面的内容，可以说，“客户经理”就是全方面满足客户需求、帮助客户商业成功的第一责任人。因此，客户经理必须掌握和了解相关的技术，才能更好地为客户服务。

不过有时候，销售人员虽然对自己的产品有着深刻的了解，对产品的性能也了如指掌，但是与客户的交流过程中，并没有把信息有效地传递给客户。这在消费品领域属于比较常见的情况，因为普通的消费者并不一定都知道产品使用了什么技术、用了什么零部件，销售人员口中一个又一个的专业术语，对他们来说都是陌生的名词。

任正非最近就指出：“消费者终端的销售人员，包括营销部门，要更加注重客户体验，而不是宣传零部件。比如说手机的照相功能，一般的消费者并没有太多的电子产品知识，什么‘大光圈’‘长焦距’，你跟他们说再多，他们

能感知到吗？可以通过更亲民的方式来打动消费者，比如和摄影协会合作，办一个摄影大赛。”

2.3 在竞争中懂得展现产品优势

在微观经济学里，有一个“替代效应”。就是说，当某一商品的价格发生变化时，消费者对该产品的需求会随之发生变化，如果该产品价格上升，那么消费者将考虑选择其他的产品，如果该产品价格下降，那么消费者将考虑用该产品替代其他产品，这就是“替代效应”。

如果各公司的产品在功能、特性、质量上差异不是很明显，那么价格很有可能成为客户考虑的最主要因素。比如说，同样是售价3元的可口可乐和百事可乐，如果某一天可口可乐把价格提到5元，百事可乐价格不变，那么原来买可口可乐的消费者极有可能去买百事可乐，或者换成其他的饮料。当然，“替代效应”也要考虑到“可替代性”以及消费者的消费习惯，例如习惯吃米饭的消费者就很难用面食去替代米饭，“可替代性”则代表着产品的独特性，比如苹果的iPhone手机使用的iOS系统由于其封闭、相对安全的特性就很难被安卓系统替代，因此消费者也愿意多支付价钱购买苹果的手机。

因此，除了让客户感知到产品的特性和功能，对于销售团队来说，更重要的还是展现自身产品独特的优势。毕竟，在激烈的市场环境中，绝大部分产品都是可以替代的，只有充分展现产品独特的优势才能打动客户，选择你的产品。

华为企业业务CTO梁永健相当重视一线团队成员的能力建设。在他看来，对于企业业务，一个客户就是一个项目，一线成员的能力就相当重要。在企业业务市场，与客户见面的机会非常宝贵，在有限的时间内如果没有抓住客户的痛点，用自身产品的优势打动客户，不但会丢失机会点，还会让客户打下“浪费时间”的标签，下次敲门就更难了。

实际上，不单单是企业业务，面向消费者的业务更是如此。因此，普通消费者也好，企业高层客户也好，都希望知道产品的优势在哪里。作为销售人员，就要精准地展示产品的优势，让他们认为购买你的产品是一个好的选择。

2015年，华为的产品进入日本无线市场。12月，日本客户进行第一次验收，主要验收产品的安装、体积、滤波器等常规指标。结构工程师周春山把安装件用一根钢带绑定在安装杆上，再把产品往安装件上一挂，在两者相接的地方用一颗螺钉拧紧。只用了五分钟，产品就安装好了。日本客户见状，要求自己安装一遍，发现安装确实很方便。

检测线缆质量时，日本客户不可谓不严谨，用尽全力去拉线，以检验线缆是否易松脱，确认安全性。对于产品的体积、重量，日本客户不仅亲手测量模块的长宽高，计算体积，称重更是精确到小数点后两位。对于滤波器 40 多个指标的测试，更是一个不落，逐一确认。

2016 年 4 月，产品陆续到达日本，等待正式上站安装，日本客户开始第二次实验室验收，这次重点验收第一次未验收过的产品射频性能。客户派来两个技术专家，一直蹲在测试仪器边上，十三项测试每项都反复确认，并要求测试结果全部截图存档，针对测试结果还会和研发人员交流确认，每测完一项就在验收表上打钩。最终验收顺利通过，华为可靠的产品和服务让日本客户大为赞赏。

在这一过程中，华为“SD 卡”开通基站的功能也引起了日本客户的注意，这一产品本来不在日本客户的计划之内。看到日本客户的兴趣，华为的团队立即现场给日本客户演示该产品的功能，只需要下载一个 APP，就能在手机上开通基站，如此方便快捷的功能让日本客户动了心，日本客户又亲自试了试，感觉很满意，因此又购买了华为用“SD 卡”开通基站的产品。

所以说，“好酒也怕巷子深”，企业即便有优秀的产品也不一定就能将产品卖出去，销售团队起到的作用就是让客户认识你的产品，让“酒香”飘出“巷子”。因此，作为销售团队一定要准确把握自身产品的优势，与客户沟通时，尽可能地让客户了解到你的产品或解决方案的优势所在，只有这样，客户才会选择你的产品或解决方案。

3. 强化经营意识，创造价值

随着时代的发展，越来越多的企业认识到，销售团队并不仅仅是把产品销售出去那么简单，而是应该看成一个小的经营单元。也就是说，销售团队应该是一个“利润中心”，要考虑到投入产出的问题。

3.1 对公司负责，销售就是要创造价值

从2006年开始，华为大力推行项目经营管理，一线代表处开始由“销售中心”向“经营中心”转变。华为此举就是为了让一线团队提高经营意识，强化经营水平，为公司创造价值。

在项目经营管理的基础上，华为进一步在部分国家和地区的代表处试点“自主决策”改革，试点代表处将被当成一个完整的公司，实际上是一个“小华为”，有客户选择权、产品选择权和合同决策权等，对当地销售与服务负责，通过提供销售和服务创造利润。当然，试点代表处要在华为允许的业务边界范围内经营并行使权力，必须遵从公司的整体规则，比如在主航道领域代表处只能销售华为公司的产品，不允许转售其他公司的产品。每年，试点代表处向总部提出自己的运营资产额度预算，即“运营资产包”，基于经营目标在一定的现金流和利润范围内有充分的自主决策权，当超出运营资产包时，可以向业务管理小组申请“追加投资”。

试点代表处与机关的交易关系类似企业业务的模式，机关向代表处提供产品和能力服务。在运营商领域，试点代表处类似“一级代理商”，EBG跟渠道商的产品交易是按照授权价结算，渠道商在授权价基础上加上物流成本、服务成本等，与最终销售给客户的出货价之间的差额就是渠道商的利润。

在任正非看来，一线团队一定要强化经营意识，既然获得了授权和资源，就一定要拿出效益来，否则公司就没有存活下去的基本条件。任正非说：“我们要继续坚持以有效增长、利润、现金流、提高人均效益为起点的考核，达不到公司人均效益提升改进平均线以上的，部门要进行整改，部门或项目负责人要进行问责。”

2017 年 7 月，魅族的 PR07 手机上市，售价从 3 000 元到 4 000 元不等。然而这款承载着魅族无限期望并预备冲击中高端市场的手机却遭遇了“滑铁卢”。由于其高昂的售价以及褒贬不一的背后小屏设计，PR07 不仅不能帮助魅族迅速抢占市场，反而成了“累赘”。

上市不到两个月，魅族宣布PR07 降价，最高降幅达 481 元。此后该手机的价格更是一路“跳水”，在某电商平台上，该款手机的售价低至 1 600 元，价格近乎“腰斩”，而此时距该手机上市才不过四个月而已。

市场低迷的表现也引发了一系列违约问题。在上市前，魅族向手机制造厂商

预定了300万台出货量，分三批交付，第一批为100万台，由于市场反馈远远低于预期，魅族不得不选择违约，取消了后两批的订单。

据市场人士分析，魅族PR07市场反响不佳的主要原因是售价过高，再加上褒贬不一的设计，让消费者在这款手机面前望而却步。而售价主要是营销部门制定的，相信魅族很快会对营销部门作出调整。2017年11月底，魅族销售副总裁褚淳岷以及负责销售业务的魅族事业部副总裁潘一宽先后离职。

因此，作为团队管理者，要把提升业绩、带领部门赢利、创造效益放在重要位置上。销售团队作为一个“独立”的经营单元，不仅是团队管理者，普通的团队成员也要有这样的意识。即销售团队要对公司负责，必须创造价值，用关键的数据说话，而不是看签了多少合同，卖了多少产品。近年来，华为在内部反复强调，部门主管和项目负责人要拿出利润来。

余承东主管的华为手机部门近年来销售业绩增长迅速，已成为国内第一大手机厂商，据相关机构的报告数据显示，2017年1月份，华为手机销量占比为22.2%，OPPO为18.1%，vivo为16.2%，分别占据前三名，占据了整个手机市场半壁江山。

尽管如此，作为华为消费者终端首席执行官的余承东仍然受到了任正非的批评。余承东坦言：“华为手机部门在2016年收入增长42%，利润一点也没增长。华为手机技术研发和品牌影响力要高于OPPO和vivo，但华为手机的利润却远远不及它们。OPPO、vivo一部手机利润高达300元。任总对我们不满意，批评我们只顾把产品卖出去，而不考虑利润。华为手机太多利润都被渠道商赚走了，我们成了给渠道商打工的了。”

余承东在华为内部成绩卓著，领导华为无线时，将无线部门变成最赚钱的部门，后来出任消费者BG的掌门人，又将作为后起之秀的华为手机带到了国内第一的地位，但因为利润低下，没有达到预期业绩。任正非强调，华为不能做贴钱赚吆喝的买卖，主航道的业务一定要拿出利润来，不能让别的部门发补贴。余承东接受了批评，华为手机部门开始学习竞争对手OPPO和vivo的策略，布局五线城市和渠道，以提高华为手机的利润水平。

当然，创造价值并不单单指获得利润，华为在考量一线团队贡献时，也会考虑该团队的战略贡献。在任正非看来，赚多赚少是量的变化，而能不能赚钱、有没有赚钱的机会则是质的变化，有些地区属于战略级市场，虽然利润贡献不多，甚至亏本了，但是对公司整个大的战略有着非常大的影响，这就是巨大的价值。因此，销售团队除了需要考虑短期利益外，也应该有着为公司大局服务的意识。

3.2 制定销售方案时，要以双赢心态去做

与客户的合作通常不是一蹴而就的，而是经过一轮又一轮艰苦的谈判达成的。显然，如果只考虑自身的利益，而不考虑客户的诉求，那合作自然无法实现。但是如果只是一味满足客户的要求，那就可能损害企业自身的利益。这就需要管理者积极思考，在制定销售方案时，找到一个合理的平衡点，实现双赢甚至多赢，这样才能和客户建立起合作关系。

波兰移动运营商 P4 于 2006 年成立，当时欧洲的无线业务，2G 是欧美厂商的天下，3G 刚刚起步，华为在欧洲的业务拓展，需要一个契机。而 P4 的战略和华为在欧洲实现格局突破的战略不谋而合，所以，华为和 P4 有了合作基础。

不过，这个新客户既需要供应商提供技术方案，也需要融资方案。当时国家开发银行与华为达成了 100 亿美元的战略合作协议，力推“走出去”战略，P4、华为、国家开发银行三方的战略诉求碰撞到了一起。

但 P4 提出的总体融资需求，高达数亿欧元。而 P4 的股东仅仅是两家私募基金，没有资金雄厚的母公司担保。况且，当时的 P4 一切都是从零开始，建网、获取用户、开展业务等，不确定的因素太多。面对这样高风险的融资项目，即便是操作过大量海外融资项目的国家开发银行也心存犹疑。

为了达成合作，华为融资经理李嘉楠深入现场了解情况。一方面，从宏观经济、政策环境、市场空间，到发展战略、管理层经验、股东投入等各个方面做出理性的考察和评估；另一方面，亲自走上街头，从电信监管局到客户办公室，从各大运营商大楼到街头的访谈，以更深入地了解对方的情况。

从经济、市场环境来看，当时的波兰，经济发展态势良好。借助于欧盟，波兰电信政策稳定规范，移动运营商利润也非常不错。波兰监管当局为激活电信市场，有意增加一家新运营商，并提供相应的鼓励政策。P4 管理层均是业内的资深人士，商业计划也具有较高的可行性。基于这样的判断，融资部门和市场一线向华为总部多次汇报，华为高层逐步认可了一线的判断并做出决策。2006 年 10 月，华为、国家开发银行、P4 三方签署首期商务合同以及融资协议。

许多企业都追求利润最大化，但在任正非看来，华为只需从客户那里获得必要的利润，保证华为能正常运营，能生存下去，双方的合作就能继续下去。任正非强调："把多的钱让出去，让给客户、让给员工、让给合作伙伴，互利共赢，华为才会越来越强大，这就是'深淘滩，低作堰'。"

午海是华为的客户经理，他曾经负责一个项目，经过仔细分析，发现原有方案损耗多、工作量大，若按计划完成这个项目，不仅没得赚，还要亏上不少。另外他了解到，客户做这个项目是升级现有的网络，使旧的网络能够有更多光纤用于传输。

于是，他开始研究欧美地区和国内的标准和相关案例，研究传输设备的要求和能力，在这过程中，发现原来的修复光缆线路的测试方案不够合理，这就是方案的关键所在。很快，他拟定了新的方案，去和客户沟通。客户看到他的新方案，颇为犹豫，但是考虑到现有网络历史太久，工期又无比紧张，加上从技术上评估该方案可实施性更高，于是同意了新方案。午海的新方案大大减少了工作量，很好地满足了客户对于工期的要求，项目总算扭亏为盈，双方实现了双赢。

在任正非看来，做销售方案时，从客户的视角去考虑问题比从自身的角度考虑问题往往要更全面更合理。从自身的角度考虑问题往往存在思维盲区，觉得这里太吃亏，那里不划算，最后做出来的方案完全得不到客户的认可。任正非说："我们主观上是为了客户，一切出发点都是为了客户，其实最后得利的还是我们自己。我们要有双赢的心态，我们和客户本质上是合作的关系，而不是简单的买卖关系。有人说，我们对客户那么好，客户把属于我们的钱拿走了。但是那些钱本来就是客户的，我们只有服务好客户，客户才会心甘情愿地付钱，你不对客户好，一分钱都拿不到。"

3.3 从长远角度平衡投入与收益问题

英特尔的创始人安迪·格鲁夫执掌英特尔二十多年，他创造性地将制造业中的"产出"概念引入企业经理人的日常工作中。也就是说，看一个经理人的业绩，不仅看"产出"，还要看"投入"。随着企业管理者对现代企业管理认识的加深，越来越多的人意识到，销售团队作为最小"经营单元"，也要考虑投入与产出的平衡。

华为西宁办事处由于地处偏远的青海，人员较少，销售额也比较低，属于典型的“低投入、低产出”地区。近年来，随着通信技术的迅猛发展，以及国家投资建设向中西部倾斜，青海通信行业的投资大幅度上升，大量项目迅速上马。

但前期巨大的投入是否能带来巨大的收益呢？西宁办事处果断着眼于未来规模和格局，坚决进行投入，不断开拓新市场，尽管办事处人员大幅度激增，但收入也得到了相应的保障。办事处还针对收入进行监控，制定收入计划表，明确各部门的目标和职责，从机会点、订货、发货，到收入、回款，进行全面拉通，实施监管，任何环节有问题都可以及时作出调整。

西宁办事处通过一系列措施达成精细化管理，在投入大幅度增加的情况下，收入、利润、现金流等关键指标走势良好，基本达成了“高投入、高产出”的平衡，为进一步发展打下了良好的基础。

除了投入与产出的平衡，销售团队也要考虑长短期收益的平衡，如果过于追求短期收益，不注重长期收益，那么无论是销售团队还是企业，发展都很难持续，很快就会触到“天花板”；如果过于注重长期收益，而不注重短期收益，那也不行，那样容易导致“好高骛远”，没有短期收益的支撑，企业就难以继续运转，甚至资金链断裂。因此，作为团队管理者，既要保证一定的短期收益，也要以长远和发展的眼光看问题。

华为的“荣耀”手机最开始是用来与小米的“红米”手机竞争的，由于这是相对低端的市场，手机利润稀薄，只能靠大量出货才能赚钱。因此，华为手机部门向上级汇报时，习惯强调“荣耀”手机的出货量，而不是销售利润。对此，任正非很不客气地批评道：“以后手机部门不要汇报出了多少货，只要汇报赚了多少钱就行了。一部手机赚 30 块钱，算什么高科技？做豆腐也能赚钱，在座的各位愿不愿意去做豆腐？两毛五一块，就在公司门口摆个摊，我还可以发动全公司的员工买你的豆腐。”

2013 年，在遭受小米手机冲击时，余承东决心砍掉低端定制机，开始对华为消费者终端进行大刀阔斧的调整。这让华为损失了 3 000 万部出货量，招致内部很多人反对，一度让他面临强大的阻力，甚至有“下课”可能。

但是任正非给余承东投了信任票，一方面是基于余承东过去的成功经历，另一方面，更重要的是余承东主导的精品战略是符合市场发展预期的。余承东顶住了压力，坚持精品路线。余承东的思路被市场证明是正确的，华为手机通过定调精品战略，在中高端市场慢慢打出一片天地，Mate 系列与 P 系列，获得了全球消费者的认同。华为消费者终端的收入和利润也大幅度上升。

华为轮值CEO徐直军说："一线团队要平衡短期经营业绩增长和长期有效增长，主要是把更多的重点放在长期收益上，过去我们一些干部过于追求短期收益，留下了不少'呆账''坏账'，还要后面的人去'填坑'。现在我们考核一个干部不仅要看他近来的业绩，更要翻他的'历史账'。"

销售团队的管理者如果能从投入产出的角度考虑问题，那么他看问题的视野会更开阔，管理水平和能力在无形之中就得到了提高，可以说，为职位晋升铺好了通道。

4. 以客户为中心，提供优质服务

为客户提供优质的服务，明确客户的需求，解决客户的问题是销售团队日常经营中最主要的活动。如今，企业销售的不仅仅是商品，更包括相关的服务。因此，无论是面对企业用户市场还是消费者市场，给客户打造良好的体验环境、提供优质服务是销售能力建设非常核心的环节。

4.1 以客户为中心，诚信经营

良好的客户服务能为企业树立良好的品牌形象，相反的，糟糕的客户体验会降低客户对企业产品的信任感。对客户的服务包括方方面面，售前的沟通、交流，售后的维修、服务、支持等。

实际上，如今的客户服务是贯穿产品使用全过程的。客户也好，合作伙伴也好，在质量和服务方面的要求会越来越高。任正非认为华为手机在服务方面与苹果还存在差距，华为手机部门要积极向苹果的服务看齐。比如说，如果苹果的手机屏幕摔坏了，消费者拿到苹果的售后维修点，苹果鉴定之后无法修复，将免费给消费者换一个新的手机。任正非说："其实摔坏手机屏幕的情况并不多见，但苹果就是能提供相应的服务，所以他们才能卖那么高的价格。如果我们没有相应的服务，消费者看见我们的手机就会想，花这么多钱买华为的手机是不是合算？"

李峥是华为津巴布韦的高级客户经理，当时有一个光缆项目，客户 CEO 直接向他投诉，并且相当不满。李峥了解到项目的主要问题是工期延迟，这在津巴布韦比较常见。但客户 CEO 如此不满，李峥推断肯定还有其他没解决的问题。李峥便邀请客户 CEO 一起下站点检查，花了整整一天的时间，穿越整个津巴布韦，检查光缆项目的交付。最后暴露的问题触目惊心：大量光缆暴露，没有回填。李峥发现交付质量才是最严重的问题。

李峥一方面跟客户真诚道歉，承诺华为一定会及时解决所有问题；另一方面全力推动项目整改，连夜讨论整改计划，每一样都抓到细节。整个项目的整改历时半年，投入了几十万美元，最终客户肯定了整改结果，取消了 200 万美元的罚单。之后，客户更是不计前嫌，将 2.5 亿美元的大订单也交给了华为。

正如华为的核心价值观指出的那样，华为坚持以诚信赢得客户，诚信是华为最重要的无形资产。华为人只有坦荡诚恳，才能对客户言出必行，信守承诺。在任正非看来，诚信带给华为的价值远远不止表面上看到的，还有许多内在的、肉眼看不见的价值。

世界软件巨头微软公司花费上百亿美元打造的智能手机操作系统 Windows Phone 于 2010 年面世，微软寄希望于这款全新打造的手机操作系统为他们在移动互联网市场分得一杯羹，甚至复制 Windows 操作系统在个人电脑上的表现，成为智能手机操作系统的霸主。

2011 年 2 月，微软与诺基亚公司达成深度战略协议，将在智能手机研发上展开深度合作，微软与诺基亚的联盟让诸多市场人士和消费者相当看好，认为 Windows Phone 将打破苹果 iOS 与谷歌 Android“两强争霸”的格局，随后，搭载 Windows Phone 7.0 版本的诺基亚“Lumia”手机发售，其现代化的互动界面设计、流畅简洁的操作以及大胆而不落俗套的外形，得到了市场的广泛好评。

然而 2012 年，微软却宣布，由于内核变更，所有搭载 Windows Phone 7.0 版本的手机将无法升级到 8.0 版本，包括备受好评的“Lumia”手机。此消息一出，全世界一片哗然，那些购买 Windows Phone 手机的人觉得受到了微软的欺骗，因为如果无法升级，那么许多新功能都无法使用。微软此举激怒了许多诺基亚手机的拥趸，他们甚至要求微软退款。

此后，Windows Phone 在市场上的反响急转直下，尽管微软采取了一系列措施，但还是被 iOS 和 Android 远远甩在了后头，诺基亚公司也无奈退出了手机市场。

2016 年，微软 CEO 纳德拉宣布放弃 Windows Phone，专注于云服务。

作为世界软件巨头，微软公司Windows Phone的案例不可谓不典型。任正非要求，华为的员工一定要对客户诚信，尤其是一线的销售团队。华为能提供什么功能和服务要清楚地告知客户，不能提供的功能和服务绝对不能轻易向客户承诺，不能为了把产品卖给客户就随便承诺相关功能和服务。一旦向客户承诺而做不到，那就是失信。长此以往，客户就不会继续信任了。

4.2 服务要有责任心，持续保持活力

对客户的服务，是由各种各样的细节累积起来的。有些销售人员在客户购买产品之前，对客户嘘寒问暖，关怀备至，而产品一旦卖出去，客户遇到问题时，却一副冷漠的态度。因为在他们看来，卖掉产品能给他们带来收益，而解决客户售后的问题并不能给他们带来利益。这种想法显然是错的，现代销售行为早已脱离简单的买卖行为，从售前到售后是一个完整的过程。在解决客户问题上，华为毫不含糊，总是以最大的责任心去服务客户。

2009 年初，华为开发的一个新产品在北方某地第一次投入使用，由于有一台设备出现了故障，客户向华为驻当地办事处求援。李高阳等四名技术人员主动请缨，立即搭乘飞机前往，承诺以最快的速度将设备恢复正常。

一到办事处，几人就同办事处的人员开着车子前往故障设备地点。为了节省时间，他们随便在车上啃了几块面包。一行人终于在凌晨 1 点钟左右赶到客户所在的县城，却被告知故障设备在 60 公里外的小镇上。

李高阳等人顾不上休息，连夜赶路，差不多凌晨 3 点的时候赶到了事故现场，经过长达 8 小时的连续抢修，终于使设备恢复到了正常状态。当客户坚持塞给四人红包以表感谢的时候，李高阳却笑着拒绝说：“真的不能要，这次抢修虽然比较辛苦，但是为客户服务是我们应该做的。”

现代通信网络是基础设施中非常重要的一部分，因此，每当遇到突发情况时，第一时间恢复通信相当关键。华为作为通信设备供应商，总是牢记自己的使命，坚守在自己的岗位上，帮助客户抢修通信设施。任正非曾说：“只要客户还没撤离，华为就不撤离。”

2017 年，墨西哥中部发生地震，震区通信部分中断。华为人马上行动起来，联系上客户，得到客户授权，开始帮助客户排查网络。组建维护客户网络的团队，按流程组织灾情通报；GTAC 团队开始根据客户网络授权，检查网络灾后受损情况，每小时给客户发网络诊断报告。震后一小时，有的本地员工家里受灾，被安排回家救灾，其余人员经过客户授权，转战客户办公楼，继续解决问题。

他们兵分多路，全力帮助客户排查网络影响，提供恢复方案和意见以支持客户下一步应对策略的制定。

客户提出要全力恢复网络通信，并且全国话务免费五天。这意味着未来话务量将会面临激增，通信保障的压力会进一步加大。华为需要帮助客户恢复业务，也需要帮助客户制定计费策略变更方案和大话务保障方案。华为系统部的交付部长同期抵达运维中心，与客户探讨通话和网络保障计划和应急方案。华为向客户承诺，在明天早晨话务增长之前将方案准备好。

第二天早上，华为团队完成针对客户网络的大话务保障方案；保障团队将方案带给客户，让客户踏实地应对各种风险，一切按照计划进行。在跟客户一起现场值守三天三夜后，客户 COO 和企业代表亲自到作战室感谢整个保障团队所作出的努力，特别感谢华为在这几天提供的支持和帮助。

实际上，华为这种坚守岗位、帮助客户抢修通信设备的行为，不仅体现的是“以客户为中心”的精神，更是体现了一个世界级企业的社会责任感。也只有这种大无畏的责任感，才能在服务客户时，持续保持活力，赢得客户的信任。当然，对于华为员工来说，这也是一种成就感，一种看见自己的努力转化成价值的成就感。

4.3 拒绝重营销、轻产品

无论是产品也好，服务也好，解决方案也好，对于企业来说，最重要的还是产品的功能，产品是一切的基石。如果产品不行，即便销售人员把产品吹得天花乱坠，终究还是留不住客户的。

近年来，中国电影市场发展迅猛，自 2010 年开始，电影票房连续五年保持了 40% 的增长，电影票房过亿、甚至过十亿都不再是一个遥不可及的数字，而是成了“新常态”，2016 年春节上映的周星驰导演的影片《美人鱼》票房超过 30 亿元人民币，国产动画电影《捉妖记》票房也达到了24亿元人民币。如此火热的场景也让许多企业和投资商看到了赚钱的良机。

然而，火热的电影市场背后却是良莠不齐的影片质量，大量粗制滥造的影片冲击着尚不成熟的国内电影市场，甚至许多电视台的综艺节目或者网络短片“摇身一变”，成了所谓的“大电影”。

这些影片往往会以“小鲜肉”作为卖点，主演多是年轻偶像，有些财大气粗的制片方甚至笼络一堆明星，再配以所谓的“IP大作”，一部电影就炮制出来了。在电影上映后，通过互联网、线下等多种渠道进行铺天盖地的宣传和炒作，以制造热度。这些剧本赶工明显、逻辑错乱、人物幼稚，在拍摄时“多快好省”的影片无异于在扰乱正常的电影市场。

细数这些粗制滥造的影片，可以发现其操作套路惊人的相似，那就是“重营销、轻产品”。由于国内电影市场发展尚不充分，许多观众对电影的辨别能力相对较弱，在选择电影时，往往被铺天盖地的广告和宣传诱导，或者被自己熟知的明星所吸引。然而，面对大量“烂片”席卷电影市场，观众纷纷用双手投出了自己的“一票”。

2017年7月，号称投资2.5亿元人民币的影片《三生三世十里桃花》上映，该片同样以“小鲜肉”加“大IP”作为卖点，但这部电影在酷热的7月里却遭遇了观众的“冷遇”，最终票房仅5亿元人民币出头，完全收不回巨大的投资。而同期上映的影片《战狼2》虽然没有观众熟知的“明星”，也没有大量的宣传，但是却依靠良好的观众口碑，引发了广泛的讨论，许多原本不看电影的观众也纷纷走进电影院观看《战狼2》。到《战狼2》下映时，最终票房接近55亿元人民币，创造了2017年国内电影市场的“神话”。

因此，在华为看来，营销只是锦上添花，起到的是辅助作用，产品和服务才是一个企业的核心竞争力，切忌本末倒置，喧宾夺主。营销行为一定要适当和恰当，不能过度营销，事实上很多时候，过度营销起到的是反作用，客户极其容易反感。

“饥饿营销”这个词绝大部分人都不会陌生，在某种程度上，这就是一种过度营销的行为。“饥饿营销”的核心策略在于连续不断地抛出产品信息，持续密集地对客户进行地毯式“轰炸”，提高客户的期望值，再通过营造产品供不应求的场面，来勾起客户的好奇心和购买欲。

苹果公司是最擅长“饥饿营销”的企业之一，在产品尚未上市之前，苹果会有计划、有目的地连续放出产品的相关信息，每次只透露一部分，以逐渐勾起消费者的兴趣。曾经有市场人士指出，苹果一直在执行一项“可控泄露”的营销策略，这样，产品尚未上市就已经在市场上形成了一定的热度。而产品正式上市当天，苹果的专卖店往往排起很长的队伍，这种热闹的场面再通过媒体进行传播，就营造了产品销售火爆的场面。

自成立以来，小米公司就被广大消费者视为使用“饥饿营销”的好手。小米新手机上市初期，几乎每一批都要去小米的网站进行抢购。如此费时费力的购物体验也让小米手机的营销策略一直饱受争议，甚至有消费者把小米的手机称为“期货”，不少消费者因为买不到小米手机，转而去买了其他品牌的手机。

但小米公司董事长雷军坚决否认小米使用了“饥饿营销”。他说：“外界对我们存在许多误解，实际上，我们是供货能力不足。”雷军进一步解释说，小米是互联网公司，对大规模制造的认知不够，直到2016年底才理解“交付”这个概念，才用“交付”代替“供货”。

然而，无论这些企业是否使用了“饥饿营销”，都可以看出，过度营销并非万无一失的买卖，而是存在巨大的风险，甚至损害企业自身的品牌形象。任正非反复要求华为要做好相关的基础功能，他说：“我们都是理工男，不要搞那些花样和名堂，扎扎实实搞好产品的核心功能。”所以，对企业以及销售团队来说，最重要的还是踏踏实实地提高服务水平，全方位提升客户的体验。

5. 提升素养，增强与人连接力

对销售人员来说，除了核心的销售能力，个人的整体素养在许多时候都起着非同小可的作用。因为销售是与客户交流的过程，在这个过程中，不仅是构建产品与客户的连接关系，更是构建销售人员与客户的连接关系。

5.1 扩展知识面，有助于与客户交流

客户的来源各种各样，出身、职业、受教育情况、知识范围、兴趣爱好等也不尽相同。每个人都喜欢跟自己有相同兴趣爱好的人打交道，很多时候，广博的知识面能助你一臂之力。音乐、体育、军事、文学、哲学、电影等业余方面的爱好兴趣在不经意间就帮你搞定了客户。

华为昆明代表处的员工曾反应，到了多专业领域拉通，显得力不从心，而平常与客户的交流沟通，聊专业的知识没有问题，但很多时间也要聊日常生活，这时候就经常对接不上客户的兴趣爱好。

对此，昆明代表处开设了“滇峰大讲堂”，让员工把自己相关领域的知识和兴趣爱好分享，因此，每个人针对自己的情况，选择要听的课程，同时把自己擅长的部分变成一门课程，这样一来，所有人既可以是老师也可以是学生。

昆明代表处的“滇峰大讲堂”得到了员工的好评，大家积极参与，课程也是五花八门，什么都有，既有专业的通信知识，也有日常生活的小知识，例如普洱茶品鉴、塑形健身、玉石鉴赏、人工智能、移动应用软件的开发等。

通过门类丰富的课程，昆明代表处不仅提升了员工的专业知识，也很好地提升了员工的个人素养，丰富了员工的业余生活。员工也反馈良好，认为通过这样一个平台，在轻松愉快的氛围中，能够快速学习快速进步，增强了与客户交流时的信心。

任正非积极倡导华为员工业余时间多读书，通过读书提高自己，增强与人连接力。只有多读书，普通员工才能从“13级”的二等兵晋升到“21级”的将军，干部才能更好地领导团队。他说：“周有光教授早年是研究经济学的，到50岁才转成语言学家。人生的伟大在业余，书籍是最好的老师。”

5.2 了解客户喜爱，并投其所好

作为销售人员，除了拓展自身的知识面，有时候还要有针对性地了解客户的喜好，并尽量满足客户的这种喜好。这在大型项目的销售领域尤其常见，因为销售团队面对的客户相对比较固定且单一，很多时候，客户的关键一票就来自于此。

台湾地区的无线产品市场曾牢牢被华为的友商掌控。为了打开台湾的市场，华为台湾代表处的客户经理 Anita 每天都跟客户待在一起，倾听客户的心声，有一次，客户向她抱怨友商设备价格高昂，响应速度却极其慢，服务质量也不尽如人意。这让 Anita 看到了机会。

由于长期和客户交流，Anita 很快就摸清了客户的网络架构和“痛点”，虽然客户的 CEO 比较信任 Anita，但客户毕竟没有与华为合作的先例，因此，对于华为的产品也是犹豫不决。客户 CEO 对 Anita 说：“你们需要给出方案，价格要有竞争力，并且从技术角度说服 CTO，取得他的支持。”

于是，取得客户 CTO 的支持成了 Anita 的目标，她了解到客户 CTO 喜欢喝某品牌的咖啡，喜欢打网球，Anita 便经常提着那个品牌的咖啡去见客户 CTO，并在业余时间学习网球。虽然没有成功约到客户 CTO 打网球，不过客户 CTO 还是被 Anita 的毅力打动了，当然，华为的方案也让客户很满意，于是在招标时，华为顺利中标。

另外，目标客户群有时候会存在同类的特定喜好，这种情况是很常见的。而现在通过大数据分析，这种同类型的目标客户是比较容易辨别出来的，因此，针对有共同喜好的同类型的目标客户群，要强化销售人员的相关能力，让目标客户群满意。

5.3 发挥个性魅力，赢得客户认同

与客户的关系，实际上很多时候就是人与人之间的信任关系。所以在与客户建立关系时，不妨和他建立良好的私人关系，发挥个性魅力，从而建立起合作的桥梁。任正非要求华为的员工要建立“不打领带的客户关系”。在华为早期的时候，任正非本人也正是这样做的。

1990年代早期，某邮电局一个科长来到深圳考察。其实正常来说，任正非完全可以用比较常规的方式来接待他。但是任正非却决定亲自开车到宝安机场接他。接到这位邮电局的科长以后，任正非带着他到了自己家里，亲自炒菜招待他。其实任正非完全可以在饭店招待这位科长，也花不了多少钱。但是任正非认为，自己炒菜招待客户与在饭店招待客户，给客户的感觉是不一样的。这就是任正非所说的“不打领带的客户关系”。

应该说，与客户的交流过程中，建立起相互信任的关系并不简单。不过，

一旦建立起这种信任，便容易赢得客户认同，合作便水到渠成。也就是说，作为销售人员，不仅要很好地展示产品的优势，还要展现个人的优势和魅力，以此来打动客户。

华为在孟加拉国某项目的合同谈判遇到了许多问题，导致合同一直无法关闭。负责该项目的王世东又即将调离孟加拉国，让他烦恼不已。离开的前一天，客户CTO打电话给他，让他下午去一趟他的办公室。到了办公室，CTO却完全没有谈合同的意思，这让王世东有些失望，但既然是客户的要求，他只得按客户的要求做。到下班的时候，CTO说希望和王世东一起去喝酒，到了酒吧才发现客户CFO也在，就这样他们三个人喝到9点多，什么也没有谈，完全是普通朋友周末休闲放松的状态。正当王世东准备告辞时，CTO说要带他去个地方。王世东哭笑不得，敢情客户是把他当成一起吃喝玩乐的朋友了。

他们来到一处豪华别墅。这时，CTO对他说："我们董事长在这里。我们知道你明天要离开孟加拉了，所以我们希望今晚就把合同签了。"说完拿出一份打印好的合同文本。王世东这才明白是怎么回事。

王世东也了解到，客户对一直坚持的几个条款作出了重大让步，他立即打电话给领导，获得了完全授权。他们直接在已打印的合同上对修改进行标识，不用更改的页面就直接页签。董事长说："我听他们经常说到你，说你很有激情，年轻人有激情是好事，能干大事。这份合同对你很重要，而你明天就要离开孟加拉，我们希望有一个圆满的完结。"CTO接着说："明天签了合同，我送你去机场。"

在任正非看来，市场瞬息万变，技术每时每刻都在进步，唯有与客户的关系不会随时间的推移而变化。要是和客户的关系发生了变化，那一定是没有去贴近客户，没有深刻理解客户和他们的需求。

第3章 对准市场与目标

我们要从客观上清晰自己的战略定位，构筑一条『马奇诺防线』。我们不是要全面去打赢别人，所有战线不可能都领先。明确在哪儿建立防线，需要什么武器，就在这个位置上布置防线，锁定在这个防线上深化对市场的贡献。

——任正非

1. 用群狼战术紧盯市场

狼在发现猎物之后，一般都不会独自行动，而是呼唤狼群集体捕杀猎物，这就是狼的天性。实际上，面对复杂多变的市场，销售团队也应该像狼那样，用团队的力量紧盯市场。

1.1 重兵投入关键市场，巩固市场格局

在创立初期，华为为了与跨国公司争夺市场，把自己的产品卖出去，丝毫不吝投入，甚至不计成本，其中最常见的就是“人海战术”。对当时的华为来说，华为的产品进入哪里，哪里就是最关键的市场。

在黑龙江，华为与瑞典通信巨头爱立信“血战”，华为派出的技术人员是爱立信的十多倍，在每个县电信局展开“肉搏战”“巷道战”。哪里出问题，华为人立即赶到现场，解决客户的问题。就这样，华为凭借着不计成本的“人海战术”，重兵投入，从跨国巨头手中抢下一个个客户。许多跨国巨头对于华为的策略也只能表示无可奈何，因为他们要讲成本，亏本的事是不做的。

1992 年，华为的 C&C08 交换机研发成功。产品是研发出来了，怎么卖给客户呢？华为采取的是最笨的办法，一个县一个县去跑。当时的营销负责人李杰立下了“军令状”——一年跑 500 个县。其实刚加入华为两年的李杰心里也完全没底。但既然立下了“军令状”，只能硬着头皮上。于是，李杰带着市场部 10 多个人开着公司配备的两台进口奥迪和六辆三菱吉普，从深圳出发，跑各地的县邮电局，推广华为刚刚研发成功的局用交换机。最后华为市场部实际上用了近两年时间，才跑遍 500 个县，拿回来的客户资料堆了几尺厚。任正非把这一过程形象地形容为“华为的长征”，称跑了 500 个县的市场部员工为“红军”。这大概是全球通信制造史上绝无仅有的事例，甚至惊动了时任邮电部部长的吴基传，他在邮电部的大会上，

要求干部们学习华为。

2000年，华为参加香港电信展，邀请世界50多个国家的2 000多名电信官员、运营商和代理商参加。2 000多人往返一律头等舱或者商务舱，住在五星级酒店，还给他们每人配备了一台笔记本电脑，总共花费了2亿港元。这是华为第一次高调地在国际电信界展示自己的实力。事实证明，任正非的“出手阔绰”，得到了高额回报，2000年，华为开始向全球大举扩张，市场份额不断提升。

也正是在2000年，华为首次举办出征将士的送行大会，当时的标语上写着“青山处处埋忠骨，何须马革裹尸还”，颇有悲壮的意味。任正非曾经动情地说：“华为是没有多少资本的公司，发展都是靠市场部一步一个脚印跑出来的。市场部‘胜则举杯相庆，败则拼死相救’的精神，不知道感染了多少员工。一批又一批的优秀员工奔赴前线。商场如战场，却比战场更加残酷与艰苦。市场部为了推广华为的产品，走遍了大江南北、山村乡镇，行程可以绕地球和月球转几千个来回。许多员工一遍又一遍地冲锋，‘身负重伤’，还是没能打开市场，我们又换了一批批的新人上去，替代他们。是广大员工用青春铺就了华为公司成功之路。”

2016年，时隔16年之后，华为再次召开规模庞大的誓师大会，召集后方2 000名高级技术人员奔赴“前线”，力图抢占下一个时代的高地——“图像时代”。

任正非在出征大会上说，华为错过了语音时代，又错过了数据时代，没有占据世界的战略高地，但这一次，华为不能再错过图像时代了。如果华为还像过去一样，招聘新员工，对他们培训，扑入战场，他们需要3~5年的时间才能成熟起来，到那时候，这个机会窗已经差不多关上了，华为肯定会再次失去占领图像高地、云化时代的机会。

在任正非看来，云化是华为不熟悉的领域，图像领域虽然有一定的优势，但除德国大规模实践的经验外，在其他国家还没有规模化的成功，还没有建立一支成熟的队伍。特别是面对大视频带来的“流量洪水”和更低的时延要求，华为还没能有效地应对。华为的战略预备队只能一边学、一边教、一边干，让小老师逐渐成为大教授，这样的成长速度是华为等不起的。

在新的行业机会口面前，华为不能单靠前线的力量作战，需要后方有经验的技术人员支援。而华为的研发人员在后台，与前线市场层面接触不多，对于市场的需求有些脱节，而市场反馈到研发实际上也需要一段时间，短时间无法直接传递给研发人员。研发人员上前线，与市场直接接触，就是要解决研发和市场需求脱节的问题。华为将这些拥有15~20年研发经验的高级专家及高级干部投入战场，他们对技术深刻的理解能力和他们的经验，与前线将士的战场掌控能力结合在一起，一定会让华为走在市场的前头，瞄准客户的需求。

除了开拓新的战略市场，对于已经占主导的市场，也时刻不能放松，要重点盯住。主导市场就是企业的粮仓，粮仓一旦失守，那仗就不好打了。任何企业稍微一松懈，竞争对手就趁机挤进来了，市场的竞争就是如此。以美国科技企业为例，过去几十年，没有哪家企业能一直独领风骚，而是你争我赶，相互渗透，并且以后来者居上为多。在1980年代，IBM凭借在PC市场出色的表现而睥睨天下，到了1990年代，随着Windows系统的成功，微软一跃成为最受瞩目的科技企业。不过“三十年河东，三十年河西”，进入新千年，谷歌公司凭借先进的搜索技术异军突起，成为硅谷界的“明星”。最近十年呢？最成功的企业无疑当属苹果公司，他们推出的iPhone手机风靡全球。国内同样也经历过类似的变化。

2010年，智能手机发展迅速，许多企业都意识到，移动互联网时代即将到来。对于当时的腾讯来说，QQ虽然在桌面聊天社交市场上处于绝对统治地位，但是在移动互联网时代，QQ还能不能继续维持这种优势呢？而在当时，“陌陌”“米聊”等基于智能手机的移动聊天社交软件异军突起，腾讯感受到了前所未有的压力，因为移动互联网是一种完全不同的“生态”环境。

为了继续巩固腾讯在聊天社交软件市场的地位，腾讯决定集结全公司之力，开发一个基于移动端的新产品，这就是后来的“微信”。腾讯创始人马化腾在内部成立了三个开发团队，一个是桌面QQ团队，一个是手机QQ团队，还有一个是QQ邮箱团队，最后是QQ邮箱团队的产品脱颖而出。为了让微信快速发展，腾讯投入大量资源，向这个“新出生”的产品倾斜，包括从QQ端、腾讯新闻导流，QQ用户可以直接登录微信等。

马化腾后来回忆说：“为了在移动互联网时代继续取得成功，巩固腾讯在聊天社交领域的地位，可以说是不惜一切代价，把所有的关系链推到微信里面去，最后才赢得市场。其实赢得也很艰难，也就比同类产品快两周而已。”

而华为反复提出要坚守“主航道”，“上不碰应用，下不碰数据”，就是要盯紧关键市场，集中火力在关键点上实现突破，从而确保自身的优势地位，巩固市场格局。任正非说：“就好比吃下午茶，我们就集中精力吃几个甜点，重点市场重点投入。”

1.2 构筑防线，大小目标市场都盯到

重兵投入关键市场并不意味着完全放弃不重要的目标市场，恰恰相反，很多时候，那些看似不太关键的目标市场也是极为重要的战略要地，如果完全放弃这些市场，任由竞争对手“攻城略地”，竞争对手一旦在这些领域发展壮大，形成一定的优势，下一步很可能就对关键市场形成围攻之势。

尽管腾讯 QQ 在聊天社交软件领域长期居于统治地位，但腾讯也丝毫没有放松过警惕，而是积极构筑防线，不放过任何有潜力的市场。

腾讯采取的是一种跟随的策略，每当市场上出现新的产品时，腾讯很快会炮制出类似的产品与之竞争，因此，腾讯的跟随策略在很长一段时间内，都是让许多企业头痛的存在，投资人在投资这些企业时，第一个问题就是“请问你们如何面对腾讯的竞争”。许多创业者直言，腾讯不仅自己不会创新，只会“山寨”，还打压其他追求创新的企业。

例如，正当“三大门户”红红火火之时，腾讯推出了“腾讯新闻”；下载软件“迅雷”一度占据所有人的电脑桌面，腾讯立即跟进，推出了自己的下载软件“QQ 旋风”；以百度为首的搜索企业大行其道之时，腾讯推出了“搜搜”；社交网站“人人网”火爆了起来，腾讯以“朋友网”对抗；“新浪微博”火了，腾讯也做了自己的“腾讯微博”；阿里巴巴的“淘宝”办得有声有色，腾讯推出“拍拍”来对抗。一位腾讯内部人士甚至表示，互联网所有的产品，腾讯可以做得不好，但是不能没有。

客观而言，腾讯这种跟随策略一直颇受争议，并且大多未成气候，最终以失败告终，许多产品在无声无息中悄然下线。这其中也有一些比较成功的产品，像“腾讯新闻”“腾讯体育”“腾讯文学”等产品都在市场上赢得了一席之地，甚至在该领域做到了第一。但腾讯推出这些产品最核心的目的，还是巩

固庞大的“社交帝国”。

用军事术语来讲，小的目标市场就是“战略纵深”。在第二次世界大战中，法国虽然有马奇诺防线，但德国绕过了马奇诺防线，从比利时突破，仅用几个月就攻占了法国。而德国在攻打苏联时，苏联凭借辽阔的国土面积，精心构筑了数道防线，德国就没办法顺利推进了，与苏联陷入了持久战，最后输掉了战争。

华为的手机业务一开始就是从中低端业务做起来的，后来慢慢往高端渗透，建立起华为手机的品牌形象。既然华为可以走这样的路，那么别的企业为什么不能呢？因此，任正非指出，华为手机在聚焦高端市场的同时，千万不能把低端市场丢了。

任正非说：“在低端市场方面，我们主要以防御的姿态来做，不主动出击，主要是稳固我们的中高端市场。低端市场也是一个很大的市场，世界上95%的都是穷人，华为也要服务好他们才行。对于低端产品，我们的策略就是‘标准化、简单化、生命周期内免维护化’，当然低端产品也不是真‘低端’，还是要做好最基本的功能，一个是通信功能，网络接入速度快，一个是中文软件功能好。而且每年我们可以让一些成熟的硬件、软件从高端机沉淀到低端机，这样也节约了开发成本。你看苹果，iPhone8出来了，iPhone6还在卖，对他来说，iPhone6就是他的低端机。从手机行业的经验来看，单一的品牌能量终究是有限的，一个品牌有20%的市场占有率就差不多是极限了，所以现在我们是两个品牌，‘华为’和‘荣耀’，两个竞争点分别应对不同客户群体和市场，荣耀主要面向年轻人。这样两个品牌就互成犄角之势，团团围住山脚形成一道防线。”

华为的“荣耀”品牌不仅承载着华为构筑防线，防止其他厂商从低端市场突围的任务，还定位于电商品牌，走互联网营销道路，实际上这也是华为的一种销售策略。过往，华为公司主要面对的是运营商客户，很少直接面对普通消费者，两者间的差异还是相当大的。因此，自从小米公司使用互联网营销模式奠定基础之后又成功“落地”，开始往线下布局。也有许多企业都在试图复制小米这种模式。所以“荣耀”采取互联网营销的模式，对于华为来说，既是一种探索，又是一种防御策略。

1.3 建立覆盖目标客户的营销和服务网络

在建立营销和服务网络方面，华为向来舍得投入。在任正非看来，许多技术先进的跨国企业在中国难以取得成功，就是因为不舍得投入资源建设营销网络。而华为坚持投入，拉近了与客户的关系，能及时与客户交流，解决客户的问题，所以才能在激烈的市场上站稳脚跟。

2000 年，中国电信业再次分拆，国内电信运营商由原来只有 1 个，一下子变成了 7 个，这就是说，华为现在要同时服务 7 个不同的客户了。华为也很快做出了应对，一举成立了 7 个运营商系统部，一一对应。从运营商总部到各省分公司，华为的系统部都有其分支机构，有独立的 KPI。

可以说，这就是华为先见之明之处。因为，在分拆之初，各个运营商的实力并不均衡，况且谁也不知道哪家运营商会发展得更快。因此，华为采取的策略就是全都要抓好。

在服务目标客户方面，华为最大的特点就是坚持普遍客户关系。许多企业或销售团队与客户建立关系时，一般只考虑关键位置上的客户，认为只要服务好关键客户，就能把产品卖出去。但任正非并不这么看，他认为非关键位置上的客户也是很重要的，也要维护好。不能因为对方仅是局方的一个运维工程师就不作维护、介绍产品，那也是相当重要的一票。

随着华为终端部门的发展壮大，华为也意识到，面对消费者的营销和服务网络与面对运营商是完全不同的。因此，华为极力在加快建设终端营销服务网络的步伐，争取把终端营销服务网络覆盖到更广的区域。实际上，在这一点上，华为终端部门学习的是OPPO和vivo的策略。

2014年和2015年，当其他手机厂商还在“线上”和一二线城市厮杀，鏖战正酣时，OPPO和vivo却积极在线下布局，将营销网络延伸到三四线城市，甚至到了乡镇。提前的布局让这两个品牌手机背后的企业步步高集团收获颇丰。而当“线上”和一二线城市市场日趋饱和时，所有手机厂商都不约而同地将目光转向了三四线城市。

对于中国手机行业而言，2017 年无疑是“冰火两重天”的一年，两极分化日趋明显。国内智能手机市场基本形成了华为、OPPO、vivo、小米四大品牌“逐鹿中原”的态势，根据相关机构的数据统计，四大品牌在2017年第三季度的市场份额达到了70.3%，加上苹果占有的10.0%，其他手机品牌的市场占有率进一步下降，加起来仅剩17.5%，比排名第三的vivo还略低。围绕着市场份额的变化，各大企业纷纷加大筹码，着力布局线下营销网络。

除了扩大营销网络的覆盖面，各家企业也在提升客户体验度方面下足了功夫。截至2017年底，华为已经在全国各地建成了近2 000家“华为体验店”；小米也不甘示弱，2017年11月5日，“小米之家”全球首家旗舰店在深圳正式开业；本就擅长“线下市场”布局的OPPO位于上海的首家旗舰店也于12月24日开业。可以预见的是，未来几年，国内智能手机市场必定会呈现更为激烈的碰撞。由此可见，无论哪家企业都极其重视营销服务网络的建设，以尽可能覆盖更多的目标客户。

最近几年，“新零售”的概念也得到越来越多企业的认可。“新零售”就是拉通“线上”和“线下”，“线上”借助于大数据、人工智能、云计算等先进技术，为客户提供全面的信息，并对商品运输、存储进行合理配置，“线下”则为客户提供极致的服务和体验。而这无不需要营销服务网络的支撑。

2. 战略解码，导入团队目标

公司的战略目标相对比较宏观，而销售团队关注的是更为具体的业绩目标。作为公司的一个部门，销售团队应该有效承接公司的战略目标，然后将团队目标对准公司战略。在华为，各部门承接公司战略目标，导入团队目标的过程就是战略解码的过程。

2.1 对准公司战略，聚焦市场目标

华为一贯强调“力出一孔，利出一孔”。“力出一孔”出自《管子·国蓄》：“力出于一孔，其国无敌。出二孔者，其兵不诎。出三孔者，不可以举兵。出四孔者，其国必亡。”意思是说，举国之力聚焦于某一个目标，该国就能立于不败之地；若分散于两个目标，军队还有一定的战斗力；若分散于

三个目标，该国的部队就没什么战斗力了；若分散于四个目标，该国恐怕就要灭亡了。

21 世纪初，华为开始拓展欧洲业务。对那时的华为来说，欧洲竞争对手像大山一样，压得华为喘不过气来。直到 2006 年，靠余承东主导发明的分布式基站，才让华为从缝隙中进入欧洲市场。到 2007 年，华为靠分布式基站陆陆续续在欧洲斩获大单。

2007 年，余承东决定要用与爱立信完全不一致的架构，去做革命性的产品升级换代。这一决议一提出便受到了大多数人的反对，很多人觉得做第四代基站的成本太高，难度大。而第三代基站华为做得还不错，利润也很好，何苦做什么第四代基站。余承东力排众议，拍板道："必须做，不做就永远超不过爱立信。这是我们战略上的大旗。"的确，华为的战略目标一直很明确，早在 1998 年《华为公司基本法》颁布时，华为便确立"要成为一家世界一流的通信设备供应商"的战略目标。

2008 年，华为第四代基站成功问世，华为无线顿时扬眉吐气，终于占据了优势地位。2010 年之前，华为无线花了多年时间，在西欧市场仅取得 9% 的份额，但两年后，华为的市场份额飙升至 33%，高居欧洲第一。

任正非说："华为就是依靠十几万平凡人几十年如一日聚焦在一个目标上持续奋斗，从没有动摇过，就如同在高压下从一个小孔中喷出来的水可以切割钢板，才取得了今天的成就。华为将继续坚持'力出一孔，利出一孔'，聚焦管道战略，提高我们在世界上的核心竞争力。如果我们能坚持'力出一孔，利出一孔'，下一个倒下的就不会是华为。如果我们不甘倒下，那么我们就要团结一心，努力奋斗。"

因此，销售团队一定要对准公司战略目标，基于公司的战略目标开展各项工作。

2.2 层层分解，导入团队目标

在目标管理上，华为有一个"五看三定模型"，大致分为四个步骤：战略洞察、战略制定、战略解码、战略执行和评估。在战略洞察上看行业、看市场、看竞争、看自身、看机会，找到战略机会点在哪里。在战略制定时定控制点、定目标、定策略，针对战略如何实施制定具体的方案。战略解码的过程就是制订年度业务计划。最后是战略执行和评估，就是实际执行的阶段。用两句话来形容就是“以客户为中心，以目标为导向”。

为了让公司的战略目标成功落地，销售部门就必须基于公司的战略目标进行分解，分解成具体的可执行可量化的团队目标。

华为的战略目标分解一般采取自上而下的垂直分解方式，从公司再到体系，再到部门，再到岗位，分解到产品线、销售线，分解到各个部门。这样，战略目标便落地到各个组织，让各个组织得以实现，这就是战略解码的过程。

华为在制订年度业务计划时，包括三个部分：

第一，体系的目标、策略和行动计划。制定清晰的产线、销线、人力资源、财经等各个体系的目标，分解到足够可管理的组织单元，同时制定相应的策略、细致的行动计划，由这些细致的行动计划来支撑这个目标的实现。

第二，非常强调机会点到订货。一旦确定机会点，包含在年度业务计划里面，就制定相应的目标销售额，同时确定今年的订货。

第三，与订货对应的其他关键的财务指标、预算和组织 KPI 等。

在分解公司战略目标、导入团队目标时，应该坚持团队目标与公司目标方向保持一致、内容上下贯通，从而保证公司战略目标的实现。团队目标的制定应该简明扼要、表述明确，有具体的目标值和完成时限要求，具有可操作性和可量化性。

平衡计分卡的创立者罗伯特和诺顿认为：“不能衡量，就不能管理。”同样，销售团队的目标越是可衡量，目标越容易执行，团队的行为也越容易进行考核和衡量。例如说，“要平衡短期收益和长远发展”，这就是不够清楚的表述，不能作为一个销售团队可执行的目标；再例如，“年度销售额要达到1 000万元，毛利率要达到30%”，这就是一个清晰的可衡量的目标。

在目标管理中，有3个关键的量化指标——时量、数量和质量。在导入团队目标的过程中，就应该把这3个量化指标设定清楚。时量是指达成目标的时间量，数量是指达成目标的数量，质量是指达成目标的程度和标准。比如，某手机月销售量要达到200万台，电商平台好评率要达到95%以上，退货率要低于10%，这一目标就包含了以上提到的3个量化指标。

2.3 对团队负责，而不是对领导负责

销售是企业将产品推向市场的最终环节，一般而言，销售团队对市场的反应会更加灵敏和准确。但很多时候，公司高层会下达一个完全不合理的要求，或者不合适的决策，影响团队目标的实现。作为销售团队的管理者，应该据理力争，合理提出自己的见解，而不是无条件服从上级的要求。瑞典“瓦萨号”战船就是一个反例。

瑞典的“瓦萨号”战船于1625年开始建造。“瓦萨号”的骨架安装好后，国王古斯塔夫二世却无视造船师的意见，一意孤行，下令增加战舰的长度。主造船师亨里克·哈伯特虽然经验丰富，知道这存在巨大的风险，但国王的旨意却不得不执行，他倍感无奈，只得奉命行事。1627年，亨里克病逝，他的助手海因·雅各布森接替他主持建造。而此时，古斯塔夫二世得知丹麦建成双层炮舰的消息，于是他又决定，为原计划修建单层炮舰的“瓦萨号”增加一个枪械甲板，把它改建成“双层”炮舰，打造当时装备最齐全、武装程度最高的战船。事实上，基于原来设计的横梁和压舱物来说，这些装备显得过高过长了，但国王的命令没人敢违抗。

1628年，“瓦萨号”战船在万众瞩目中扬帆起航，航行了不到1海里，遇上波罗的海巨大的风浪，战舰开始侧倾，因船身过重而加速沉没。在古斯塔夫二世注视之下，“瓦萨号”首航仅仅10多分钟便沉没大海。

在华为，一切以市场为导向，销售团队的影响力是相当大的，甚至相当于“龙头”，在产品定义方面都是以销售团队的意见为主。这也反映出华为对销售团队的要求，那就是既要有过硬的业务素质和对客户需求的理解力，也要敢于对团队和目标负责。

华为系统部高管邓涛在组织学习“满广志、向坤山”研讨会上指出，要向敢负责、敢担当的“满广志、向坤山”式的干部学习。华为这类优秀的干部在关键竞争的时候，不受机关的限制去放弃和退出项目，而是想方设法挽救项目，最后成功完成项目。这些优秀的干部都是聚焦业务，细读每一个条款，分析业务场景，掌握流程细节，把握谈判节奏。比如说，与TLF做生意时，每个标书都有30~40条核心关键条款，其中一条出现错误，损失就是几百万元，甚至上千万元；改正一条，就是数百万

元利润。这种细致的工作，机关领导很难看到，可是在系统部，这是最核心的价值所在。邓涛说：“复盘很多项目发现，要是听从机关的命令，放弃了项目，造成的损失实在太大了。因此机关的要求既要听，也不能全听！所以说，干部聚焦自己的核心价值，以高度的责任心去履行自己的职责。”

为了更好地提升一线作战团队“打粮食”的能力，更好地达成团队目标，2017年，华为号召华为人向满广志、向坤山这样的干部学习。在任正非看来，满广志能够带领队伍打胜仗，而向坤山一心扑在业务上，深入钻研业务，做到精通，在自己的业务上敢于担责，他们共同的特点就是对团队负责。对团队负责，对目标负责，才是一个销售团队管理者应有的态度，也是应该具备的基本素质。

3. 发挥每个人的能动性和创造性

要达成团队目标，整个团队就必须形成合力，紧密协作，同时每个人发挥自己的能力和特长，来共同完成团队目标。这就是说，管理者要了解每个团队成员的特点，在团队内进行合理分工，使团队所有成员的能力都发挥到极致。

3.1 把合适的人放在合适的岗位上

一些管理者总是习惯性地信任自己的老部下，把难的任务都交给他们，新人很难得到实践机会；也有的管理者任人唯亲，把轻松的任务丢给自己的“亲信”，困难的任务丢给其他员工，也不考虑他们是不是有能力完成这些任务，一旦出现问题，就把责任推给他们。在团队建设中，如果不能做到公平、公正地用人，不仅会打击团队成员的工作积极性，还会影响到整个团队目标的达成，这是建设高绩效销售团队一定要避免的情况。

梁宇是2013年底入职华为的新员工，工作积极努力，但他对PL工作安排有很大意见，因为PL老是安排他做一些非挑战性的工作，梁宇认为这导致他的绩效一般，由此感觉自己发展无望，决定提出离职。

原来PL认为梁宇当前能力还不足以承担一些复杂性的工作，很担心搞砸了影响业务。另外项目组骨干老赵反馈，PL给他安排了太多工作，他曾多次给PL反馈困难，希望调整一些工作给别人，但每次PL都以“能者多劳”为由婉拒了他的请求。项目组其他员工也表达了对自己绩效的担忧，因为PL把项目组的“要事”都安排给了老赵这样的骨干员工，其他人根本得不到锻炼的机会。

经过一番详细的沟通，PL做了反思。为了留住梁宇这样优秀并且有潜力的员工，部门进行了一系列改革，提出全新的解决方案：

一是结合业务规划，制定每个员工长期职业发展规划，与员工充分沟通，在日常工作安排时与员工发展方向结合。

二是工作安排时采用“认领”“竞聘”等方式，最大程度激发员工主观能动性，同时通过安排骨干辅导的方式降低业务交付风险。

部门改革之后，团队氛围得到了明显改善，梁宇竞聘FPM成功，找到了自己的发展方向，也打消了离职念头，在之后的工作中也取得了满意的绩效。

因此，要让团队的分工合理，发挥每个人的能动性和创造性，就要做好“人岗匹配”，把合适的人放在合适的岗位上。在任正非看来，当一个人在自己擅长的领域以及自己喜欢的岗位上工作时，他的干劲最足，也最容易做出成绩。

吴楠是华为某项目部PL，团队成员业务背景、年龄阶段、成长阅历、能力特长大相径庭，有跟他一起入职的“老伙计”，有刚来的“90后”应届生，有社招入职比他还年长几岁的新员工，还有从别的业务模块合入的“新”成员。如此复杂的团队组合也让他在团队分工时总要花费不少的功夫。

2016年，一个新模块合入项目组。该模块由于积攒了几十个问题单，已经延期交付，还可能导致整体项目交付都会延迟。面对难题，吴楠并没有慌乱，而是首先和项目成员一起深入了解项目交付情况，搞清楚每个问题单的来龙去脉。同时，主动了解项目组内每个人擅长的领域，在分配任务时做到科学合理，提高问题解决效率。经过梳理规整后，善于交流的“90后”负责对外接口，精于技术善于钻研的老员工处理疑难杂症，终于让所有人各自发挥自身的长处，协同作战；同时做好项目跟踪，责任落实到人。仅仅用时两周，项目组就有序地解决了遗留的问题单，模块也开始进入正常的交付阶段。吴楠总结说：“除了自身技术过硬外，PL的另一面就是要管好自己的团队，合理分工。”

前华为副总裁张建国曾说：“企业一般分为三类，第一类是技术型，企业的兴衰取决于产品的生命周期；第二类是销售型，企业的发展取决于老板掌握了多少客户；第三类我称之为‘人才管理型’，就是能用好各种各样的人，能把人放在合适的位置上，华为就属于第三类。”

3.2 敢于破格提拔，打破平衡

人才选用不能过于拘泥于职位职级的框架，要有一定的灵活性，对有突出才干和突出贡献的成员要敢于破格提拔。尤其是销售团队，能力突出的成员是很容易通过业绩体现出来的。

在华为，不仅那些能力突出的成员可以得到提拔，那些品德优异的成员同样被重视。华为对品德的要求并非传统意义上的品德，而是基于华为的核心价值观赋予了品德新的内涵。任正非强调，品德不仅仅指思想道德、生活作风，而是一个广泛的概念，还包括责任感、使命感、敬业精神、自我批判精神，以大局为重，不计较个人得失，愿意到艰苦地区工作等。因此，在任正非看来，那些品德优异的员工是华为非常需要的人才。

梁山广是华为某项目组的普通员工，他加入该项目组之后，发现项目组将开源的代码进行修改，然后说成是项目组原创的，算进了项目组KPI。尽管项目组KPI提升对梁山广自己也有好处，但梁山广发现此事后，并没有睁一只眼闭一只眼，置身事外，而是向上级部门举报了此事。

华为上级部门经过严格的审查，确认此事实际上是抄袭行为。因此，除了梁山广，该项目组所有的成员都受到了公司的处罚，项目组主管也被撤职处理。任正非得知此事后，将梁山广连续晋升两级，并且梁山广可以根据其意愿，选择工作岗位及地点。

对销售团队来说，既要维持刚性，也要有一定的弹性，刚柔相济，不能过“刚”或者过“弹”。如果只看资历和级别，那么团队就容易缺乏活力，难以发挥成员的能动性和创造性。如果过于“灵活”，却缺乏规则的约束，那也不行，管理上就容易混乱。职位职级系统就是一个相对刚性的平衡稳定的整体框架，在实际管理中，可以根据具体业务的需要，在关键点上打破这种平衡，把能力突出、业绩优异的成员提拔上来。

3.3 创造条件，让每个人发挥创造力

在团队中，不同的成员能力显然是存在差异的，技能、经验、专业能力、知识结构等方面肯定不可能千人一面。而一个高效的团队往往是由不同类型不同能力的成员组成，优秀的管理者会积极创造条件，更多地看到事情积极的一面，而不是消极的一面，把所有成员都用好，最大程度地发挥成员的能力和价值。

华为的项目往往还需要合作伙伴，也就是分包商的配合。然而，分包商的员工来源复杂，技能参差不齐。因此，华为一线的项目负责人往往面临更为复杂的情况，许多时候，不仅要协调好团队内部的工作安排，与分包商的合作也要安排好，让所有人齐心协力为项目成功而努力。

华为在尼日利亚推行“账实变革”时，有个分包商的项目经理跟变革负责人李国峰抱怨说：“你们华为的要求太多，变革太多，又是 APP，又是培训，不同要求之间有什么关联，我们也搞不清楚，反正你们要求我们就得做，做了之后你们又说做的顺序不对，总之要求太复杂了。”

变革负责人李国峰想了想，发现华为的要求确实过于复杂，导致分包商执行不到位。李国峰又拜访了分包商的总经理，总经理说：“华为这么多的要求，管理起来难度太大了。某施工队用不用工具，我也不知道，工具的运营绩效数据是整个公司的数据，绩效不好，也不知道是哪个施工队干的，只好把所有人批评一遍。华为如果能让我在手机上就可以看哪个施工队干得不好，问题就好办多了。”

分包商的意见让李国峰陷入了沉思，变革计划很完善，但实际执行起来却不是那么回事。李国峰反思道，华为没有从分包商的角度去考虑问题，所以在执行上出现了偏差。经过一番思索，李国峰提出了以站点为维度，实现信息流归一的解决方案，他的提议得到了项目组的一致认同。然而，系统的方案变动牵一发而动全身，经过 1 个月的讨论，他们终于设计出两个创新方案并率先在尼日利亚落地。

这两个方案很快推动了变革计划的实施，分包商的施工队工作效率也得到了极大的提升。2016 年年底，尼日利亚代表处一系列账目指标全部达标，外审子公司存货无账实相符问题，财报质量从略不满意进步到基本满意。

任正非曾经要求华为的干部要多说“YES”少说“NO”，就是说以积极

的心态去对待每一个成员，而不是总抱怨某某成员能力不够，某某成员性格存在问题，甚至对部分员工区别对待。只有积极的融合，才能创造出强大的聚合力。

4. 明确责权利，落实业绩承诺

责与权，在大部分情况下都是相对应的，是统一的整体。因此，管理者要明确一点，在充分发挥每个成员能动性和创造性的同时，责任也要落实到位，确保责、权、利一体化，朝着团队共同的目标前进。

4.1 明确责权利，落实团队成员目标

责任落实到位，也就是说把团队目标转化为团队成员的个人目标。如果团队目标不具化为个人目标，那团队工作难免会导致各自推诿，谁也不肯负责，将工作推给其他人的情况发生。在明确责权利这方面，麦肯锡公司可谓诸多企业的榜样。

在麦肯锡，每个项目组成员都必须为自己的工作负责。不管是刚进入公司的商业分析员、最底层的行政助理，还是顾问秘书、咨询顾问、项目的最高管理者，都是如此。麦肯锡管理咨询顾问保罗·弗里嘉说：“每位麦肯锡成员，不仅要洞察全局，而且要对自身被分配的任务负责。”

为了明确每个项目成员的具体责任，麦肯锡团队在执行过程中非常强调的一个重要原则，就是设定每个人和团队各自的项目期限。麦肯锡人认为，项目期限的设置能够有效促进团队成员工作效率的提高。另外，项目期限的设置也能有效促进团队成员间的持续沟通，了解各自工作的进展情况，并确定下一步执行计划。

对麦肯锡而言，每项任务都是“个人时间”和“团队时间”的集合体，因此，项目期限的设定就是为了要求麦肯锡员工在规定的时间内做好自己的工作，确保留出充裕的时间，以最终完成团队任务。同样，参考团队时间，麦肯锡员工也可以明确自己的工作完成程度。

当然，成员的个人目标也要与团队目标统一起来，不能游离于团队之外。

在华为，管理者要时常统一成员的认识，使其紧跟团队方向，让个人目标对齐团队目标和公司总目标，将个人目标统一到团队目标上来，实现个人与团队的双赢。

2005 年，华为西安研究所迎来了一项非常重要的任务——当时最重量级的产品 C&C08 研发从深圳搬迁至西安。十几个老员工带着一百来个应届毕业生一起去深圳接产品，迎接这个大项目。但大项目也意味着大责任。

搬迁完成后不久，某省有个 32 模的点瘫痪了，影响到几万用户的通信。PL 罗萱立即组织团队成员攻关，但是对当时的西研所来说，他们还没经历过这么大项目的考验，因此导致团队分工不明确，协作不熟练，配合混乱，经过近 10 个小时仍无法恢复通信。压力排山倒海地袭来，整个团队都开始慌乱起来。最终，还是当地的技服专家解决了问题。

经过这一事件后，西研所痛定思痛，开始梳理重大事故的处理机制，明确流程和每个人的分工。此后，他们都按照处理机制来处理这类事故，保证在最短时间内恢复通信，整个团队变得愈发稳健和成熟了。

在明确责权利方面，许多企业都实施了岗位责任制，但是实施的效果千差万别。华为的岗位责任制贯彻得很坚决，但在有些企业，岗位责任手册只是一套形式上的文件，无法匹配实际的执行情况。落实岗位责任制应该基于企业的实际需要进行合理的设计，认真、细致地进行职位分析，摸清每一个职位的工作内容和责任，得到真正有用的信息和成果文件，坚决将职、权、责、利统一起来。

4.2 辅导下属制定 PBC，签订业绩承诺

为了进一步明确个人目标，落实责任，华为员工每年都要签订个人绩效承诺（PBC）。在签订过程中，通常采取自上而下的方式，先把公司目标逐一分解到各部门，然后员工根据部门年度目标制定个人的PBC。

华为员工PBC的内容主要包括三个方面：

结果目标承诺：在考核期内要达成的绩效结果目标。

执行措施承诺：严谨的计划和策略。达成目标更为重要的是执行，执行必须贯穿于目标落实的全过程。

团队合作承诺：发挥团队力量，共同合作才有可能取得成功，作为团队的一部分，员工需坚持团队合作。

华为主管会辅助员工制定PBC，帮助员工更清楚地认识公司目标的价值、个人的能力、业务的重点以及如何展开工作等。在辅导时，主管人员主要从以下几个方面进行考虑：

了解现状与问题：产品线今年与去年相比有哪些变化？这些变化对您这里的业务提出了什么要求？您是怎么考虑的？

阐述目标：您今年要达到什么目标？您的目标为什么是这样的？

聚焦独特价值：哪些事情是您必须花很大精力去关注的？这些事情，哪些是您主管做的？哪些是您下属做的？哪些是您做的？为什么必须由您来做？不做行不行？做好这件事情的关键点在哪里？

强调结果导向：这件工作怎么样就算落地了？做到什么程度您的主管（或客户）就很满意，或体现了你的价值？

回顾工作成效：这样目标就可以实现了吗？问题就可以解决了吗？您的主管（或客户）就满意了吗？

通过完整的流程，华为以数据化的方式将每个员工的个人绩效目标明确并确立下来，并驱使每个员工努力去达成。对于销售团队而言，数据化的个体目标方向感更加明确，这样的个人绩效承诺也就可以有效地承载团队目标。

4.3 鼓励下属挑战高目标，突破自我

在销售领域，没有最高的目标，只有更高的目标。在一个缺少压力的环境中，团队成员很容易满足于现状，停止成长。从长远看，团队要成长，要在残酷的市场竞争中生存下来，成员得时刻保持饥饿感。作为管理者，除了分配常规的团队目标，也要给成员一定的压力，让他们挑战高目标，突破自我。

华为乌干达代表处当时有不少有难度的项目，一直没拿下来，其中有一个项目已经运作了一年，但一直没有签约，负责这一项目的是系统部部长顾明宇。代表处主任对顾明宇的个人能力相当肯定，但主任觉得他还有潜力没有被激发出来，为了推进项目的进度，主任决定用“激将法”将他的潜能“逼”出来。

6月的一天，代表处主任将一张9月底回深圳的单程机票放在负责项目的系统部部长顾明宇桌子上。顾明宇看着回深圳的机票，大概理解了主任的意思。主任毫不客气地告诉他："如果你在飞机起飞前还没有把这个项目签下来，你就直接回国吧！"

主任的激将法果然起到了效果，顾明宇忙前忙后，天天跑客户，终于在约定的时间之前谈妥了合同，就差客户方的几个关键人员的签字。

这天，客户在酒店开会，主任和顾明宇一起来到客户开会的酒店。顾明宇拿着合同，守在门口，终于等到客户出来，没想到客户还是有些犹豫不愿意签，并且上车离开。回到公司之后，顾明宇说："我要去他家里，无论如何今天也要签下来。"当晚，在顾明宇的不懈努力下，合同终于签了下来。

正是在代表处主任的激发下，从2004年到2007年，华为打开了乌干达市场，业务额从几百万美元飙升到近2亿美元，也一举拿下乌干达政府的"尼罗河"项目，许多员工在能力提升的同时，也得到上级主管和公司的大力肯定，丰厚的奖金和各项荣誉接踵而至。

华为的主管不仅积极关注那些有能力有潜质的员工，适时给他们以挑战性的目标，同时大胆信任他们，在必要的时候给予他们帮助，让他们以积极的面貌去迎战目标。

黄海军被主管安排负责系统集成总线平台某产品能力的构建。为了能尽快满足产品配套使用的需求，部门提出产品集成的协议总数从3个提升到10个，一年时间内赶超业界标杆。而在当时，黄海军还是个"新人"，对产品几乎一无所知，黄海军曾几次找主管交流，担心无法完成任务。主管坚定地看着他，说："你能行的，放手干，有具体困难我来解决！"

主管的话让黄海军有了信心，他一方面协调架构师、技术专家和行业专家一起探讨长短期目标，一方面在开发组内开展学习"看代码学开发"的活动，提升团队对代码和架构的理解和掌握程度，为后续开发做技能储备。经过一个多月的学习和研讨，他们认为，目标达成的关键路径，就是制定易扩展的协议定制框架。经过学习，黄海军主动承担起核心代码的设计和开发工作，两周以后，该产品的协议接入框架顺利完成，大幅提升了协议扩展的效率。团队趁热打铁，到年底时该产品高质量交付了12个协议，并支撑业务自定义协议接入，大大超出了预期。协议接入框架的代码也被评选为优秀代码，2014年黄海军被破格升级为通用软件四级专家。

当然，给团队成员分配挑战性的目标是为了帮助成员成长，让团队保持活力，所以分配的目标不能过于苛刻，让成员拥有信心去完成，而不是觉得不可能完成。任正非说："现在动不动就搞个小目标，赚一个亿，这不是实事求是。"因此，即便目标没有达到，也应及时给予鼓励，看到成员的进步，不因一时的失败而否定成员。

5. 制定关键措施与实施计划

谋定而后动，任何优秀的团队都需要缜密的计划来支撑团队的任务执行。销售团队应该预先对自身的目标进行仔细的梳理和规划，识别达成目标的关键步骤和环节，针对这些关键步骤和环节制定关键措施和实施计划。

5.1 寻求达成目标的策略和关键措施

在任正非看来，营销工作中的定位能力非常关键，也就是说要首先找到达成目标的关键点。如果不知道关键点在哪里，就难以区分轻重缓急，无法做到有的放矢。任正非举了一个例子："这就好比是'2012'海浪涨起来了，去找一个丢掉的戒指，比喜马拉雅山还高的浪，水下还有几千米，汹涌澎湃，要找到戒指在哪儿，这是相当不容易的一件事。"

2012 年底，泰国 3G 牌照突然宣布延期。华为本来成立了项目组准备应对客户的需求，但现在项目组一下面临无所事事的局面，项目组经理李峰组织项目组成员利用这个时间，端到端仔细梳理各个业务流程，进行大量的沙盘推演。通过细致的梳理，项目组摸清了关键环节。为了能适配海量交付，他们提前打通从站点物料供应、分包资源、站点建设到商用的全流程，保障项目快速顺畅跑起来。

2013 年初，项目终于启动。客户提出第一个月交付完成 1 000 个站点和 100% 上站检查的质量要求。于是，在交付前的准备阶段，项目组再次封闭研讨，针对客户需求，重新设立组织架构，成立了 4 个独立功能团队，分别是 PMO、TMO、MMO 和 RMO。

独立的MMO主要解决之前项目货物没有人员端到端负责的问题；完全本地化的RMO团队，主要与客户对接，解决沟通问题；TMO团队是专门成立的子项目组，针对网络商用保障，和客户多次研讨商用保障方案，并且模拟演练了各种应急预案；PMO团队拉通售前售后各个环节，快速识别短板和瓶颈，实现客户的商用目标。这些明确的分工，使项目组在站点商用过程中大受其益，没有发生一起客户投诉和事故，所有网络KPI达到合同承诺。

为了更有效地达成目标，华为还会根据制定的策略和措施，设定一个一个的关键控制点，确保在执行的时候，通过这些关键控制点，准确把握计划进展状态，以促使整个目标得以实现。

5.2 落实行动方案，制订工作计划

要达成团队目标，仅仅只有关键措施和策略是不够的，还需要配套细致的工作计划作为支撑。只有预先规划好工作安排，做起来才能得心应手，效率显著。在这方面，华为的员工遵循“做正确的事，正确地做事”的原则。在华为人看来，工作完成的速度和质量很大程度上取决于事先的规划和设计，因此，华为的员工在工作之前，都会将手中的事情进行仔细的规划和统筹。

华为很早就进入了印度市场，印度办事处也有许多印度籍员工，一次，一个印度籍项目经理提出了自己的意见，他对中国籍的华为员工说：“我非常佩服你们中国人的执着和干劲，你们总是‘work hard’，但是却很少‘work smart’。”他解释说，在开始工作之前，应该仔细思考，哪里需要额外的资源，哪里可能会出现问题等。的确，这位印度籍项目经理的话不无道理，尽管华为人一向注意事先的统筹规划，但是在做事缜密的印度人看来，华为人做事还是缺少计划性和严谨性。这位印度籍项目经理一般会在项目准备阶段，把工作做得非常细，包括项目开发计划、培训计划、质量监督计划、风险控制计划等。中国籍员工总觉得印度人又慢又傻，纯粹耽误进度。可等项目一展开，就会发现在需要某个资源或数据时，印度人早已准备妥当，工作的节奏感非常强。

正是在细致的工作计划指导下，华为人才能在各种复杂的场景下应对自如，处理好任务中方方面面的问题，将项目顺利地推进。

正所谓“磨刀不误砍柴工”，精准明确的计划对于目标执行的重要性不言而喻。实际上，除了华为，世界上许多知名企业都非常重视工作计划。在麦肯锡，工作计划充当着最完美的“磨刀石”的角色，每个麦肯锡员工都要制订每天的工作计划。在麦肯锡人看来，在为客户进行咨询服务之前，如果没有一个合理的工作计划，就不可能有效解决客户的问题和要求。

林国沣是麦肯锡全球董事，亚洲零售银行咨询业务负责人。刚刚加入麦肯锡公司时，林国沣和大多数踌躇满志的年轻人一样，急切地想要证明自己的才能，对工作充满了激情。然而，一个星期以后，他却发现，尽管每天忙至深夜，自己却仍然是所在团队中效率最低的人。

林国沣向同一项目组的法国同事马克请教，马克了解到林国沣的情况后说：“项目组工作要求表第十一条清晰地写着，每天开始工作之前请先制订工作计划，然后再行动。工作计划是非常必要的，它能让你厘清思路，抓好计划的落实，这样我们就可以掌握时间的主动权，实现工作效能的最大化。”

马克的话让林国沣幡然醒悟，当天夜里，他抛弃了自己习惯的工作模式，根据第二天的工作制订了一个合理的计划，工作效率果然提升了许多。在之后多年的工作中，林国沣始终坚持着这一习惯，并且也坚定地要求他的部下这样做。

当记者采访林国沣，问道：“是什么成就了你的今天？”林国沣毫不犹豫地回答说：“是麦肯锡和麦肯锡的工作指南。”

合理的计划安排可以让你在有限的时间内，对繁多杂乱的工作事务做出科学的排序，区分重要的事务、需要紧急处理的事务，高效能地分配时间和精力，心无旁骛地处理各种大小事件。可以说，高效合理的计划，是达成目标的第一步。

在销售领域，有一个“五步走”的流程，能够有效地指导销售团队制订销售计划。这五步分别是：明确销售和管理工作计划；全面了解团队成员现状；召开团队工作会议；公布团队计划；具体指导成员执行计划。

销售计划“五步走”流程：

明确销售和管理工作计划。也就是说管理者要分析和理解公司下达的销售目标，制定本团队的目标。

全面了解团队成员现状。弄清楚团队有哪些成员是可以使用的，他们的工作状态如何，能不能达到预期等。

召开团队工作会议。向团队成员传达统一的信息，规定统一的销售动作和行动方案。同时征求团队成员的意见，看看哪些地方可以改进。也就是说，团队工作会议并不是简单地派发销售任务，而是集结团队智慧、制定优异方案的一次思想碰撞。

公布团队计划。以文件、表格等形式明确团队目标和个人目标，确保分工明确、责任落实到人，使团队朝着统一的方向前进。

具体指导成员执行计划。根据工作的重点和难点，有针对性地进行指导，确保成员按计划推进，同时也根据可能出现的情况做出应对。

实际上，越是重要的任务，越是复杂的任务，就越需要事先制订好合理精细的计划。在任正非看来，现代企业管理，要基于数据和事实的理性分析和科学管理，在计划和流程基础上，建立规范的管理控制系统。从这也可以看出工作计划的重要性。

5.3 有计划地做事，提高工作效率

执行力是有效执行工作计划的前提。如果缺乏执行力，那么再完美的工作计划也只是一纸空文，无法转化为实际的工作结果。所以，要打造高效的销售团队，就必须狠抓执行力，按照工作计划行事。

2013年，印尼微波订货和销售毛利双负增长，到处都是微波产品“交付难”“销毛低”等负面声音。为了扭转颓势，华为印尼代表处主管毛凯用表格详细列出微波团队要做的几件事：制定总体目标、完善订货预测、合理安排人员等，并制定了相应的执行措施。

针对当时销售人员日常工作效率低的问题，毛凯制定了严格的工作流程，并要求所有人都要严格执行，同时要求销售人员提高综合能力，解决客户的问题。而由于微波产品种类多，毛凯制定了详细的进度追踪表，严控每个环节的时间，保证新产品能够在第一时间进入市场。2014年底，印尼代表处在毛凯的带领下，微波再次为华为取得了不错的利润。

从军队转业的任正非深知执行力的重要性，企业的核心竞争力很大程度上

来自执行力，没有强有力的执行力就无法打造一支能打胜仗的“铁军”。任正非把这种对执行力的高要求带到了华为，因此，华为素来以执行力著称，甚至连要求严苛的德国电信运营商T-Mobile都赞叹华为的执行力。

华为巴西某项目开展初期，由于资源不足、物料问题突出、分包商搬迁经验欠缺、团队磨合度不高等问题，交付异常艰难缓慢，客户很不满，特别是货物供应能力。

张文旭来到巴西担任项目经理后，很快制定了相应的措施，联合客户在年初制订了全年交付站点、优先级、站点级到货和实施计划，客户也明确规定了月度发货目标。随后张文旭拉通供应链经理、产品经理和巴西供应中心计划专员，改变原来由产品经理负责物料进口计划的运作流程，由他牵头负责，细化发货计划到天，盯紧订单履行各环节，强化执行。一连串的措施后，项目组终于实现了连续 6 个月 100% 完成月度发货目标，得到了客户的认可，项目顺利推进。

做好物料保障工作，张文旭又和客户、分包商、区域项目组制订集成实施计划，层层细化，狠抓落实，6 个月完成了 1 600 多个站点搬迁，计划完成率接近 100%。由于集中、高效率的交付，项目组获得了当年 GTS 最佳交付项目奖。

在抓落实、抓执行方面，华为通常还会设置时间节点，根据每个项目环节的特点，制定相应的时间节点，确保每一个环节都在按预计的时间推进。在项目或计划完成之后，华为也会及时进行总结，看看哪些环节是可以改进和优化的，以进一步提高工作效率。

6. 策划和演练，有准备地作战

对销售环节提前进行策划和演练是销售团队运作中相当重要的步骤，华为尤其重视销售环节的策划和演练。在任正非看来，华为不能打无准备的仗。他说：“打仗之前要是不知道炮弹在哪里，弹药怎么装，这样的仗是不可能打得赢的。”

6.1 对销售环节进行细致的策划

在华为，对销售环节的策划其实并不仅仅是销售团队的任务，很多时候都需要产品研发团队参与进来，共同进行策划。因为产品部门往往对产品有着更深刻的认识和理解，也能更好地吃准客户痛点。

2009 年，为了引导俄罗斯 M 运营商进行移动宽带核心网的搬迁，华为俄罗斯代表处果断请产品部参与销售环节的策划，为代表处出谋划策。在产品部的支持下，他们制定了成熟的营销方案。他们邀请 M 运营商参加在西欧举行的"全球核心网用户大会"，通过西欧客户向 M 运营商传递积极的信息，告诉他们 3G 网络的快速发展和包月资费对客户的吸引力是西欧移动宽带发展迅速的根本原因。展会结束不久，M 运营商开始进行大规模的 3G 广告宣传，而此时，M 运营商原本使用的友商设备已无法支撑数据流量的快速发展，决心在年底进行搬迁项目的招标，华为产品部早已做好准备，及时给客户提供了优质的解决方案，M 运营商最终选择华为作为核心网搬迁的合作伙伴。

对销售环节的策划一定是为了打动客户，更好地为客户服务，帮助客户实现商业成功。因此，策划一定要从客户的角度出发，摸清客户需求，吃准客户痛点，多方面多层次考虑问题，将己方的销售方案信息准确无误地传递给客户，让客户理解并接受。只有这样，营销方案才能打动客户。

6.2 按照实战情景演练，明确销售动作

除了需要对销售环节进行细致的策划，销售团队还应该基于自身实际情况，提前进行实战情景演练，明确团队的销售动作，确保各个销售环节顺利推进。华为的一线作战是以项目为中心的，因此，每当一个项目组成立后，一般都会进行实战情景演练，把意外事项降到最低。

2007 年，经过漫长的评估和审计后，德国著名电信运营商 T-Mobile 正式和华为签订合同，华为获得了 T-Mobile 德国、英国、荷兰、奥地利、捷克 5 个国家的全部分组市场。

T-Mobile 素来以要求严苛著称，历史上，还从来没有一个厂家能够按照其要

求的交付周期准时交付。T–Mobile 认为华为的综合实力能够帮助他们在数据领域占据先机。因此，按时、高质量的交付就是此项目成功的关键因素，双方在合同中有条款规定：如果华为无法按时交付，则要接受巨额的罚款。

为了满足 T–Mobile 的要求，华为一线交付团队详细定义了各个阶段的关键动作，将之通过指导书和交接清单的方式统一、固化下来。编写了《开局指导书》《割接手册》《服务手册》等大量文档，每一个文档仔细核对后，交给客户检查确认。项目组还进行了大量的沙盘推演，模拟项目执行的各个流程。项目组的精心准备没有白白浪费，通过统一的流程、行动、过程监控和确认，平稳地保障了交付。客户高层对华为的沙盘推演印象非常深刻。

除了项目组常规的实战情景演练，华为还通过训战结合的方式，来提高一线团队成员抓机会和服务客户的能力。

华为解决方案重装旅训战包括为期两周的“训”和为期六个月的“实战”。“训”一般在华为总部的集训营进行，内容包括标准化技能训练、场景化实战演练。依据一线团队的业务流程，针对一线作战的标准动作和场景、工具和模板，通过课程精讲、项目复盘、案例分享、对抗演练等方式提升学员核心作战能力。

之后是为期六个月的“实战”，通过集训营的实战演练后学员进入一线作战团队，依据一线业务作战地图，根据集训营已制订好的作战计划，在一线实战项目应用集训营掌握的关键动作。

华为希望通过多种场景的训战结合，输出全面的解决方案专家，提升华为整体解决方案销售能力，同时总结和传承相关人员的经验，促进各部门间解决方案人才的循环流动，支撑一线团队高效作战。

6.3 磨合团队作战能力，提高配合度

实战情景演练在提高团队默契度方面也起着至关重要的作用，尤其是对华为这样以项目为单位组建一线营销团队的企业来说更是如此。因为每一个项目的情况可能都不太一样，业务环境复杂程度不一，项目周期长短不一，面向的客户也不一致，甚至连项目组的人员来源都不尽相同，有些时候完全就是一支“杂牌军”，这类情况并不少见。在这种情况下，对销售环节进行策划和演练能有效地提高团队的默契程度。

某次项目招标，华为项目组调集了19个区域内最优秀的业务骨干集中攻关。尽管工作强度十分大，然而效果却不尽如人意。项目组许多成员反映客户的需求总是在变，标书改来改去，内容增增减减。而且意见不统一时，只能听领导的意见，而领导的意见又不一定让他们完全理解。因此，修改标书的过程非常“痛苦”。

项目组运作效率低的现象引起了主管周宁的注意，而且这并非个别显然，根据调查，许多项目组都出现了人均效率提升速度低于业务增长速度的情况。在他看来，效率低下最主要的原因还是前期准备不足，对工作强度和工作量的预期不充分。

因此，他加大了前期准备力度，提前分析各类情况：客户的能力准备度及意愿准备度，员工的能力准备度和意愿准备度。确定工作量之后，他成立了一个由7人组成的项目组。果然，效率显著上升。一年下来，他主管的部门仅用了年初规划的三分之二的人力资源便完成了招标工作。

其实，实战演练对于磨合程度较好的销售团队也是一个极为有益的补充。因为在团队成员比较稳定的情况下也会存在一定的疏漏，通过实战演练可以查漏补缺，发现团队中可能欠缺的能力，进行针对性的补强。

第4章 发展目标客户

我们的目标要远大，就必须专心致志盯着客户需求。我们要明白客户需求是什么，对于客户需求，只有一线的人最清楚，将来欢迎一批『二等兵』升到将领来。

——任正非

1. 以客户需求为导向

客户是华为存在的唯一理由，这就意味着华为必须时刻牢记自己的使命，时时刻刻贴近客户，倾听客户心声，洞察客户需求，并满足客户的要求。华为人深知，只要华为坚持“以客户为中心”，那么“下一个倒下的绝不是华为”。相反，如果华为不能“以客户为中心”，痴迷于技术上的盲目创新，或者只顾赚客户的钱，华为就危险了。

1.1 贴近客户，发现客户需求

销售团队作为企业最贴近客户的单元，需要有随时了解市场动态、洞察客户需求的能力。历史上因为不了解客户需求而被市场淘汰的例子，可谓比比皆是。无论是那些在市场上呼风唤雨的大型企业，还是处于创业阶段的微小团队，无不如此。

作为中国互联网的三大巨头之一，百度公司以其在中文搜索领域的强大技术实力曾最被资本市场看好，被称为中国的“Google”。不过在 PC 时代，“孤独求败”的百度却在转型移动互联网时“栽了跟头”。

2010 年无疑是移动互联网开启的元年，其时，百度无疑拥有不少优质的产品，也坐拥一大批用户。“百度贴吧”一度是中文互联网最大的互动平台，影响力比今日的“新浪微博”还大。

尽管如此，百度在此时却出现了一个重大的决策失误。百度高层认为，虽然以 iPhone 为首的智能手机来势汹汹，但智能手机屏幕小，运行速度慢，流量贵，单单这三点就让用户的体验变得很差，因此智能手机不可能很快成为主流，还无法取代 PC，用户获取信息的主要方式还是通过 PC。

基于这一结论，百度在移动互联网市场布局缓慢，但智能手机的发展速度远远超过了百度的想象。等百度反应过来，才发现市场已经被其他企业占据，百度已经失去了先机，因此付出了沉重的代价。

也正因为如此多触目惊心的例子，华为才强调一线团队贴近客户，发现客户需求，并抓住机会的重要性，任正非才要求华为人时刻贴近客户，保持敏锐的洞察力，发现客户的需求。因此，华为的一线团队可谓最能寻找机会的人群，他们就像饥饿的狼群，能够敏锐地捕捉到猎物的动向。

2009 年，王岩来到 K 国，担任该国代表处的客户经理。王岩每天一早就前去拜访客户，但客户一直不见他，也没有给他面谈的机会。不过他并没有放弃，回到办公室以后，认真分析总结，并制订了接下来的行动计划。

他再次来到客户的公司，并找到一个空的工位坐下来，以随时帮助客户员工解决各类小问题，客户见他如此热诚，也不好意思赶他走，就同意他待在公司。借此机会，他观察着客户周围的一切，并记录下来，也和客户的部分员工开始熟悉，因此就有人找他咨询一些方案，他也通过不断回访的方式，增进与客户的联系，让客户逐渐感觉到了他的诚意。

客户公司的业务发展迅速，但问题也很多，投诉网络速度慢的用户越来越多，部分用户选择转网。由于友商在该国技术人员少，以代维为主，一直也解决不了问题。客户被逼无奈，只能向华为代表处咨询解决方案。

王岩根据客户描述的场景，以及前期准备的材料为客户做出诊断，并对问题提出了多种解决方案。华为的解决方案让客户大受其益，客户也渐渐信任华为。王岩还将客户的需求一一记下，反馈给华为的研发部门，并将研发的进展每月向客户汇报。就这样，客户向华为发来了招标邀请。华为的产品在该国获得了大份额的市场，首次超过了友商。

在华为人看来，产品路标不是自己画的，而是来自市场，来自客户。华为的商业逻辑，以及产品发展路标必须以客户需求为导向。华为的接入网、商业网、接入服务器等概念都来自与客户的交流。

华为早期做国内市场时，任正非说：“我们在全国三十多个省市、全球上百个国家都建有销售服务机构，每天都和客户在一起。客户需要什么，设备使用过程中遇到了什么问题，有哪些地方可以改进，通过我们的销售服务机构，能及时地反馈回来，然后进行研发或改进。”

这种以客户需求“倒逼”产品研发的思路完全体现了华为“以客户为中心”的核心价值观。

1.2 识别客户关注点，抓住客户迫切需要

对于产品来说，客户的关注点和销售人员的关注点在很大程度上是不一致的，如果销售人员不能有效识别客户的关注点，抓住客户的迫切需求，那么极有可能就会失去良机，无法把产品卖给客户。在这方面，华为实际上也是一步一步成长起来的，过去一些华为人自认为已经把工作做到了极致，能够让客户满意，但实际上，他们很多时候并没有找准客户的关注点。

2003 年，英国电信（BT）的采购认证团来到华为，对华为进行为期数天的考察，看看华为这个“新秀”能否达到他们的要求。在国际一流水准的专家面前，华为的很多问题还是暴露了出来，无论是管理细节上的问题还是管理观念上的问题。BT 的专家团在考察华为集成供应链（ISC）时，提出了一个问题：“华为如何保证产品的及时交付？”华为方面回答：“我们对产品出货率的指标考核非常严格，保证及时出货。”BT 专家很不客气地指出：“作为客户，我们并不关心你的及时出货率，而是关心你的及时到货率。”

华为人当场就愣住了，“及时出货率”和“及时到货率”尽管只有一字之差，对客户而言，却是千差万别的区别，如果不能及时到货，那么再及时的出货，对于客户也毫无意义。

通过与这些世界上要求最严格的客户打交道，华为更加深刻地理解了“以客户需求为导向”的内涵，更加懂得如何识别客户的关注点，抓住客户的迫切需求，进而赢得客户的信任。

2017 年，华为拿到一个马来西亚偏远地区的小站覆盖项目，客户方希望能尽快完成首批交付，保证当地居民在大选之前用上无线网络。但由于客户内部相关部门对项目范围存在分歧，服务 PO 迟迟没有下发给华为，项目陷入了僵局。

于是华为牵头开会澄清，协调客户内部，终于使客户内部就工作范围达成了一致。就在会议快要结束的时候，客户的项目经理突然问：“既然我们已经同意下发 PO，那么明天华为能开工吗？”华为项目部只能向客户解释，华为必须收到

正式PO，完成合同注册及相应配置才能启动交付。这一解释让客户相当不满意：“华为到底有没有考虑过我们的紧急需求？还是说你们还没准备好交付，用流程当借口。”

面对客户的疑问，华为项目部意识到，客户的关注点在于华为的交付准备情况，而不是PO的问题。于是，为了打消客户的疑虑，华为立即展示项目的货物入库记录和分包资源准备情况，客户项目经理这才放心，说：“我理解你们的想法，也请你们考虑我们的需求，我们会尽快完成PO的发放。”

事实上，即便是同一件产品，不同的客户对产品的功能关注点也是不一样的。再好的产品，如果不能满足客户的需求，那也是卖不出去的。因此，作为销售团队，在面对客户时，应该基于客户的关注点，让他认识到你的产品和服务带给他的好处。

1.3 根据客户需求针对性地提供价值

客户的需求是千差万别的，有些客户的需求是标准产品所没有的，有些客户还可能要求简化产品的功能。因此，面对客户林林总总的要求，应该对产品进行差异化处理，或者提供定制化产品。

2011年，印度某客户向华为提出了一项特殊的需求，那就是交换机必须支持不间断电源供电，在断电情况下能够正常工作。正常来说，如果停了电，那交换机就算能工作也没什么意义。因此，华为一开始认为客户这一需求没什么必要，而且市场上主流的友商也没有推出类似的产品。但客户既然提出了这样的需求，显然是有一定道理的。

华为市场部门进行深入调查后发现，原来印度经常停电，每次停电会持续几分钟，一般的照明和生活供电都有不间断电源备份，但当时印度市场上主流的交换机都没有备份电源，因此经常断网，用户体验很差。而印度本地有几家交换机厂商就设计了这种支持不间断电源供电的交换机，市场反响很好。

于是，华为的市场部门将客户的需求反馈给研发部门。研发部门接到需求之后，还去了印度实地考察，针对客户使用场景和痛点，设计了多套方案，并与客户仔细沟通，谈论产品的细节。不久，华为带内置蓄电池的交换机诞生了，而且比印度当地厂商的交换机性能更好。华为的交换机在印度受到了广泛的好评，许多企业纷纷购买华为的交换机。

在任正非看来，市场人员，就应该对市场有着灵敏嗅觉，这种嗅觉就是对客户需求的感觉。就像香水设计师一样，能够灵敏区分各种香味。如果摸不清客户的需求，产品就没有市场。

当然，还要基于客户的需求，针对性地为客户提供价值，帮助客户实现商业成功。任正非曾指出："我们反复跟客户推销，说我们的产品好，但到非洲投标没有成本优势，客户说其他运营商的简易基站也能用啊。要因地制宜，根据不同客户的要求和标准给他们不同的产品。"

实际上，华为有许多产品和功能，都是在与客户交流和碰撞中产生的。华为的市场部门会建立客户的需求清单。有的比较重要，有的不那么重要；有的比较紧急，有的相对不那么紧急；有的是普遍性需求，有的是特殊需求。针对这些需求，华为会根据重要程度、紧急程度、范围进行分类处理，并反馈给研发部门，这样一来，研发部门就知道哪些需求是应该及时开发的。

任正非反复要求华为的干部员工一定要多与客户打交道，乐意听取客户意见。就像一条龙，不管龙头如何舞动，其身躯内部所有关节的相互关系都不会改变，龙头就是一线团队，它不断地追寻客户需求，后方部门就像身体一样随龙头不断摆动。

2. 洞察客户心理，赢取信任

很多时候，客户对一件事情的看法，会受到心理变化的影响。无论是企业客户，还是普通消费者，首先他都是一个普通的"人"。买不买一件商品，对于普通消费者而言，是一念之间的事情；而企业客户虽然更为理性，但有时也免不了受到心理的影响。

2.1 要有客户立场，让客户感受到诚意

市场营销人员，在与客户交流过程中必须做到及时洞察客户的心理，才能实现有效的沟通。洞察客户心理，首先就意味着营销人员要自己变成"客户"，以客户的视角去看待自己的产品。实际上，营销人员作为卖方，在不知

不觉中会更加注重自己产品的优势，而有意无意地忽视产品的缺陷和劣势。而一旦站在客户的立场上，就必须考虑客户实际使用的情况，客户也会感觉到你是实实在在为他考虑问题，而不只是为了把产品卖出去。

2017 年，杨山雄作为客户代表去海地出差。在拜访客户的规划与运维总监时，他本来想向对方介绍华为的解决方案，结果对方对华为提出的解决方案并不太感兴趣。原来当地的电力供应并不稳定，一天只能保证 8 小时的用电量。因此，客户只能自己找解决的办法,便建了一个柴油发电站。发电厂一天需要2 500 加仑的油，光是油的成本一天就是 1 万美元，成本十分高昂。客户急需低功耗、易维护的解决方案，比如说太阳能供电。

杨山雄此时才意识到，他们原本给客户提供的解决方案并不是不够好，而是根本没有抓住客户的痛点，因此客户才不感兴趣。而出现这种情况主要还是没有基于客户的角度去考虑问题。

了解到客户的需求，杨山雄认识到，这是一个重大的机会，因为华为实际上是有类似的解决方案的。

可见，作为营销人员，要把产品卖给客户，就要站在客户的立场去考虑问题。其实，除了将产品卖给客户时要有客户立场，在售后服务方面同样也要做到如此。华为曾经遇到过客户的产品出了问题，但相关产品并不是华为的，按理来说，这并非属于华为服务范围内的事情，华为可以要求客户付费或者不接手客户的问题，但是在华为人眼里，客户的问题就是华为的问题，因此也会积极处理。

2015 年，委内瑞拉通信部长访问 E 国，手机漫游业务出现问题，他们向华为委内瑞拉代表处客户支持团队寻求支持。收到客户请求后，基于“最快恢复业务”的原则，委内瑞拉代表处马上组织技术工程师攻关，服务项目经理通过 GTAC 热线协调到 E 国技术专家配合提取信息，定位出是“友商”的 DNS 设备配置错误。这本应该由“友商”出面解决问题，但友商迟迟未能给出解决方案，客户于是授权华为启用临时解决方案。华为很快出动，迅速解决了客户的问题，从接到请求到解决问题，仅用时 31 分钟。

客户运维总监卡洛斯特意发来邮件向华为表示特别感谢：“我非常感谢华为所提供的问题定位处理和解决方案支持，再次证明华为是我们的战略合作伙伴，帮助我们提升网络质量和终端用户服务！”这次关键事件中的优异表现，华为不仅赢得了客户的信任，也让“友商”赞赏和钦佩不已。

也正是华为这样把客户的问题当成自己的问题的心态，才使得许多企业，尤其是海外的企业从不了解、不信任华为，到慢慢接触华为，再到最后非常信任华为。

2.2 做好自我印象管理，守住客户的信任

在建立企业的品牌形象上，营销人员发挥着至关重要的作用，因为销售的过程就是面向客户建立品牌形象的过程。任正非说："消费者来到华为的体验店里，我们端上一杯水，消费者就感到很温暖，他会觉得华为是一家负责任的企业，这也是企业的品牌形象。"

在谈到华为手机的品牌形象建设时，任正非指出，不能狭隘地去理解品牌，简单地认为品牌就是广告，不要理解为要投入很多钱才能建立起品牌，品牌是无处不在的。也就是说，处处、时时都能建立品牌，每一个部门都和品牌有着直接的关系，研发、市场、营销、售后都有建立起品牌的责任。市场部门的责任当然也很重大，市场部门是直接面向消费者的，要建立好与消费者的关系，多与消费者进行互动，让消费者心甘情愿地掏钱。广告当然很重要，也是品牌的一部分，没有广告，消费者就看不到，因此，在宣传上要找对路子。

实际上，客户对企业的产品是不太可能完全了解透彻的。客户对企业的产品，或者企业本身的印象，实际上就来自于营销人员给他的整体印象。因此，除了对企业整体品牌形象的塑造，销售人员还可以对自身的形象进行塑造，变成问题解决专家，成为客户的顾问。这样一来，获得客户的信任就容易多了。

虽然面相比较稚嫩，长着一张娃娃脸，但Jenny却是华为资深的网络规划专家。2010年，Jenny来到中东某国支援工作，客户规划总监第一次看见她，有些生气："华为怎么派一个刚毕业的学生过来？"

但是很快，Jenny就用专业的方案和独到的见解打动了客户规划总监，客户

规划总监越听越认真，还问了Jenny不少尖锐的问题，Jenny一一给予解答。客户规划总监很满意，于是便安排她继续和客户团队深入分析客户网络现状及问题。

随着Jenny和客户团队的深入交流，Jenny在客户心目中慢慢树立起技术专家的形象，该国其他几个运营商也都了解到华为这位叫Jenny的技术专家很厉害。该国移动运营商和固网运营商之间关于带宽租用的会议邀请她去参加，听取她的意见；甚至连向当地政府部门申请一些事项，也要请Jenny写报告。

2011年，在一个跨国传输项目的技术交流会上，华为与该国客户共同商议的方案在某个技术点上遭到另外两国运营商的反对，但Jenny却异常淡定地说"我们的方案是有数据支撑的"，并立即展现给在场的人看，于是，反对的声音一下子就没有了。会后，提出反对意见的某运营商特地邀请Jenny去帮助他们做网络规划。

在品牌形象建设上，还可以对企业的品牌进行人格化营销。一般来说，企业作为一个法人，即便它的品牌广为人知，那也只是一个相对抽象、理性的概念，无法直观地对客户造成影响。而人格化营销是把企业品牌当作一个具体存在的"人"来进行宣传，以拉近与客户之间的距离。那么，在人格化营销的过程中，营销人员很大程度上就承担了这个"人"的作用。

2.3 读懂客户心理，满足客户需求

与客户交流的过程中，营销人员不仅要能站在客户的立场上看待问题，更要及时洞察客户的心理，顺着他的想法，去满足他的需求。具体来说，销售人员要多注意观察客户的动作、微表情和语言。因为，人的表象行为在很大程度上反映了人内在的心理。通过观察客户的行为，能帮助销售人员把握客户的心理，并作出应对。

2017年4月，华为P10手机"闪存门"事件爆发后，任正非反思道："在这件事上，终端团队犯了错误。"

在任正非看来，华为终端团队的错误不在于使用了两种不同的零部件，也不是手机运行速度有差异，而是在发布会上用了"跑分"（即对手机硬件功能进行量化测试得到的数据）软件，公布了"跑分"数据。"跑分"实际上是对产品功能的一种承诺，既然华为公布了"跑分"数据，那么销售者就有了期望值，而他拿到手机之后，发现没有达到华为给出的数据，那么他显然就不会

满意了。尽管这对手机运行速度的影响微乎其微，但是消费者就会认为被欺骗了，认为是“缺斤少两”。

2016 年，北非某国运营商的 4G 项目在内部立项。在那之前，华为已经和客户沟通了数月，华为的解决方案也得到了客户的认可，因此华为认为此项目势在必得。

然而客户的第一个 PO 却没有给华为，而是选择了友商一个价格比较低的产品。客户的举动让华为觉得有些意外，华为代表处紧急召开会议，经过研究认为，华为的产品和服务都有一定的优势，价格上也稍微高一些，但是从长远来看，客户选择华为的产品还是更好一些。

一时之间，华为也摸不清客户内心到底是怎么想的。接下来，华为的客户经理与客户高层频繁接触，进行深入沟通。客户高层解释说，在这个项目上，友商的方案更有诚意，因此第一个 PO 给了友商。华为的客户经理则说，华为的产品在各方面都有优势，后续技术升级也比较简便。客户高层出人意料地说，我了解你们华为，过去你们华为的产品也没优势，但是却能依靠诚意打动客户。因此，客户希望华为拿出诚意来。

华为的客户经理回去后，召开了内部会议，华为认为这是客户的一种心理战术，无非是想压低价格而已，客户到时候还是会来买华为这一产品的。但考虑到该产品在该国还没有打开局面，因此，华为决定作出一些让步，调低了产品的价格。华为很快将新的报价发给了客户，不久之后，拿到了客户的订单。

在实际的商业活动中，这种“以退为进”的心理战术并不少见，许多企业都会使用所谓的心理战术，包括一些著名企业。但是，心理战术作为一种非常规手段并非“有百利而无一害”。这种心理战术，一旦被对方看穿，不仅无法取得预期的效果，还会破坏双方之间的信任感。在任正非看来，只会谋“术”的企业是难以成大气候的。所以对于一线团队来说，这种心理战术一定要慎用，或者说不用。毕竟客户是买方，也是合作伙伴，若以敌对的姿态面对客户，可能就会反受其害，这显然不是合理对待客户的方式。

3. 找准目标，发展教练客户

当今世界，无论是谁，都要有开放合作的心态。对待客户也是如此，销售团队不能简单地就把产品卖给客户，在很多时候，还需要与客户进行更为深入的交往。也就是说，客户关系是需要用心去经营和维护的。

3.1 寻找愿意帮助企业的客户

现代企业之间的关系已经变得更为复杂，甚至互为客户的情况也是经常存在的。所以，良好的客户关系可以在方方面面帮助企业开展业务，也就是说，客户不只是买企业的产品，而是能在更高的层面上助力企业发展。尤其是企业和企业之间，每一个企业在自己的领域都拥有自己独特的优势，在许多情况下，可以利用客户的优势，让客户来帮助你。在这方面，小米和高通的合作可谓优秀的典范。

高通在无线通信领域深耕多年，拥有大量通信领域的专利技术，比如高通对CDMA拥有绝对的技术垄断。因此，如果使用高通的芯片，就必须用到大量高通的专利技术，一部售价300美元的手机交给高通的专利费高达售价的15%。但"高通"这个名字为普通大众所熟知还是最近几年的事情。高通凭借"骁龙"智能手机芯片一路攻城略地，如今已占据了国内智能手机芯片市场过半的份额。

与小米合作之前，使用高通芯片的手机厂商并不算多，高通在手机芯片市场上也没有太大的影响力。因此，当小米找到高通，希望使用高通的芯片时，高通看到了巨大的商机，搭载高通芯片的小米手机将成为一张很好的名片，为高通进行宣传。于是，高通与小米达成了更为深度的合作，例如在开发某一代芯片时，高通甚至允许小米的研发人员提前数月进入高通的研发中心，一起合作调试芯片。

后来，小米的表现也不负高通的期望，小米在宣传时大力推广高通的芯片，高通的"骁龙"芯片顿时在市场上打出了名气。在高通的一次合作会议上，高通甚至直言："没有小米，就没有高通的骁龙800系列。"

的确，如果没有小米，高通恐怕也不会发展得像今天这样顺利，高通的市值甚至超过了老牌芯片商英特尔公司。不过，需要明确一点，客户愿意帮助你的前提是，你能够为客户提供良好的服务，并与客户维持良好的关系。毕竟，客户也不会无缘无故地帮助你。华为相当注意与客户间维持良好的关系，在必要的时候，这些客户关系就能够用来帮助华为。

作为全世界最富裕的国家，拥有3亿人口的美国一直是华为锲而不舍想要进入的市场。华为运营商业务曾短暂地进入过美国市场，在这过程中，华为出色的产品质量和优质的服务也给美国电信运营商留下了深刻的印象。然而美国政府以安全问题将华为拒之门外。

2017年，华为宣布重返美国市场。当然，这一次是华为的消费者终端业务，而不是之前的运营商业务。华为消费者终端CEO余承东宣布，华为与美国电信运营商AT&T正式达成合作协议，从2018年起，美国电信运营商AT&T将在美国销售华为的Mate10手机。这并非双方第一次合作，在此之前，华为和AT&T就曾合作推出过一款手机，市场反响良好。因此，华为和AT&T一直保持着良好的合作关系。

华为希望借助于AT&T在美国电信市场的影响力，帮助华为手机打开美国市场的大门，在全球范围内树立华为手机的品牌形象。此外，华为与美国其他电信运营商的合作也在商谈之中。

华为试图以这种间接的方式进入美国市场，不失为一种明智的策略。如果华为没有和AT&T保持良好的关系，那么华为手机要进入美国市场的机会都难以寻觅。但即便如此，在2018年1月15日，美国国会两位重要议员仍然发起了禁止美国政府采购华为手机的议案。随之带来的影响是，美国AT&T的渠道没了，和Verizon的合作渠道也没了。

华为想要打开美国市场仍然需要更多的努力和坚守。尽管一时不能实现良好的合作关系，对于华为而言，为客户提供优质的服务、维持良好的客户关系仍然是一种战略耐性的体现。

3.2 与退休客户继续保持联系

绝大部分企业都能意识到维持好客户关系的重要性，但是任何企业都存在人员更替的情况，退休也好，离任也好，离开决策层也好，都是常见的情况。在这个时候，原本与之联系的客户是不是对于企业，尤其是对于企业产品的销售就毫无价值了呢？是不是不用继续保持联系、继续维护了呢？

与退休客户继续保持联系是有必要的，不能“人走茶凉”，这是华为在维护客户关系上做得比大部分企业深厚的地方。因此，许多客户也愿意与华为打交道。相反，一些企业过于“势利”，客户在位时万般讨好，而一旦离位则不闻不问。要知道，每一个客户也都是人，这种区别对待，现任客户也会看在眼里，对你的信任感就可能大打折扣。

在华为发展初期，华为得到了不少邮电系统的老领导老专家的支持。任正非曾经说，如果没有他们的支持，华为或许也能发展起来，但是发展速度和规模肯定要慢得多。

因此，这些老领导老专家退居二线以后，任正非要求华为的市场人员还是要继续与他们保持联系，尤其是那些给华为发展做出过贡献的。定时探访、节日问候、送一点小礼物等，有时还组织他们游览参观华为的深圳总部。虽然花费不多，也没有耗费太多时间，但就是这些小的举动让华为在业内的口碑很好。

其实，许多客户在离退休之后，他们所建立的人际关系，他们在各自领域的权威依然发挥着重要的作用。很多企业在做重大决策的时候，也会听取离退休专家的意见。比尔·盖茨在2014年辞去微软公司董事长的职位后，不再参与微软的日常运营，而是专注于慈善事业。但2017年微软向外界推出量子编程语言时，还是特地邀请了比尔·盖茨参加，比尔·盖茨坦言：“其实我并不太懂量子计算技术，不过我个人认为他们（微软）走在正确的道路上。”

在企业界，一些企业家在功成身退之后重返职场的事迹也毫不少见。比如联想集团的创始人柳传志2004年辞任联想集团董事长职务之后，于2009年再度出任联想集团董事长。所以，与退休客户继续保持联系，对于企业或者销售团队来说，在某种程度上也是基于现实的需要，而不只是出于树立企业形象的考虑。

3.3 密切联系合作伙伴，获得其推荐

除了与客户的直接联系，很多时候，企业或销售团队也要通过合作伙伴的关系去联系客户。因为并非所有的客户都能对你有着足够的了解，在这个时候，合作伙伴往往能发挥很重要的作用，在两者之间搭建沟通的桥梁。

INQUAM是欧洲一家总部设在英国的跨国移动运营商，与BT、T-Mobile以及沃达丰等知名电信运营商相比，其投资规模和运营能力都有所欠缺，虽然在英国、法国、葡萄牙、罗马尼亚等国都有移动网络，但竞争力比较有限。

INQUAM了解到在葡萄牙无法接听CDMA电话之后，开始筹划投资方案，向诸多通信设备供应商发出了招标邀请，包括朗讯、北电、摩托罗拉等通信行业的巨头。而在当时，华为虽然已经了解到该信息，但苦于华为在欧洲还没有什么名气，对方自然也就没考虑华为。不过，这几家通信巨头的报价让INQUAM完全无法承受。反复评估之后，INQUAM已经决定放弃CDMA的网络投资方案。

为了争取到这一项目，华为找到了合作商高通公司，希望高通能够帮忙推荐。毕竟高通在CDMA领域几乎处于垄断地位，拥有极高的说服力。如果高通能够出马，自然能大大提高成功率。

于是高通非常认真地向INQUAM推荐了华为，INQUAM这才答应试一试。就这样，华为与INQUAM接上了头，给客户的产品解决方案不仅报价低，覆盖范围也超出了客户的招标预期，同步国际漫游、多媒体视频聊天等服务也相当完善。经过一系列严格的检验和测试，华为产品的表现让INQUAM大为赞赏，华为顺利地拿下了该项目。依靠该项目，华为逐渐在欧洲打出了名气。

因此，在寻找目标客户时，不能光靠单个销售人员、单个销售团队、单个企业的力量硬着头皮“上”，而是要积极利用多方的智慧和关系。也就是说，在销售团队内部，每一位成员是一匹狼，团队是一个狼群。而销售团队本身也是一匹狼，要与合作伙伴组成狼群，发起联合攻势。

4. 与客户同频，关切客户经营

企业的经营状况通常能反映许多信息，比如利润状况、业务的发展空间、潜在的风险、潜在的市场机会等。而对于营销人员来说，如果能够及时关注客户的经营状况，与客户保持同频，也就能适时发现客户的需求。

4.1 深入客户现场，了解其发展现状

大部分时候，客户都会比较了解自身的经营状况，并根据经营状况作出应对。但有些时候，客户也不一定会发现潜在的风险或者机会。如果营销人员能及时发现这些，并为客户出谋划策，显然是一个双赢的局面。

为了找机会，华为的一线团队成员总是深入客户现场，积极和客户交流。即便是客户一个普通的员工，华为人也从不轻易地忽视掉。因为在他们看来，如果不深入客户现场，怎么能对客户的需求有更深切的了解，怎么能制定打动客户的方案？

2006 年，华为和友商竞争非洲某运营商的全网新牌项目。那时的华为在非洲基本没有知名度。在那些运营商看来，华为只不过是一家毫无名气的中国公司，技术和设备怎么能与爱立信等国际大厂相比。

为了打开非洲市场，华为决心一定要拿下该项目。华为项目组立即出动，在当地市场进行调研，通过分析认为客户建设新网最大的"痛点"将会是站点获取。尽管站点获取是运营商的工作，但项目组认为如果帮客户找出解决方案，就能够赢得客户的信任。于是在项目拓展初期，项目组组长开车带着勘测人员和网规人员，一个站点一个站点地跑，获取了上百个首都站点信息。

当华为团队将整理的站点资料向客户 CEO 展示后，客户立马对华为有了改观。客户大为感慨："我们不了解华为，华为却如此了解我们和当地的市场，这家公司了不起，至少为我们节约了半年时间。"于是，华为一举拿下了这个规模达一个多亿美金的全网新牌项目。华为的名声很快在非洲传播开来。渐渐地，华为在乌干达、布隆迪、卢旺达等国家树立了自己的品牌形象，与运营商的合作越来越多。

深入客户现场，及时了解到客户的发展状况，还有一个很重要的作用，就是合理评估与客户的合作关系。双方的合作程度达到什么样的层级，投资是多少，需要哪些第三方合作方，这些也都是要仔细评估的。如果不了解客户的发展现状，那么就可能做出盲目的决策。

波兰运营商 P4 经过初期的发展，设定了更高的发展目标，提出要做波兰第一大运营商。这个颇具雄心的计划，融资需求高达数亿欧元。

尽管华为和P4的合作相当顺利，但P4这一计划超出了华为的预估。华为融资经理张洪斌和一线团队都认为P4的计划有些激进，和开行一起深入分析后，认为P4确实有更大的发展空间，有必要继续提供融资支持，但是融资额度需要压缩。

华为对P4的高层说："P4要成为P1，目标固然是好的，但需要一步一步来，中国有句老话，叫'一口吃不成胖子'，从贵公司的经营状况来看，在未来两到三年内还不需要这么多的融资，如果一次性融资过多，不仅给开行和华为带来巨大的风险和压力，对P4的稳定发展也是不利的。"

经过多轮反复谈判，再加上开行从中协调，P4同意将融资规模压缩一半，但双方有一个条款仍存在分歧。客户的融资需要按一定的比例用于购买设备建网，剩余融资额度用于运营支出，这是一个常见的条款。对于这个比例，客户自然希望越低越好，但对华为是风险，因此还存在争议。

经过几轮沟通，华为和P4达成了一个双方都能接受的比例。会谈结束彼此道别时，客户说："我们是谈判桌上的对手，但我们更是朋友。"

因此，任正非要求华为的市场人员一定要多与客户交流，多去了解他们的经营状况。坐在办公室是不可能准确把握客户动态的。他说："我去了欧洲的代表处，发现一辆车也没有，他们就缩在代表处不出去。这样怎么能叫作战部队，上了战场才叫作战部队。"

4.2 与客户KPI接轨，共谋发展

事实上，在如今这样技术飞速发展的时代，企业与客户之间的关系越来越紧密，频率越来越趋于一致。许多技术刚从实验室出来，很快就投入了商用。也就是说，客户提出某些需求的时候，企业自身的产品或者服务还没完全成熟。但商机稍纵即逝，对客户是如此，对销售团队同样是如此。这就要求团队必须能快速跟上客户的需求，与客户同频，而不是让客户等你。

窄带物联网（NB-IOT）技术是华为主导的无线通信技术标准，华为在这一领域处于世界领先地位。经过初步测试，该技术已经获得德国电信认可，并表态说相当看好该技术的发展。但仍有相当一部分运营商持犹豫态度。

2016年，基于NB-IOT技术，华为为德国电信做了一个智能停车Demo，在

德国测试反应良好。测试结束数月之后，德国电信提出要重启 Demo 系统，以这个 Demo 来说服某运营商的 CTO，取得该运营商的支持。

但该 Demo 早已超出设计寿命期，如果重启，将遇到很多未知的问题，风险也相当大。但是，如此大好的机会如果错过，NB-IOT 技术就可能发展不起来，对德国电信也好，对华为也好，这都是不愿意看到的局面。

于是，华为重启了该系统。尽管在这过程中也遇到了一些意外，但最终 Demo 的演示相当顺利。德国电信方面非常满意，此后不久，德国电信把所有的 NB-IOT 项目都交给了华为，还积极游说其他的运营商加入该标准。

在如今的市场环境下，产业生态圈的概念越来越明晰，企业和客户很多时候都处于一个生态圈内，相互之间的分工也越来越明确。由此出现的情况就是，一荣俱荣，一损俱损。事实上，单一的企业很难跳出生态圈，独力把“蛋糕”发展壮大。

因此，作为销售团队，积极响应客户的需求，在市场上快人一步，与客户共同建立起健康的生态圈，把“蛋糕”做大做强，才能奠定企业在这一领域的优势地位。

4.3 成为客户的问计对象，提供经营咨询

为了更好地服务客户，华为不仅关切客户的经营，与客户保持同频，更重要的一点就是基于客户的经营状况，为客户提供切实有效的经营咨询。因为客户需要的不仅仅是产品，更是解决方案。显然，对华为来说，这就是“以客户为中心”的一部分。

2014 年，中东某运营商尽管已经完成了承载网的规划升级，但用户投诉率仍然居高不下，由此经营状况也不见好转。为了扭转这种局面，该运营商希望华为提供整网咨询，并给出解决方案。

华为迅速组建项目团队，对客户的网络开始进行分析。他们发现客户刚刚建成的承载网非常完善，但接入侧落后，这种情况不仅不能提升业务收入和用户满意度，反而让用户体验很差。着急的客户又向华为请求端到端的咨询和解决方案。

项目团队经过一系列数据调查分析，很快给客户提供了咨询报告，指出客户

的网络需要重点解决接入网的问题，并且从多个角度阐述解决这一问题的重要性。急需改善经营业绩的客户果断继续投入，向华为购买了一批设备。由此，双方也为之后的合作打下了基础。

在华为人看来，只有用真诚踏实的态度和专业的工作方式，才能赢得客户的信任，更好地做一个被问计对象。实际上，除了客户向华为寻求咨询，华为也会主动出击，为客户出谋划策。

V运营商是B国三大运营商之一，是华为在B国的重要客户之一。华为代表处负责人陈峰和V运营商一个员工喝咖啡时，了解到B国南部一个小镇，每年有一个最重要的节日，叫“Gramado电影节”，是南美洲最著名的电影节。小镇人口只有3万人，但每年8月14日到8月19日举办电影节时，来小镇旅游的人数激增，这意味着小镇的通话量也将大幅度上升。此时，V运营商商用GSM网络正好开始运营，陈峰意识到这是一个潜在的客户需求，于是，他召集项目组成员，制定了一份详细的“计划书”。当陈峰把这份电影节网络保障计划和建议书放在客户总监桌子上时，客户总监被震惊得说不出话来。看到CDMA网络在电影节期间的通话量数据，客户总监立即说，他看到了一份“商机”。陈峰建议客户召开一个小型的媒体宣传活动，很快被客户采纳了。电影节后，V运营商的用户数在南部几大城市超越了其他老牌运营商。

经过数十年的耕耘，华为与许多国际知名的企业在诸多领域结成合作伙伴，并为他们提供经营咨询。在任正非看来，华为文化本质上是服务文化，华为的成功源自客户的成功，因此，要以专业化的水准和高标准的服务，为客户解决问题，助力客户实现商业成功。

5. 建立不同层级的客户关系

在客户关系上，有些企业喜欢认准少数几个关键的客户人员，认为搞定关键人员就万事大吉。当然，不得不承认，这确实是一种比较省时省力的办法。但华为与许多企业不同的地方在于，华为坚持普遍客户原则，与不同层级的客户建立关系，既抓住重要的关键客户，也不忽视一般的客户，这就等于结成了一张密密麻麻的客户关系网。

5.1 建立普遍客户关系，贴近每一层级客户

华为的普遍客户原则就是要求营销人员除了重视与客户高层建立良好关系外，还要重视与中基层客户人员的关系。

在创立之初，华为上下就意识到贴近每一层客户，建立普遍客户关系的重要性。也就是说，华为实质上追求的是一种长期而稳定的客户关系。尽管中基层客户不是决策者，但客户内部做决策时他们的意见也很重要，因为直接使用设备或产品的可能就是他们。设备好不好用，他们最清楚。

2000 年电信分拆后，县市一级的公司基本没有采购权了，省级公司也只有部分采购权。外资企业以前只做总部和省级公司的关系，这样一来，似乎对外资公司特别有利，华为遍布各地市的 200 多个销售网络顿时显得多余了起来。

有人建议说，撤销这些经营部可以节约成本，反正现在县局手里已没有采购权了。但任正非却说："我们每层每级都要贴近客户，不放弃对我们有利的任何一票。"华为将之前的销售网络变成客户服务中心，加强在地市一级的营销服务，以前的华为销售经理转变为客户代表。

这样一来，客户遇到问题，就能随时和华为的工程师沟通。而事实上，电信省级以上公司集中采购时，往往会征询地市方面的需求和意见，因为使用这些设备的是地市公司，华为贴近客户的优势就体现出来了。不仅如此，华为还在各地帮助运营商分析网络现状，对通信网络进行长期规划。运营商在采购设备过程中，华为不光会提供一套完整的解决方案，而且还会告诉客户未来会有哪些方面的成本，包括显性成本与隐性成本，华为的解决方案对降低这些显性成本和隐性成本都有哪些好处。

因此，华为构筑的是决策者、技术人员、使用者、经营部门、财务部门等全方位的普遍客户关系。这样，华为就做到了更紧密地贴近客户，可以敏锐地洞察到客户的需求，快速应对市场的变化。其实，要做到这一点还真不容易，外企就不具备这样的文化，许多国内企业也同样缺乏这样的气魄。

华为客户经理黄振宇带领的团队在竞争斯里兰卡某重大项目时，由于客户高

层变动频繁，华为始终未能建立起比较稳固的高层客户关系，因此，该项目最后时刻被客户交给了友商。

黄振宇并不甘心，半年来，黄振宇每天不是和客户沟通，就是在见客户的路上，每个周末还会去客户家里。现在却遭遇了重大失利，他决心展开反攻，因为他知道华为最大的优势就是拥有客户中基层的支持。

不久之后，客户重大项目C开始招标。黄振宇带领团队成员在客户正式发标前的三个月就开始布局，邀请客户到深圳总部参观，抓住一切机会逐个拜访，从客户资深项目工程师，到中层管理人员、高层管理人员，不仅中基层客户坚定地支持华为的方案，在关键客户上华为也开始有话语权。

但友商也不甘示弱，和华为展开了激烈的竞争，动作频频。几番缠斗之后，项目陷入了拉锯战。渐渐的，华为在中基层客户上的优势体现了出来，客户一些基层工程师反映友商的设备并不好维护，再加上友商的设备价格比华为的更高，客户开始倾向于华为。数月之后，客户终于开完项目决策会，电话打来，传来客户的声音：项目是你们的了！黄振宇如释重负，露出了久违的笑容。

在任正非看来，只搞好关键客户的关系实质上是一种机会主义，这种做法是不利于企业长远发展的。小公司只搞好关键客户可以理解，因为他们没有那么多的资源去投入。但是像华为这样立足高远的企业不能只看到短期的利益，更要考虑长远利益。

任正非反复要求华为做厚客户关系，巩固普遍客户关系。他说：“不能看见客户有项目就呼啦啦调一堆人过来，没项目就呼啦啦全跑了。换个角度看，你作为客户，对这样的行为会不反感吗？”

5.2 分析客户决策链，找准关键客户

当然，关键客户的重要性毋庸置疑。在任何企业，决策者无疑是最重要的角色。不过也要看是什么样的决策，整体决策显然是CEO决定的，这毫无疑问。此外，某些方面的决策一般是部门负责人做出决定。比如说财务方面，那就是CFO决定；技术方面，显然是CTO。因此，在坚持普遍客户关系的同时，华为也从不同层面拓展与关键客户的关系，争取关键客户的支持。

2011年，牙买加某运营商即将被收购，而华为和客户间有一笔5 000万美元

的超长期欠款没有回收。该项目启动于2007年，但2009年完成验收后，客户以网络交付没有达标为由没有支付完验收款。如果不能回收该笔款项，意味着华为这个项目不仅不能赚钱，还会亏损不少。

项目已长达4年之久，不少单据丢失，要找双方技术部门补回来，难度很大。陈平带着任务，来到牙买加，每天去客户办公室，与应付专员对账。客户CFO以满足内部需求为由，希望华为先按系统中的“应付余额”签字，之后再继续核对。但这中间存在好几千万美元的差异，华为自然不能同意，于是客户CFO下令中止对账工作。

对账陷入僵局。考虑到客户CTO在客户内部拥有比较大的影响力，而且华为与之关系不错，陈平便请客户CTO出面，帮助华为说服CFO继续支付对账。客户CTO则解释道：“我们按照站点下订单、验收，需要按照站点维度来开票，你们却一直没开出来，结果我们也搞不清楚成本。如果你们能弄清楚每个站点的成本，我可以帮你们去做做CFO的工作。”

陈平于是便按照客户的说法去整理账目，将开票和站点匹配起来。该项目金额有一亿多美元，系统中只打包显示了几个大合同，每个合同对应上百个PO号。然而，华为系统按照内部合同号和流水发票号出具生成对账单，客户付款凭证中只显示税票号和PO号，双方口径不一致，变成了一个“死结”。

要解开这个“死结”，只能手工做对账单。陈平和应付专员们从一沓沓旧文档中翻找需要的单据，然后一一整理。经过不断整理台账，终于厘清了项目的眉目。历经三个月，对账工作最终完成，5 000万美元终于回到华为的账上。

有时候，可能就是某一个关键客户决定了整个项目的成败。这就要求团队深入了解客户内部的情况，分析客户是怎样进行决策的，再顺着客户的决策链找到最关键的客户，进而有针对性地建立客户关系。当然，关键客户也不一定就是职位最高的人，很多时候是对项目起到最大推动作用的人。

5.3 发现潜在关键客户，给予重点关注

流水不腐，户枢不蠹。在客户关系的维护上也是如此。企业的经营状况时时刻刻都在变化，客户的内部情况肯定也在不断发生变化。也许某位客户职位不是很关键，但随着客户内部情况发生变化，可能他的职位发生了变化，就成了关键客户。

在鲍尔默担任微软 CEO 时期，微软几乎是不惜一切代价，花费了数百亿美元去大力推广他们的智能手机操作系统——Windows Phone，但并没有取得成功。而当 2014 年，纳德拉从鲍尔默手中接过 CEO 一职时，微软不再将移动操作系统视为他们最重要的战略计划，他们推出了全新的“移动为先云为先”的战略。

三年之后，也就是 2017 年，微软更是全面放弃了移动操作系统，全力专注于云服务。值得注意的是，在纳德拉担任 CEO 之前，他是微软内部为数不多对移动操作系统战略提出反对意见的人，并且他主张微软应该重点发展云服务。

其实在那时，许多企业都寄希望借助于微软的影响力分得一杯羹，但显然没有人预料到纳德拉能这么快就成为微软CEO。在他上台之后，果断出手，放弃了移动操作系统，扭转了微软在市场上的不利局面。从另外一个层面看，微软的合作伙伴假如能够及时发现纳德拉在内部的影响力，重点拓展与纳德拉的关系，无疑能及时地抢得先机。

所以，对于营销人员而言，不存在一劳永逸的维护客户关系的办法，而是要时时紧盯客户，洞察客户内部的情况，发现潜在的关键客户。

早几年，由于华为与运营商签订了手机独家协议，因此和部分运营商的关系比较冷淡。为此，华为西班牙代表处终端业务部为改善客户关系，制订了一个“三步走”的计划。

华为首先从中基层客户关系开始入手，与客户各个部门都建立例行关系，将华为最新的情况和产品介绍给他们。经过一段时间的拓展，客户也开始对华为有了兴趣。

接着，华为开始重点拓展关键客户关系。当时某运营商的 CEO 虽然能力不错，但年纪比较大，不出意外很快就要退休，华为团队很快意识到这一点。他们又发现客户 CEO 在积极培养接班人，这过程中，客户 CMO 脱颖而出，得到 CEO 极大的信任。

华为对客户 CMO 从经营理念、战略方向以及个人兴趣爱好等方面进行了仔细的分析，认为他的理念与华为比较贴近，可谓不谋而合，是合适的关键客户发展对象。唯一的疑虑在于，他是否一定能担任 CEO 还不确定。不过华为还是把他作为重点关注对象，积极拜访，邀请他访问华为公司等。客户 CMO 也很欣赏华为，希望与华为建立更为紧密的合作关系。后来，CMO 不出意外地升任 CEO，为双方进一步合作打开了大门。

一些营销人员本来已经找准了潜在的关键客户，但因为各种各样的理由，比如说预算不够、腾不出专门的人员，或者担心投入得不到回报等，就犹犹豫豫，总觉得再等一等也无妨，最后就错过了大好机会。

商场如战场，效率就是生命，哪能一等再等，看准机会就一定要出手。因此，营销人员在维护和拓展客户关系时，不仅要能从客户内部发现潜在的关键客户，而且一定要拿出行动，积极构建强关系。

第5章 全面协同作战

一个人一生中的思想火花只有那么一两次，如果没有环境，没有平台，他的火花就燃不成燎原之火，最多闪一下，比如写一篇论文之类的。你要想办成一件大事，必须把自己融入集体中，走群体奋斗之路。

——任正非

1. 强化团队协同机制

任何一个团队，所有人都需要协调一致，目标统一，形成合力，迸发出巨大的战斗力，才能发挥团队的力量，顺利达成目标。

作为销售团队，目标无比明确，就是要把产品或服务卖给客户。那么，为了达成这一目标，就必须强化团队协同机制，形成一个有机而统一的整体，以统一的步伐朝着一致的方向前进。

1.1 倡导群体奋斗和集体英雄主义

华为自成立起，就开始提倡群体奋斗和集体英雄主义精神。在这一点上，华为从来未改变过。在任正非看来，华为只有坚持走群体奋斗的道路，才能让华为持续发展下去。可以说，群体奋斗如今已经是华为文化中非常重要的一部分。

群体奋斗的思想来自任正非的个人经历，在部队多年的经历使他对集体有着更为深刻的认识，部队生涯也给他留下了不可磨灭的记忆。从某种程度上说，群体奋斗是任正非人生经历的真实写照。

任正非曾经撰文回忆他的部队生涯："'文革'中，无论我如何努力，立功也好，受奖也好，都与我无缘。在我领导的集体中，战士们立三等功、二等功、集体二等功每年都很多。唯我这个领导，从未得过奖。不过这样也好，让我习惯了不得奖的平静生活，培养了我不争荣誉的心理素质。后来，因为我两次填补过国家空白，又有相关的技术发明创造，合乎那个时代的需要，突然一下子变成了'标兵''功臣'，部队与地方的奖励接连不断，我去领奖的次数不多，许多奖品都是别人去代领回来的，我又分给了大家。得奖这个事固然好，是别人对你努力工作的肯定，但是别人不嘉奖你，是不是就不努力工作了呢？我认为不是这样的。在一个集体中，一个人的能力太有限了，就算做出什么贡献，那也是集体的功劳，所以没得奖，我也觉得自在。"

任正非曾说他自己对华为没有做出巨大的贡献，真正做出大贡献的是中高层骨干与全体员工，是华为的全体员工努力建立起各种制度、规范，研制、生产、销售出打上“华为”标签的产品。这话虽然有自谦之意，但从中也反映出华为走的是群体奋斗的道路，在华为的发展过程中，尽管出现过不少“英雄式”的人物，但最终靠的还是所有华为人的共同奋斗。

华为的群狼战术就是群体奋斗的一种体现。从寻找机会、发现目标到战术策略制定、行动方案部署再到最后实际执行，无不体现了群体奋斗的特点。曾经有友商感慨，华为员工的个人素质并不突出，甚至有的员工不一定能进他们公司，但华为就是把他们训练得很好，形成一个整体，才硬生生地从他们手中抢走项目。

集体英雄主义实际上是群体奋斗在结果上的体现。群体奋斗体现的是过程，而集体英雄主义是对这一过程的总结。也就是说，在过程上要紧密协作形成合力，在结果的分配上，也要体现这一点，让所有人都成为“英雄”。

1.2 文化牵引，目标导向，流程拉通

在强化团队协同机制上，华为从文化牵引、目标导向和流程拉通三个方面入手。文化牵引就是在核心价值观上统一，在思想认识上统一。《华为公司基本法》可以说在统一思想认识方面起到了很大的作用。

随着华为在海外落地扎根，华为经营管理层认识到，由于语言、文化、习俗、传统等方面巨大的差异，过去华为的一些经验不能用在海外本地员工身上。华为的价值观并不容易传导至本地员工身上，更不用说使他们理解和认同华为的价值观。如果他们不能像中国员工那样融入华为，那华为的团队很容易分化成两个群队，这显然是华为要努力去避免的。因此，华为实施了一系列措施，使本地员工能更好地融入华为。这中间，华为的“掺沙子行动”就取得了很不错的成效。

华为的“掺沙子行动”一方面是为优秀本地骨干员工提供培训，使他们承担更大的职责，另一方面从中方员工入手，提高他们的英语能力，从而更好地倾听本地员工的声音。

华为从海外代表处选出一批优秀本地员工到华为总部，为他们量身打造详细的培训和项目实践计划，除此之外，还有文化培训、参观交流、导师指导和答疑等，

让他们学习并思考华为的管理运作与华为文化。

一位西非地区部的本地员工感慨道，来到中国和华为总部，使她观察问题的方式更加全面了，视野也更加开阔了，基于此，她对于华为价值观有了重新的认识，当然经验和技能更是进一步提升。她也希望能将自身的体验和感受与其他本地员工一同分享。

华为的“掺沙子行动”还取得了另外一个意想不到的收获，那就是华为总部的干部英语能力大大得到了提升，为了更好地与“沙子”们进行交流，这些平时几乎不用英语交流的干部也不得不“赶鸭子上架”，使用起磕磕巴巴的英语来。结果不出两个月，干部们的英语能力进步神速。一些干部表示，以后若是去一线，就有了更大的信心。

而流程拉通就是前后端拉通，团队内拉通。前方寻找目标，后方提供支援，前后方实现协同，这是前后端拉通。华为一贯强调的“无缝对接”实际上就是团队内拉通。

华为项目经理宋康明讲述了一件他自己刚到华为的事情。刚加入华为，他就接手了一个重要的项目。众所周知，华为的项目时间一向很紧，包括PL在内的所有成员，都得加班加点地努力。宋康明也同他们一样，拼命工作，心想自己一定要做好，不能给别人添麻烦。在工作中遇到一些棘手的问题他没有去请教同事或上级，而是一个人反复琢磨。

经过一个月的努力，到了第一阶段集成的时候，宋康明设计的系统与其他人存在很大的偏差。PL不得不召集他人一同帮忙修正，为此多花费了一周的时间。这件事情让宋康明记忆犹新，他称其为在华为栽的第一个跟头。此事也让宋康明深刻地意识到作为团队成员，要与其他成员保证协调一致性，实现无缝对接，这样才不会出现类似的状况。

华为坚持“力出一孔，利出一孔”，就是时刻提醒所有华为人保持清晰统一的方向。华为通过文化牵引、目标导向、流程拉通三个方面强化了一线团队的协同机制，保证了一线团队的作战能力。

1.3 胜则举杯相庆，败则拼死相救

早在1990年代，华为发展初期，华为市场部就提出了“胜则举杯相庆，败则拼死相救”的口号，就是为了打造一个更加紧密协作的团队。后来，这句口号被写进了《华为公司基本法》。

但是，“胜则举杯相庆，败则拼死相救”并不仅仅是华为人的一句漂亮的口号，而是华为实实在在践行群体奋斗和集体英雄主义精神的最佳体现。在这方面，华为高层更是带头践行。“小灵通”是华为发展历程中绕不过去的一道“坎”。由于决策失误，华为并没有投入多少资源去研发“小灵通”的设备，结果友商赚得盆满钵溢，但华为高层并没有相互指责，相互埋怨，而是卧薪尝胆，终于在3G时代扬眉吐气，走在了世界前列。

2013 年，全球电信行业业绩惨淡，华为虽然受到了一定的冲击，但仍然交出了一份不错的成绩单。2013 年华为在运营商市场保持了 10% 的增长，企业业务市场和消费市场也有 10% 以上的增长。

另外，据华为 CFO 孟晚舟透露，2013 年华为的年终奖总额达到 125 亿元人民币，比 2012 年增长了 38%，但并不是所有人都拿到了年终奖。虽然华为公司整体业绩达到预期，但消费者 BG 和企业业务 BG 因为业绩没有达到年初的承诺，消费者 BG 董事长余承东、CEO 万飙、企业业务 CEO 徐文伟，以及其他两位高管决定履行承诺，自愿放弃年终奖。华为还特意给这几位高管颁发了“从零起飞奖”。华为董事会秉承“胜则举杯相庆，败则拼死相救”的传统，董事长孙亚芳、总裁任正非、CFO 孟晚舟，以及三位副董事长郭平、胡厚崑、徐直军也都宣布主动放弃奖金，以此勉励其他干部和员工。

这次“华为式”的年终奖，可以说是华为独特企业文化和核心价值观的直接体现。一方面，华为公司整体的业绩虽然超出预期，但没能完成承诺的业绩的高管只能履行自己的承诺，放弃年终奖，让更多的华为中基层骨干员工受益；另一方面，任正非等董事会成员更是深明大义，以身作则，担负起践行“以奋斗者为本”的理念，因为他们深知，商场如战场，有成功必然也有失败，成功时要及时奖励，让更多的人发扬群体奋斗精神，失败时也不放弃每一个一起拼搏过的“战友”。

在这种精神的激励下，华为人从来不怕失败，也敢于失败。在任正非看

来，华为人失败了没关系，爬起来继续干。也就是说，这种精神实质上就是为了“导向冲锋，导向胜利”。

2. 信息共享与规范应用

现代市场经济条件下的商业竞争，很大层面上来说，就是信息方面的竞争。由于信息的不对称，才会形成不完全竞争市场。也就是说，由于信息传递的不完整性和不及时性，并非所有人都能第一时间洞悉市场上所有的变化。企业也好，个体也好，所知道的信息都是极其有限的，不太可能把所有方面的信息都关注到。

2.1 多与团队成员交流，目标一致

对于身处市场一线的营销人员而言，信息的全面性和及时性显得无比重要。哪怕是慢一天，可能就错失了一个重要的机会。因此，营销团队必须强化内部的信息共享。作为团队的管理者，在日常工作中应该积极与成员进行对话，了解不同成员的工作状态，及时解决他遇到的问题，这样才能把团队“拧成一股绳，劲往一处使”。

黄玉博是华为 PM 项目主管，刚接手工作不久，就敏锐地察觉到小组成员的工作状态有所变化，就连平时工作积极性最高的两个人，也突然变得意兴阑珊起来。

黄玉博带着疑惑，找到其中一人询问原因，原来，项目组几个月之前起草过一个项目方案，原本计划下个季度便要正式启动，可是忽然被叫停了，上面也没有给出解释，一时间，大家都很迷茫。

了解原因之后，黄玉博立即召集项目组成员，并向大家解释，公司基于市场的考量，所以叫停了项目，新的项目已经启动，亟待项目组成员将工作热情投入到新的项目上。黄玉博的一番解释，让项目组成员找到了方向，工作热情也被重新激发出来。

除了要积极与成员进行对话，管理者还要鼓励成员之间在日常工作中互相交流。无论是谈市场的变化也好，谈客户的需求也好，谈心得体会也好，谈自

己心里的疑惑也好，总之积极交流都是有益的。在互相交流当中，团队内可能就达成了共识，形成了一个整体。

在团队内部交流方面，华为流行着一种“吃文化”，大家找一个咖啡厅或者路边的一个小饭馆，边吃边谈。在任正非看来，这种非正式的闲聊能够缓解工作压力，有利于激发华为人的工作状态，同时也增强了华为的内部交流和沟通，营造了良好的组织氛围。

在华为，干部是“吃文化”的倡导者。干部新上任，便及时感谢下属的配合与支持，然后请下属吃饭。总部派人到办事处做支持，首先就要过吃饭这一关。在“吃”的时候，人往往会放下平日的顾忌。华为人对组织内部好的地方和存在的不足，往往会直言不讳，畅所欲言，无形之中也提高了组织的凝聚力。任正非说：“你感觉自己进步了，自己请自己来一顿，你要当领导，那么就多请部下吃几次夜宵，在轻松自由的氛围里，很轻易就做到了上下沟通，协同工作，部门的效率自然也就提高了。你想做大秘书，也要多请客，你的工作经过沟通开放了，大家帮助你，互相有了解，你就当上‘大秘’了；搞管理的，更要在一起这样经常碰，经常在一起碰，组织才不会是一潭死水，才有凝聚力。”

实际上，华为的“吃文化”至今仍然非常流行，被华为当作组织文化建设一个重要并且不可或缺的部分。华为 “吃文化”的精髓就在这种“边吃边谈”中，人们在轻松自在的氛围中无所顾忌地沟通、交流，顺便把工作事项也一并谈妥了，为日后的工作达成默契、实现无缝对接打下了基础。

2.2 与资源伙伴分层分级共享项目信息

各种类型的资源伙伴的支援与协助显然是一线团队达成目标不可或缺的部分。因此，不仅要在团队内部信息共享，也要及时与资源伙伴共享相关的信息。但是，与资源伙伴的信息共享并不是完全无限制无保留的，还是要遵守企业的相关规定，将必要的应该共享的信息、不太必要的不需要共享的信息以及不必要且不能共享的信息严格区分开来。在做好信息共享的同时，还要做好信息保密工作。有时候可能就是无意间透露的一点点信息，比如说产品的上市时期，可能都会对整个公司造成极大的影响。

2004年，谷歌公司通过一系列审查，预计将在纳斯达克交易所上市，这是纳斯达克当时最大的IPO。为了宣传谷歌公司，就在上市前的几个月，谷歌联合创始人拉里·佩奇和谢尔盖·布林接受了一家杂志的采访，在采访中，两位年轻的谷歌创始人无意间透露了一些谷歌的经营信息。

由于美国法律规定，除了招股说明书，所有上市公司在上市前6个月都不得公开谈论本公司，以避免对潜在的投资者进行诱导性的承诺，这称之为“静默期”，否则可能将招致不同程度的处罚，包括禁止上市。因此，该杂志将采访报道出去以后，谷歌的上市计划一下子变得不明朗起来。好在谷歌及时地修改了他们的招股说明书，并及时向外界说明情况，总算没有招来证券交易委员会的处罚，顺利地完成了上市。

当然，资源伙伴可能分很多种，有可能是公司以外的合作伙伴、商业顾问、会计师事务所、法律咨询，或者是合作媒介等；也有些是公司内部的，如其他项目的经理、专家，临时过来支援项目的业务骨干，其他地区的销售部门等。

在与资源伙伴的信息共享方面，华为采取的是分层分级共享机制。华为内部的信息共享平台做得尤其细致，公司同类型同级别的人员一般共享一个基础平台，模版一致，内容大同小异。他们就在这个平台上互通有无，相互交流，提出自己的疑问，或回答同伴的疑问。

例如华为内部的“客户线连长社区”自上线起就得到了广大客户经理的好评。过去客户经理有许多疑问只能找自己认识的上级或同事或相关人士一对一提问，不仅效率低，还不一定能得到满意的回答。而通过“客户线连长社区”，客户经理就可以直接在连长社区线上提出自己的问题，只要是加入社区的用户都可以看到他的问题，并给出自己的见解，供提问者参考。

一位客户经理说：“客户经常这样问，在这个问题上欧洲大运营商是怎么做的呢？过去就只能发邮件去问欧洲运营商的相关人员，而通过连长社区，身在欧洲的客户经理就能给我解答这个问题。”

华为正是通过这样的信息共享平台，不仅很大程度上实现了内部的信息共享，也解决了员工知识更新迭代的问题。

任正非强调，华为要充分利用现代化的工具，搭建信息共享的平台，加强技能、经验、技术等方面的共享，提高作战队伍的能力。他说：“我们内部要开放，要加强交流，作战队伍的能力才能提升上去。类似微信这样的公司内部平台我们要有，按照不同战场分类，然后给相关的人员授权，有授权的可以看到所有的内容，还可以下载相关的资料。这实际上也是一个信息安全圈。”

2.3 遵守商业准则，做好信息安全管理

在积极做好信息共享的同时，也要做好信息安全管理，在团队内树立规则意识，规范信息的使用范围。哪些信息只能在团队内部交流，哪些信息可以共享给合作伙伴或者公司其他的员工，哪些信息是不允许透露出去的，这些都要有统一的规定。还有硬件上的管理也要规范，比如使用个人电脑的规范等。再比如访问外网的管理，同样也要规范。

华为在创建爱尔兰研发能力中心的过程中，就遇到过外籍员工窃取公司资料的事情。爱尔兰是软件大国，有许多软件专家。有一次华为在当地招聘了一个50来岁的专家，负责人看他经历丰富，面试时感觉也很好，就招了进来。这位员工入职以后工作很努力，经常自愿留在公司加班，平时还会带些东西分给大家，对团队管理也有自己的见解。过了一段时间，负责人发现他虽然经常找其他同事要一堆资料，还经常加班，却没有实质性的工作成果。好在华为的信息安全中心发挥了作用，在后台监控到该专家往个人电脑上拷贝大量华为的文档。

相比较之下，华为在国内的信息安全管理的紧迫性更胜于海外。由于中国职业体系建设比较薄弱，整体社会信用体系相对缺失，相关法律法规不够完善，部分职工法律意识淡薄，内部职务犯罪现象在中国企业当中也是屡见不鲜，比如受贿、职务侵占、挪用资金、侵犯商业秘密等。其中，比较常见的就是窃取公司的商业机密。

包括华为在内的许多知名企业都会要求员工签订保密协议，防止内部的信息机密往外流，但在巨大的利益面前，仍然有一些人不惜铤而走险，违反相关的法律法规，窃取企业的机密。

2001年7月，华为研发部的员工王某、刘某、秦某离开华为，投资50万元人民币在上海联合创办了上海某技术有限公司，主业为制造光传输设备，并先后从华为挖走研发光网络产品的开发人员20余人。

2002年10月，华为以侵犯知识产权为由，在上海市第一中级人民法院提起民事诉讼，向3人成立的公司索赔200万元人民币。当月中旬，华为竞争对手UT斯达康公司宣布以200万元人民币和分3年授予UT斯达康1 500万美元期权的价格收购该公司，3人遂加入UT斯达康。

几日之后，华为向黑龙江佳木斯前进公安分局报案，称该公司销售的产品与华为销售的产品相似，要求佳木斯警方立案调查。11月21日深夜3点，佳木斯警方赶赴该公司所在地将3人拘留。12月18日，佳木斯警方将案件移交至深圳司法机关。该案件由深圳南山区法院受理，经过数次不公开开庭审理后，2004年12月7日，深圳南山区法院作出一审判决，3被告被认定有罪，王某、刘某、秦某分别被判处三年、三年、两年有期徒刑。

尽管这三人离开了华为，不再属于华为员工，但并不代表他们与华为脱离了直接的法律关系，更不代表他们可以肆意窃取华为的商业机密，严重损害华为公司的利益。因此，华为不得不动用司法手段维护自己的利益。华为也借此案件警示和告诫华为的广大干部和员工，绝不能将公司的技术成果或商业机密窃为己有，否则不仅会在公司内部处理，严重者还将要承担法律责任。

随着中国法律体系越来越完善，企业和管理者也应该增强法律意识，提醒员工时刻牢记公司相关的信息管理规定，不能随意泄露公司的商业机密，不管是无意还是有意的。必要时，用法律手段维护自身的利益，规范信息安全管理。

3. 实施分层分级沟通

销售团队面对的不仅仅是单个的客户，而是一个客户群。客户的级别、职位有高有低，有高层客户，也有中基层客户，因此，在与客户沟通时，团队内部要维持稳定的秩序，明确每个人的责任。

3.1 沟通交流中，实施首问负责制

在接待客户方面，包括华为在内的许多企业都实施了“首问负责制”。就是说，客户先找到谁，谁就要负责解决客户的问题或疑问。当然，客户的问题不一定就能得到解决，但是，接待人员必须要负责到底，如果实在处理不了，

也要把客户的问题记录下来并提交给上级，由上级确定如何处理。

从客户的角度考量，他当然不会无缘无故地去找销售人员，显然，他肯定希望销售人员帮他解决问题或疑问。

阿里巴巴前COO关明生讲了一个他的故事。阿里巴巴成立早期，人手很少，接待处也要负责接听客户电话，有时候工作人员因事走开了，来了电话，他和马云就去接电话。

“阿里巴巴，您好！”这是阿里巴巴接电话的统一口径。

有一次，关明生被骂得一塌糊涂，客户在电话里直接就骂：“你们阿里巴巴……”虽然被骂得狗血淋头，关明生也坚持不挂电话。客户一连骂了半个小时，忽然说：“你是谁？我骂了半个小时还不知道你是谁。”关明生回答说：“我是阿里巴巴COO关明生。”

阿里巴巴这种处理客户问题的方式值得诸多企业学习。阿里巴巴的价值观很明确：客户第一，员工第二，投资者第三。在阿里巴巴人看来，客户是衣食父母。员工接待客户的行为包括五个水平，员工能过第一个水平拿一分，拿到一分才可以拿第二个水平的两分，接着才可以拿到第三个水平的三分，不能一下子跳到第五个水平。第一个水平是尊重他人，随时随地维护阿里巴巴的形象，要尊重他人，首先就要自重；微笑面对投诉，积极主动为客户解决问题，这样可以拿两分；与客户交流过程当中，即使不是自己的责任也不推诿，这可以拿三分；站在客户立场，解决客户难题，使客户满意，这样才可以拿四分；具有超前意识和防范意识，变成客户的顾问，客户有什么问题都来找你，这样才可以拿五分。

华为也是如此，任正非反复要求华为的员工，尤其是销售人员与客户交流时，要负责到底，积极解决客户的问题，不能推卸责任，认为该客户或者客户的问题不属于自己负责就不管。任正非说：“客户关心的是能不能解决他的问题，而不会关心这个问题到底谁负责。只有让客户满意，公司才会对你满意。这就是以客户为中心。”

3.2 尊重客户，与客户对等沟通

除了首问负责制，在日常与客户对接和沟通时，销售团队应该建立分层分级沟通机制。也就是说，基层业务人员与客户基层对接，中层管理者与客户中层对接，高层管理者与客户高层对接，在级别上对等，这自然是尊重客户的体现。

在销售领域，有些重大决策是基层业务人员难以决定的。甚至作为销售团队，都不一定能做出某个决定。这时候，销售团队应该积极寻找机会，及时与客户联系，举行双方的高层会议。这样一来，许多事情可能就水到渠成了。

华为某国的S客户账上有一笔超长期应收账款一直得不到解决，华为和该客户的关系降到了冰点，网络投资也已经萎缩，业绩惨淡，该地的客户经理更是换了又换。

康明来到该地担任客户经理后，坚持每两天拜访一次客户。从基层客户开始，要么和他们聊天，要么约出去一起喝咖啡，慢慢增进感情。康明坚持每天给客户CEO打电话，还上门邀请他参加“巴展”。双方的关系逐渐“破冰”，客户也答应参加“巴展”，但康明知道单单只有这些不足以解决问题。于是康明积极运作，准备在“巴展”上安排一次双方的高层会议，探讨双方下一步的合作战略。“巴展”上双方高层会谈如期举行，客户提出全部还款存在困难，希望华为多少有点让步，经过协商，华为初步答应了客户的请求。

这之后，双方又进行了3个多月持续几十轮的艰苦谈判，华为和客户签署债务重组方案，约定如果年底完成所有欠款清理，可免除一部分债务。双方对这个方案都比较满意，在回款过程中，客户想尽办法努力还款，最艰难的时刻，甚至停发工资来支付欠款。华为也积极配合，大力牵引和支持，适当时机会晤客户，积极交流，强化客户合作信心。

最终，困扰华为多年的S客户超长期应收账款实现了清零，双方的信任再次建立。客户CEO多次正式发函感谢华为在这一问题上做出的大幅度让步，并希望借此机会深化双方的合作关系。

近年来，华为越来越注重与客户建立合作伙伴关系，共同打造产业生态圈。这势必要求一线团队的决策者具备相当的能力和经验，能够担负起这样的责任，同时还要具备战略洞察力和大视野，能从更高更广的层面去考虑与客户的关系。

因此，任正非多次提出了在一线团队配备“少将连长”的概念，即一线团队是由“少将”率领一群“二等兵”组成的连队，而不再像过去那样由“连长”带队。当然，“少将”只是一个形象的说法，不一定非得就是“少将”。这一方面是为了提高一线团队的级别和作战能力，另外一个很重要的原因就是这些来到一线的“少将”经验丰富，尤其是与客户高层展开对话，建立高层客户关系这方面，他们具有独特的优势。

3.3 掌握项目全貌，沟通要充分和到位

与客户协调沟通的过程中，常常会出现某个流程不太合理的情况，如果问题的原因是单方面的还好解决，但很多时候是需要双方都做出调整的。而流程问题一般比较复杂，双方对接的人员权力有限，无法解决，只能向自己的上级反馈，等上级做出指示。如此来来回回，许多时间就浪费了。

作为销售团队，在面对此类问题时，应该从全盘的角度去考虑问题，不能只考虑己方需要解决什么，也要考虑客户方需要作出哪些调整，并且及时与对应层级的客户沟通，以及时适配双方的流程。遇到此类问题时，华为人总是能从多角度考虑问题，并且确保客户和内部沟通到位。

2016年，陈翔华负责英国V运营商M项目。刚来到项目组，PD就告诉他，由于货发不出去，已经被客户和区域分包商抱怨过多次。为了搞清楚原因，陈翔华跑遍了所有的站点，一一查找可能存在的问题。经过调查发现，物料无法及时派送是因为物料派送单无法及时下发。而物料派送单无法及时下发的原因是站点实际所需物料与客户下达的PO配置不符，或者客户PO未及时获取。

陈翔华认为解决问题的关键在于拉通售前售后协同解决。他主动牵头，联系产品经理、共享中心，希望解决这一问题。但接下来他又发现，经常到快发货时，客户提出要变更配置，这又得重新进行合同变更。配置变更后，客户和华为双方共涉及数个节点要处理，这一来二去，发货的时间又给耽误了。

怎么办呢？陈翔华认为，必须从两方面来解决这一问题。在华为内部，制定解决方案，及时跟进客户的需求，确保每个变更都能闭环管理；同时，他找到客户，阐述问题，客户也意识到问题的重要性，当场安排专人负责PO更改，同时也认可了陈翔华提出的方案，减少不必要的配置变更。经过多轮沟通和双方流程的优化，最终解决了站点配置和PO不符的问题。

当项目推进到关键节点时，华为还会举行项目workshop，即小型专题讨论

会，就专门的议题展开讨论。与传统的会议不同，workshop的特点是互动、平等和主动参与，所有与会人员都有平等的发言权，阐述自己的见解。在讨论中，大家发散思维，拓展思路，最后达到集思广益的效果。这也可以称之为团队的“头脑风暴”。这种讨论会有时候是内部会议，有时候也会邀请关键客户参加，视项目情况随机而定。通过workshop的方式，华为很好地实现了内外部的充分沟通。

4. 以团队目标为驱动

在日常管理中，团队管理者应该多强调团队目标，淡化个人目标，以团队目标为驱动，激发成员的团队合作精神，使团队结成一个紧凑有序的阵型，以统一的行动朝着目标前进。

4.1 以目标驱动，行动一致

在冷兵器时代，两军对垒实际上伤亡数量并不会很大，而一旦某方溃逃，那么伤亡数量便会呈数量级上升。因为正面对决，目标是很明确的，就是杀向敌方阵地。而逃跑时，往往慌不择路，没有方向和目标，就漫无目的地跑，再加上士气原因，军队的队形就完全乱了，甚至形成大量踩踏事件。所谓“溃不成军”就是如此。

2006年世界杯，巨星云集、阵容豪华的巴西队在四分之一决赛上遇上了法国队。巴西队拥有号称“魔幻四重奏”在内的诸多球星，在世界杯开赛前被视为当届世界杯头号热门。让人想不到的是，巴西队却输给了法国队，止步八强。这样的结果让外界也是一片哗然。

赛后，巴西国内媒体对巴西国家队展开了毫不留情的口诛笔伐。他们指出，巴西队最缺乏的就是团队精神。大牌球星虽然多，但完全没有形成一个整体。球队纪律散漫，目标不一致，球员之间各踢各的。反观对手法国队，众志成城，团结一心。可以说，法国队正是依靠团队的力量击败了巴西队。摄像机抓拍到的比赛中的一幕很好地说明了这一情况，当时法国队正准备罚任意球，而巴西队球星卡洛斯竟然正蹲在地上系鞋带，正是这个任意球帮助法国队击败了巴西队。

可见，任何团队都必须有一个统一的目标，并朝着目标一致前进。任正非曾说，华为之所以能走到今天，并没有什么别的窍门，就是“傻”，认准方向“傻干”“傻付出”“傻投入”。

华为的发展之路可谓既清晰又明确，早期采取了与毛泽东当年相同的战略方针，从打入每一个县开始，先“农村包围城市”，再“最后夺取城市”。当国内市场逐渐成熟，无法取得大的突破之后，任正非调转大旗，转而开拓海外市场，“千军万马上前线”，无数华为人立即奔赴海外。华为在海外的发展战略大体上也复制了国内成功的经验，就是从第三世界国家出发，逐步登陆西欧等发达国家的市场。

这个“简明”的战略实施起来却是异常艰难，在开拓海外市场的时候，华为也是承受了连续八年不能盈利的痛苦，可谓“屡战屡败、屡败屡战”。也有人觉得华为太固执，不值得这样做。但华为不为所动，坚持了下来，这是一条不折不扣的“长征路”，走完“长征”的华为终于见到了希望的曙光。

2011 年，华为中标印尼和记 MEGA 项目。印尼素有“千岛之国”之称，国土面积虽然只有 200 万平方公里，却有一万多个大大小小的岛屿。由于地处大陆板块交接地带，自然灾害较多，火山地震时常发生，所以印尼是全世界网络规划和施工最复杂的国家之一。

果不其然，在项目开始执行时，华为就遇到了不少的问题。由于项目涉及金额巨大，当时客户首席执行官要求华为必须在规定时间内达到要求，否则将停止项目的执行。

项目 Sponsor 梁华紧急召开项目组会议，他说：“MEGA 是华为全球 TOP1 项目，机关 PMO 要前移，全体人员要挽起裤脚，站进田里，边干活，边建设，能力建设后要在全球推广。”

会后，大批专家先后从全球各地赶往印尼。面对困难和压力，网络规划设计专家陈耀东带领技术团队，对方案不断进行改进和优化，不仅攻克了所有技术难题，光缆的铺设里程也大大降低，为客户节约了成本。

供应链、解决方案等部门也纷纷伸出援手，支持 MEGA 项目组，项目最终目标达成，圆满完成客户的要求。在华为的支持下，客户在数据用户领域一跃成为印尼发展最快的运营商。

在许多友商和合作伙伴看来，华为最大的特点就是执行力。只要是命令，就能立即响应，这在许多其他企业是做不到的。执行力，对于华为这样拥有十多万员工的企业就是竞争力的保障。当然，在高执行力的背后，是华为强大的凝聚力，而这种强大的凝聚力很大程度上源自华为的文化和核心价值观。

4.2 不推卸责任，共同面对问题

加强内部协作，要求管理者从全局的角度出发去考虑问题，以客户经理为例，从资源维度，客户经理是个人绩效贡献者，但从项目维度，客户经理要为项目负责，需要协同产品行销经理、服务经理、财务人员、研发人员，甚至办事处秘书文员投入到项目中。因此，管理者作为团队目标的第一责任人，更应该在团队中树立榜样作用，以身作则，承担起责任，与团队共同面对问题。

2017 年 4 月，华为手机“闪存门”事件爆发，一些网友在购买华为 P10 手机后，发现产品存在性能差异，用户测试结果显示，部分 P10 手机的闪存速度只达到了 200MB/ 秒，部分手机则达到了 800MB/ 秒左右。继而发现 P10 手机使用了不同的零部件，部分手机使用的是 ufs2.1，而部分手机使用的是 emmc，对消费者而言实际上是区别对待。这件事随即在网络上引起轩然大波。

很快，华为消费者终端 CEO 余承东向广大消费者道歉。余承东反思道：“华为未来还有很长的路要走，唯有更加严格要求自己和团队，才能更好地服务消费者。这次事件对华为来说是一次深刻的警醒。让我们反思华为是否坚守了初心？是否以身作则，认真践行了以客户为中心的核心价值观？所有消费者终端的员工都要深刻自省，真正地听进去不同的意见，做出最真诚的回应，并迅速改进。消费者业务管理团队要深入零售和服务点，与消费者近距离沟通，改善我们的工作流程、服务态度，用实际行动担当起全球消费者赋予华为品牌的信赖！”

作为华为消费者BG的掌门人，余承东没有逃避问题，而是勇敢面对错误，积极和消费者交流，主动承担责任，并带领他的团队及时采取措施进行改进。同时，这也是余承东积极践行华为“以客户为中心”核心价值观的体现。

同时，管理者也应当在内部让团队成员树立这样的意识。因为即使职责划得很清楚，有时候由于不同组织的能力差异，短期内的工作重心等原因，相互分担也是必要的。打造高效的销售团队，就应该让所有人都要敢于担当责任，共同面对问题。

周兴亮是华为400客服中心的工程师，主要是通过电话协助各地客户解决问题。在担任客服中心工程师数年时间里，他牢记自己的职责，总是兢兢业业地帮助客户解决问题。

有一次他上夜班，客户出现了一个问题，直到第二天早上下班时间时还没有解决。他本来可以把问题转交给上白班的工程师去跟踪，但他觉得问题比较复杂，放心不下，而客户着急想要解决这个问题。于是他没有按时下班，而是待在办公室，跟上白班的工程师一起跟踪这个问题。直到中午，问题得到圆满解决，他才放心地回去休息。

在任正非看来，华为的干部和员工不能计较一城一池的得失，要甘愿做"雷锋"，甘愿吃亏。即便不是自己的职责，也要担当起来。实际上，虽然华为许多业务已经流程化，但这里面还是存在一些流程边界、组织边界和岗位边界模糊不清的问题，这个时候就需要有人去主动承担。

4.3 一方有难，八方支援

华为的群狼战术实际上就是高效率的团队协同作战，华为人像狼群那样组织阵型，紧密协同，前仆后继地朝猎物冲锋。而一旦有人在这过程中遇到困难，华为人也断然不会弃之不管，而是积极给予支援。华为这种群狼战术，不仅让客户赞叹不已，连友商也不得不佩服。

2004年，中东某运营商的CDMA移动网络开始试商用，这是华为当时在海外最大的CDMA项目。因此，华为格外重视该项目的运行情况。

然而，很快就有客户投诉网络问题，主要问题是掉话，这显然是个大问题，极其影响客户的通话体验。于是，网络优化支撑团队马不停蹄地赶到该国，试图解决客户的掉话问题。客户投诉的掉话地点在他们的休息室，距离基站只有200米。网络优化团队自己测试一番后，都没有发现问题。

还没找出原因，客户再次投诉。华为该国代表处深感压力，便向地区部和其他代表处求助。接到求助后，6支队伍赶赴该国进行现场测试，最后他们发现，大约300次通话会出现一次问题。他们齐力协作，制定了相关措施，问题不再出现，客户再也没有投诉。

像这种一方有难、八方支援的情况在华为其实屡见不鲜。而在有些企业，内部竞争无比激烈，互相攻讦都是常有的事，更不用说全力支援了。但是在华为，这种情况是极少出现的。就算有一部分极其个人主义的员工，那也早已融入了华为，要么气场不和而离开了华为。其实这和企业文化有关，华为的文化就是团结和凝聚力，就是集体英雄主义精神，这种精神体现在华为人的方方面面。

日本“3·11大地震”后，华为东京项目部员工的心态出现起伏，各种消息铺天盖地，国内亲友心急如焚。为了让东京项目部的员工安心工作，华为各级各部门迅速行动起来，以不同的方式为东京项目部出谋划策。

地震发生以后不久，研究所和产品线主管第一时间给身在东京现场的员工打电话、发短信；无线产品线主管应为民是核物理专业出身，亲自写了份分析报告预估福岛核电站的风险，发给东京项目部的员工；成研所原所长张伟为东京项目部员工讲述汶川地震时如何解决保障业务和保证安全之间的矛盾；无线成研分部部长张相军每天都给东京方面打电话询问情况；PSST部长李山林迅速组织日本抢通测试研发保障组，从人员管理、信息沟通到物资准备等各个方面，进行统一管理；华为日本代表处领导多次到员工宿舍座谈，请员工吃饭；华为总部高层领导也飞赴东京，慰问东京项目部员工。

在华为，许多优秀的人才可谓如鱼得水，能充分发挥自己的能力。但是这些优秀的人才离开华为之后，大多都没有取得在华为时那样的成功。原因自然各式各样，境况种种样样。不过其中有一个很大的共性就是，他们虽然能力素质都很突出，也在华为得到过证明，但是离开了华为的平台，他们在各行各业似乎都陷入了某种单打独斗的困境。做决策也好，遇到困难也好，都缺少某种程度上的支援。

前华为荣耀总裁刘江峰就是一例。离开华为之后，他先是创办了生鲜电商“多点”，但“多点”复杂的股权结构让刘江峰交出了公司的实际控制权。很快他又加入乐视手机，但乐视的“大跃进”再次让他的谋划搁浅，随着新乐视重新洗牌，刘江峰无奈地选择离开。在一些人看来，刘江峰之所以选择离开华为，就是为了证明离开华为的平台，他也能取得成功。但事实却好像是相反的，他在乐视手机时曾喊出“改变世界”的口号，也遭到老同事余承东调侃：“改变世界之前，先改变自己。”

5. 呼唤炮火，饱和攻击

如何协调后方机关和前方一线的关系一直是许多企业困惑的问题，华为选择的方式是一线指挥后方。因为在华为看来，后方机关远离市场，很难准确把握市场的动向。如果让后方机关来指挥一线“作战”，那么很大可能是脱离实际的，是背离市场和客户需求的。因此，在前后端协同上，华为让后方变成一个平台，随时为一线作战提供服务和支撑，而不是让后方“牵一根线”指挥一线。

5.1 抓准机会点，全力投入

在如今的市场条件下，机会点留给企业去抓住的时间将越来越少。如果说过去的机会点像绿皮火车那样，停靠在站点的时间有5分钟、10分钟，甚至20分钟，如今的机会点就像高铁，停靠在站点的时候只有2分钟，而未来呢？机会点可能像地铁一样，停靠站点的时间连一分钟都没有。

机会只会留给有准备的人。因此，身处一线的销售团队要有高度敏锐的洞察力，深刻理解用户的需求，当市场上出现了机会点，就要紧紧抓稳、抓准，并且全力投入团队的资源，甚至整个公司的资源。

中国手机市场无疑已经是一片“红海”，智能手机市场基本形成了华为、OPPO、vivo、小米四家瓜分天下的格局。尽管如此，也有部分小众的手机厂商活得比较滋润。这其中，一加手机便是典型代表。

作为 2013 年才成立的手机公司，面对如此残酷的市场竞争，一加要如何才能在一众大厂商的“围剿”之下生存下来呢？一加公司仔细分析了当时的市场行情，他们认为，安卓系统的开放性既是优点也是缺点，由于它的开放性，导致许多 APP 都附加了许多不必要的功能，严重拖累了手机的运行速度，这也让许多用户苦不堪言，甚至有消费者直言：“安卓手机的寿命只有半年。”此言虽然略显夸张，但也反映出当时安卓手机普遍存在的问题。

和其他手机厂商一味地加功能不同，一加反其道而行之，顺应用户的需求，推出了功能精简的“原生态”手机。并且，一加坚持“精品战略”，公司所有的资源都力推一款手机。一加手机这些特点，再加上出色的硬件配置和亮丽的外形，让它赢得了许多消费者的青睐。

近年来，华为也在抓机会上大力投入。任正非在内部讲话中指出："云计算、云服务、大数据、人工智能等行业都出现了战略机会，这是我们的重大机会窗，我们要敢于在这个战略机会窗开启的时期，聚集力量，抓住机会，把我们的管道平台做大、做强。"

企业业务是一块极为广阔的市场，但要不要做企业业务，在华为内部也存在争论。一方面，企业业务与华为的运营商业务存在许多共性，从长远来看，运营商业务只是企业业务的一个部分。另一方面，企业业务确实是华为不太熟悉的领域，因为运营商业务是华为直接和客户打交道，而企业业务却主要是通过代理商渠道，把产品和服务卖给企业客户，并且企业业务涉及的行业广、门类杂，做起来颇为不易。

但华为最终还是决定进入企业业务市场，因为在任正非看来，运营商业务已经能看见天花板了，华为要继续发展就得借助于企业业务的能量。

华为的风格就是要么不做，要做就是大投入，大手笔。企业业务在几年时间里人数迅速膨胀到八九万人，比运营商业务的人数还多。在华为内部也有人质疑企业业务是不是跑得太快了，是不是应该慢点走。即使企业业务在初期也亏损了不少，不过华为还是认准方向，坚持投入。

可以说，华为的企业业务是在争议中一路发展壮大的，经历了初期的艰辛与磨难，如今可谓是苦尽甘来。华为企业业务CTO梁永健曾说："在华为最大的成就就是让大家认识到华为是可以做企业业务的，也是应该做的。"

5.2 遇到困难，主动向平台求助

任正非说："我们公司现在的'铁三角'，就是通过公司后方机关的平台，及时准确、有效地完成一系列调节，调动了资源和力量，为一线输送'弹药'和'炮弹'。今天我们的销售、交付、服务、财务都是通过远程支援的。前线'铁三角'，从概算、投标到交付、财务，不是孤立一人在作战，而是后方数百人在网络平台上给予支持。这就是新时代'班长的战争'，要打好这场'班长的战争'，要同时调动前线和后方一起出动，形成合力。"

这就是说，要实现前后方协同作战，必须要从两方面解决，前方要准确清晰地提出并输入需求，后方要能清楚准确地理解前方的需求，按需求提供支持。只要前方的需求没有发生变动，所有的协调工作，应由后方平台之间自行协调完成，而且必须在前方需求的时限内完成。前方的需求变化了，要及时准确提供给后方。

显然，在前后端协同方面，销售团队也是前端，应该是主动的一方，遇到问题或者困难时，要准确及时向后方提出需求，后方才能因时而动。任正非反复要求一线决策者要强化综合作战能力，学会使用后方支援平台的力量，这样才能有效地“打击目标”。

2016年，华为某客户决心在子网进行固网现代化改造，该项目投资大、周期长、土建服务占比高，一般的运营商会采用销售融资的方式建网，华为与客户进行初步接触之后，客户的项目却迟迟没有推进计划。原来，该客户不愿意做融资项目。为了坚定客户推进项目的决心，A系统部的网络销售解决方案部决定向地区部求助，地区部派资深财务李雪文前去支援。

项目部和李雪文讨论投资测算之后，对客户的财报进行了分析，发现客户担心如此重大的投资会让其运营压力过大。于是他们决定找到一种商业模式解决客户的问题，让客户实现轻资产运作。但国际会计准则租赁核算方案的变更，让轻资产运作模式变得非常困难。他们把所有能找的商业模式和融资材料都找了一遍，最终经过探讨，他们认为，多个运营商共用一个基础网络，让第三方承接重资产是个不错的办法，这样的话，客户基础网络建设的投资成本压力就大大降低了。这个方案得到了地区部的认可，客户方也同意在部分区域采用这一方案进行试验，项目的进展总算有了眉目。

为了更好地发挥后方平台的支撑作用，近年来，华为在数字化交付平台、工具上进行了大量的尝试，ISDP、SmartQC（质量工具）、GENEX & GNEEC（网规网优平台）、ISUP（ICT服务统一平台）、OWS（运维使能平台）等平台工具纷纷引入，为工程交付、维护、项目经营提供支撑。与此同时，华为还建设了四个全球远程交付中心GSC。这些动作，无不展示出华为打通前后端，让前后方协同作战，实现高效作战的决心。

在任正非看来，企业之间未来的竞争就是平台竞争。但华为目前在研发上对平台的投入还不够，因为战略视野上还不够开阔，不知道往哪里投钱。因此，为了构建未来的竞争力，抓住机会点，华为必须加大对平台的投入。任正非说：“未来要把深圳建成一个平台研发机构，而把一些产品研发机构迁到研究所去。我们一定要在平台建设上有更多的前瞻性，以构筑长期的胜利。”

5.3 实施饱和攻击，实现目标

“饱和攻击”是原苏联海军总司令戈尔什科夫元帅提出的一种军事战术，针对美国海军航母战斗群，他提出使用战斗机、舰艇、潜艇等多种军事设备从空中到水下多个层次、多个维度对同一目标进行高密度的连续打击，使其超出美军航母战斗群的抗打击能力，进而摧毁目标。

任正非将“饱和攻击”用于形容华为的战术，实际上主要有两层意思。一个就是针对战略目标，华为要聚焦目标，实施饱和攻击，高密度、大投入，实现定向突破。例如华为在研发3G设备时，就调集了数个研究所上千名研发人员集中攻关。另外一个就是在具体项目上，要敢于投入人力物力，完成客户的需求，达成目标。也就是说，一个是针对大的战略方向，一个是针对具体目标。

2012 年，华为在香港的合作伙伴和记希望能在最短时间内完成 LTE1800M 网络的部署，也就是通常所说的“4G”网络。因为当年 9 月发售的 iPhone 5 手机仅支持 LTE 网络，而和记在香港拥有最多的 iPhone 合约用户。

和记提出要在 10 月交付 1 000 个站点，而华为在香港最高的交付记录只有 200 个站点一个月，这对华为一线项目组无疑是一个极大的考验。为了完成客户的预期目标，华为从全球各地紧急调来 20多个一线工程师和项目经理来支撑该项目，有来自罗马尼亚的，有来自马来西亚的，还有来自印度的。

时间紧，任务重，一线项目组按照 8 小时“三班倒”的方式排班，24 小时无缝运作对接。另外，代表处、地区部和机关积极大力地配合项目组的工作，使项目组的后勤得到充分的保障。整个交付过程，项目组忙而不乱，最后成功地达成了客户的预期目标。

华为内部有一句口号——“一切为了前线、一切为了业务服务、一切为了胜利”，这多少也可以反映出华为在实施饱和攻击时的决心和毅力。当然，尽管“饱和攻击”是一种极为有效的战术，但客观来说，部分企业要学习华为这种“饱和攻击”战术，实施起来并不容易，它要求企业内部协同机制完备，并且能够有效指挥。因此，销售团队必须具备这样的协同和指挥能力，像“龙头”一样指挥“龙身”舞动。

6. 有序维护客户关系

维护客户关系是一个持续而长久的过程。在任正非看来，客户购买设备时首先是选择合作伙伴，而不是设备，因为一旦双方合作，就要在很长时间内共同为消费者提供服务。因此，客户选择的合作伙伴不但要有领先的技术水平，高度稳定可靠的产品，能快速响应其发展需求，而且还要服务好，和客户保持持久良好的关系。因此，他认为客户关系要像运营公司那样去“运营”。

6.1 主动补位，做好客户关系维护

一个高效的销售团队，既要有着严密稳定的秩序，保证团队工作有条不紊地进行，也要具备一定的灵活性，能够及时应对特殊情况。在维护客户关系方面，销售团队成员的补位意识相当重要。

虽然对于每一个客户，团队内部一般都有指定的对接销售人员，但并不是所有时候对接人员都能及时对接客户，可能由于出差、开会、访问其他客户等导致对接销售人员不在现场。此时，就需要其他销售人员站出来，主动补位，做好客户关系的维护。

刘影是华为客户经理，有一年，地区部年中会议在她所在的哈萨克斯坦代表处召开。当时，哈萨克斯坦代表处不到30人，而时任代表因意外事故住进了医院，新的代表又没来，铺天盖地的事情需要处理。尽管刘影当时来到代表处才不到半年时间，但强大的责任心让她站了出来。

她忙前忙后，去医院照顾住院的代表，协助处理本地员工离职的问题，准备地区部的接待工作，以及维护好客户关系。她把这些事情处理得井井有条，直到新代表上任，她才松了一口气。

此后在哈萨克斯坦担任客户经理的几年时间里，她总是及时主动地站出来，协助代表处处理各项事务，当然最多的还是客户关系维护，因为她最得客户的信赖。

应该说，任正非提出的用运营公司的方式去“运营”客户关系是相当有道理的。就某种程度上而言，客户关系实际上是一项极其宝贵的资源。但是，有些人有些企业就认识不到这一点。因此，作为销售人员不能有吃亏的想法，认为这不是自己的责任，而是要往更积极的方面想，虽然某客户暂时不能为你带

来什么利益，但是维护好客户关系，也许就在某个场合某个时机，该客户就发挥了价值。

6.2 老带新，做好客户关系转移

华为非常强调以老带新，在维护客户关系上也不例外，即华为的“导师制”。而在有些企业，在人员变动之后，直接把客户关系的维护交接一下就完成了，中间没有过渡，这实际上是很不利于客户关系的延续和稳定的。

每一个人都会习惯性地信赖熟悉的人，而对新面孔保持一定的距离。这种信任感是依靠长期的默契培养出来的，不是见上几面就能建立起来的。所以说，在客户关系转移时，这中间的铺垫是相当重要的。

华为老带新的过程就是中间铺垫的过程，即在客户关系转移之前，接手的人已经开始接触并联络客户了。等到正式转移，就不会给客户一种突兀感，反而可能会觉得这是自然而然的结果。

焦健 2013 年底从产品经理转入客户线，任客户经理。工作初期，几十个项目先后密集发标，集中统一谈判，加上采购工作需要很强的敏感性，客户普遍对供应商保持安全距离，这让焦健无所适从。在最开始的两个月，焦健每天都在思考如何多跟客户待上几分钟。

华为安排王庆作为焦健的“客户线导师”，带领他一同拓展难点客户关系。担任导师后，王庆积极指导焦健如何拓展采购部客户关系，帮助焦健详细分析客户的情况，比如个性、家庭背景、业务诉求等，并且一起制订了一个月的突破计划，把目标分解成多个阶段性的小目标：能见面打上招呼、能进办公室、能进办公室坐下谈几分钟、能进办公室谈业务等，步步为营。

经过王庆的一番辅导，焦健建立起了自信，也一步一步摸准了客户的需求，获得了客户的认可，圆满达成了系统部给他定的战略目标，更成为客户线 2014 年的金牌员工。

焦健说：“从产品经理到客户经理转身，这中间也遇到了很多困难。但是很幸运，有一位好导师和好兄长与我一起并肩战斗，让我成功完成了转变，现在也更加热爱这份工作，还获得了一些成就感。”

一位担任过导师的华为员工说：“其实客户经理都是一步步成长起来的，

每个人都有自己的特点，要发挥自己的特点并不容易。刚做客户经理的时候都不知道怎么维护客户关系，完全摸不到门路。但通过这种以老带新的方式，大大缩短了新人成长的过程。看见新人，就感觉看到了当年的自己，我就觉得有责任帮助他们，让他们少走些我当年走过的弯路。担任导师的过程，也让我不断去完善自己，只有自己不断进步，才有底气去辅导他们进步。”

借助于“导师制”，让“老狼”带“新狼”，华为不仅可以顺利地完成客户关系的转移，延续和维持与客户的稳定良好关系，在这过程中，也培养了一大批后备人才，为后续的发展打下了坚实的基础。

6.3 查漏补缺，持续经营客户关系

毫无疑问，只有持续与客户保持良好关系才能给企业创造价值。如今，就算是消费品领域，也不是一锤子买卖，而是一个持续互动的过程。在产品运营领域，有一个“用户留存率”的概念，即用户在首次使用某产品后，再次使用该产品的概率。很多企业，尤其是互联网企业非常重视“用户留存率”，就是为了持续不断地让用户使用他们的产品，这实际上就是持续经营客户关系的体现。

华为轮值CEO胡厚崑在华为2018年新年献词提道：“2017年，华为与荣耀双品牌并驾齐驱，用户忠诚度不断提升。”这同样体现了华为重视持续经营客户关系的理念。

许多企业都建立了用户社群，以更亲民的方式及时地和消费者互动。华为也不例外，为华为手机的用户建立了“花粉俱乐部”（华为手机的用户和粉丝一般称为“花粉”）网站。

在“花粉俱乐部”的网站上，有各种各样华为手机的相关信息，消费者不仅能及时地了解到华为产品的最新信息，也可以和其他消费者一起讨论。比如说喜欢拍照的应该买哪一款手机，哪个价位的手机适合大学生等。

当然，“花粉俱乐部”最重要的功能还是华为官方与消费者的互动，比如举办各种活动。消费者可以说出自己在使用华为手机过程中的想法，以及遇到的问题，而华为可以及时地将消费者的意见反馈给研发团队，使他们进行改进。华为手机的高层有时也会在“花粉俱乐部”出现，近距离和消费者进行交流。

所以，持续经营客户关系可以借助于多种渠道、多种方式进行，不必过于

局限某一种形式。比如小米公司每年年初都会给“米粉”邮寄明信片，小米董事长雷军还会亲自在一些明信片上签名，这样就拉近了与消费者的距离。

不过在漫长的过程中，由于情况多变，与客户的关系也会出现一些波动，有些是双方合作不太愉快，有些是还没有成功建立合作关系。不论情况如何变化，根本的解决办法还是要持续维护客户关系。

由于种种原因，华为与卡塔尔某客户关系降至冰点。2010 年，客户更换了 CEO，华为决定再次拓展与该客户的关系。褚刚作为客户经理第一次去拜访客户时，客户惊讶地说：“没想到你们在卡塔尔还有办公室呢。”第一次见面就如此尴尬，这也让第一次做客户经理的褚刚压力很大。

之后，他一有机会就去联系客户。有一次，客户的数据卡库存不足，而友商需要两个月才能供货，客户便想到了华为。华为紧急行动起来，尽管数量不大，但华为还是看到了突破口。华为从沙特调来一批货，解决了客户的问题。

褚刚又通过 workshop 与一位负责固网的客户建立了联系。2012 年，客户要新建一条国际通道至阿联酋，借助于固网客户的关系，客户答应给华为一次机会。褚刚利用机会，很好地向客户解释了华为的解决方案。后来，华为成功中标该项目，也终于打开了卡塔尔的市场。

精诚所至，金石为开，华为便是以这种诚意和毅力，打动了许多本来不了解华为的客户，进而建立起合作关系。此外，销售团队要时常对客户关系进行分析，看看在哪些方面存在疏漏，存在哪些不足，针对性地进行改进，切实稳定客户关系，并谋求进一步合作的可能性。

第6章 预防和化解冲突

『妥协』是一种非常务实、通权达变的丛林智慧，凡是人性丛林里的智者，都懂得恰当时机接受别人妥协，或向别人提出妥协，毕竟人要生存，靠的是理性，而不是意气。『妥协』是双方或多方在某种条件下达成的共识，在解决问题上，它可能不是最好的方法，但在没有更好的方法出现之前，它就是最好的方法。

——任正非

1. 发挥管理者影响力

在团队中，管理者通常拥有最大的影响力。任正非将其称之为“粘合剂”，在他看来，管理者就是要发挥“粘合”的作用，将所有人“粘合”在一起，将团队导向正确的方向。

1.1 帮助新成员融入团队

当一个人来到全新的地方，加入全新的团队，一般都会存在一个适应期。适应期通常视乎个人性格而定，有些人能够很迅速地和新团队的同事打成一片，无缝融入，而有些人性格比较内向，面对陌生的环境不知道该与谁交流，因此就需要较长的时间才能融入团队。

另外，这个适应期跟不同企业的文化也有很大的关系。像华为这样拥有独特文化的企业，新成员的适应期就会比较长。过去有不少从其他企业来到华为的人都会明显地感觉到不适应。因此，华为的管理者会积极与新成员展开对话，消除他们的不适应感，帮助他们融入团队。

Cindy 是通过社招进入华为的女员工，之前在外企有着比较丰富的工作经验。Cindy做事认真负责，英语出众，能力素质也不错。但她习惯了外企平等相处的环境，并不认可中国企业里的等级文化，这也多少让她显得和团队其他人格格不入。

Cindy 的主管吕晓峰当时从海外刚回国不久，部门员工和他都不太熟，一般都叫他吕总。Cindy 虽然也跟着这么叫，但吕晓峰感觉她说起来总是很别扭。了解到Cindy 之前一直待在外企之后，吕晓峰给部门员工发了邮件：“我们的部门不大，都是一起工作的同事，都是华为大家庭的一分子，不要太见外，就不要‘老总’‘老总’地叫来叫去了。大家叫我晓峰也可以，叫老吕也可以，总之不要叫吕总。”

不仅如此，吕晓峰还不时和 Cindy 谈话，以平等的态度和她交流，帮助她开展工作，让她做一些客户交流、项目支持之类的工作，以弥补她市场工作经验不足的弱点。吕晓峰的努力也让Cindy慢慢接受了华为的管理和工作氛围，工作态度也更加积极了。Cindy后来主动要求下派，到条件艰苦的东南非地区部去。在那里，她跑遍了地区部中所有的艰苦国家，并成为地区部总工办的骨干员工。

除了积极交流，还可以通过多种方式帮助新成员融入团队，例如团队内部的聚餐，互动游戏和活动，户外拓展训练等，尽量以相对轻松的方式拉近新成员与老成员之间的距离。

华为内部还有不少兴趣小组，华为主管会鼓励新成员积极参加自己感兴趣的小组。另外，华为设立“导师制”，其中一个很重要的作用就是帮助新员工度过适应期，以更快地融入华为，与其他人产生化学反应。

1.2 对待员工要有宽容之心

在日常管理中，管理者主要是与人打交道，这中间大部分都是团队成员。在任正非看来，一个团队中每个人都是不一样的。教育背景、成长经历、性格品性、能力特长等都会存在差异，这种差异是客观存在的。而管理者的职责就是将这些在方方面面存在差异的成员粘合在一起，朝着共同的目标前进，这就需要管理者有宽容之心。任正非说：“所谓宽容，本质就是容忍人与人之间的差异。宽容是一种美德。”

任正非的“灰度”管理哲学体现的就是宽容的思想。因为很多事情都不是非黑即白的，而是要在这中间寻找一个平衡点，这就是管理上的“灰度”。

因此，任正非要求华为各级干部在日常工作中要常备宽容之心。宽容并非一种软弱，相反，宽容是有目的有计划的退让。只有宽容，才能团结一切可以团结的力量。

为了打开卡塔尔市场，华为客户经理吴刚走马上任，来到卡塔尔，他开始每天和客户“泡”在一起增进感情，找机会拿一些新产品给客户测试，希望客户哪天能给一个机会。他还和客户的前台工作人员成了好朋友，通过他认识了负责V网络的几个客户，在领导和同事的帮助下，成功邀请到客户举办一场workshop。吴刚认为这是一个极好的机会，不断给客户发邮件约会议，然而事与愿违，其中一个客户投诉到客户CTO，说吴刚影响了他们工作，客户CTO又发邮件给华为代表处管理层说明了这一情况。但是，领导没有责怪吴刚，只是让他注重方式方法。后来吴刚找准了方向，吃准了客户的需求，终于打开了卡塔尔市场。吴刚感慨说，很庆幸在这种“创业期”有一个能容忍自己错误的领导，回想起来，如果领导直接批评他，说不定他就不会继续在卡塔尔打拼，为争取每一个客户而努力了，华为的产品也不会大规模进入卡塔尔。

对一个企业或团队来说，面对残酷的市场竞争，要继续往前发展，就必须开拓新的市场，推出新的产品，要不断创新，向未知领域摸索。但是，创新也好，开拓新市场也好，在这过程中，难免会遇到挫折，遭遇失败，或者犯下错误。

任正非指出，无论是研发还是市场，不能以一时的成败论英雄。犯错不算什么，没有人能不犯错误，没有人是一贯正确的，有错误的人经过改正，以后还是公司的骨干。因此，在内部建立一个允许犯错、容忍失败的空间非常重要。

1.3 根据员工特性，发挥情境领导力

尽管团队成员的特点各式各样，之间的差异看似很大，但还是存在许多共性可以归类的。一般而言，在实际管理中，可以按照成员的能力和工作的意愿，大致将成员分为四种类别——高意愿，强能力；高意愿，弱能力；低意愿，强能力；低意愿，弱能力。如图6.1所示：

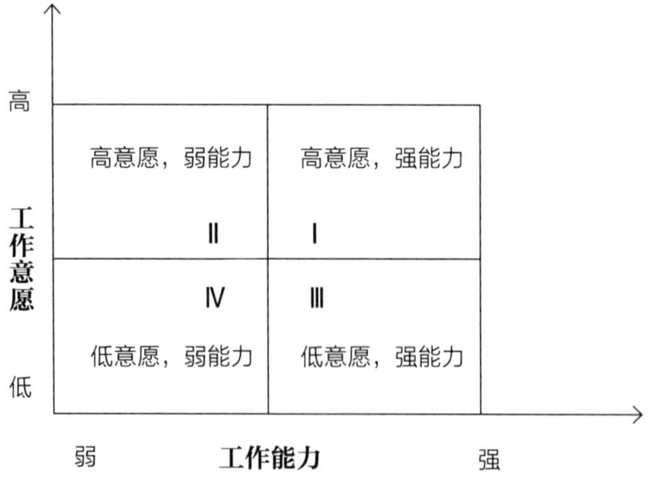

图6.1 四种类型成员

针对类型不同的成员，管理者可以进行分类管理。第一象限的成员既有着明确的目标和动力，能力也相当不错，经验也丰富。在实际工作中，他们往往是业务骨干。管理者无须对他们进行过多的关注，工作便能顺利开展。不过此类成员往往对自己和别人都要求比较高，可能会因为工作或任务上的分歧，与别的成员发生冲突。因此，对此类成员，管理者平时要加强交流，增进信任。出现冲突时，要及时安抚他们的情绪，并给予理解，使他们将注意力转移到工作上去。

第二象限的成员虽然有很强的动力和明确的目标，但能力上有所欠缺。这类成员要么是刚刚踏入社会的大学毕业生，缺乏必要的能力和经验，要么是年纪较大的老成员，知识结构相对老化，对新技能新知识接受比较慢。在日常管理中，对于这类成员要给予重点关注，一方面要敦促他们加强学习，提高业务能力；另一方面也要给他们机会，通过手把手指导、技能培训等方式，帮助他们成长。

第三象限的成员能力虽然比较强，但对工作不够投入。管理者需要了解他们工作不够投入的原因是什么。是激励方式不够科学还是团队给他定的目标过低？抑或是对公司或团队有意见？找到原因之后，对症下药，激发他们的工作动力。

第四象限的成员既缺乏能力也没有工作意愿，在任何团队中都是不受欢迎的存在，他们的存在也是对团队氛围极大的危害。当然，管理者还是要给他们一些机会，看看能不能培养起来。如果实在无法培养，那么最好替换他们。

华为高管邹勇曾在华为大学的高级管理研讨班上分享他的管理之道。邹勇说，其实每个员工都有自己的特点，管理者要学会根据员工的个性和特点进行引导和管理。而这一点，是他从他的主管那里学到的。

员工小川性格敏感，情绪易波动，被认为合作意识较差。邹勇了解到这一情况后，与小川深入交流一番，发现他技术基础扎实，善于钻研，又是某著名大学硕士生，因此，邹勇将某产品的开发任务全权交给了他，当然也定了要求。得到信任的小川很快被激发了工作的动力，后来由他主导开发的产品运行稳定，得到了许多好评。

员工小虎是软件组项目负责人，许多人认为他小聪明多，讲哥们义气。后来邹勇对他渐渐熟悉，发现他并非拉帮结派，而是很有责任心，积极地维护团队关系。因此，邹勇把中国区维护团队的任务交给了他。小虎不负众望，参加了一系列项目交付，并获得公司个人金牌奖。

因此，要发挥管理者的影响力和领导力，就必须能够使用各种类型各种特点的员工。尤其是在某些方面能力比较突出的员工，更要发现他们的潜力，给他们施展才华、创造价值的舞台，当然也要让他们担负责任。

2. 协调成员之间的冲突

在一个团队中，有时候成员之间发生冲突也在所难免，毕竟人人都有自己的立场和看法。作为管理者，应该运用管理者的影响力和技巧，巧妙地化解矛盾，解决成员之间的冲突。

2.1 控制局面，避免事态扩大

团队成员间的冲突往往发生在项目或任务最关键的时候，因为只有在最关键的问题上，双方的矛盾才可能激发到最大，并且各自坚持自己的立场，互不相让。严重时，可能还会超出问题本身的范围，上升到个人之间的矛盾。这当然是管理者要竭力避免的。

当冲突发生时，管理者应该第一时间把局面控制住，不能让事态继续扩大。并且，要让团队里所有人意识到，对于问题可以有不同的看法、不同的意见，但要对事不对人，不能“越界”，更不能上升到个人之间的矛盾。

2008年，华为产品线响应客户的需求，决定开发统一网管解决方案，来协助客户优化管理。在项目开发初期的碰头会上，讨论却陷入了僵局。传送网管的技术专家坚持按“设备”管理方案；接入网管的专家坚持按“特性”管理方案……各方人员就方案的优劣性展开了激烈的辩论，结果谁也不肯退让，都坚持自己的方案，前前后后讨论了十几轮，问题始终未能得到解决，项目也无法继续推进。

这时，一位主管及时地站了出来：“在座的各位都是各自领域的专家，但我们是一个跨领域的合作项目，不能只看到自己方案的优点，要看到别人的方案真正出色的地方。如果每个人都不妥协，只坚持自己的意见，那我们怎能发挥团队的力量，解决客户的问题呢？”主管的话顿时让在场的所有人茅塞顿开，于是，大家开始心平气和地交流，各取所长，最终融合了原有设计，解决了架构难题。

当冲突发生时，团队管理者应该当一个“灭火员”，首先要把“火”扑灭了，再考虑下一步的事情。也就是说，要快速控制住局面，避免事态进一步扩大，让团队的状态恢复正常。

有不少企业或团队会设置激烈的内部竞争，以此来推动团队效率的提升。但这种激烈的内部竞争也很容易过犹不及，尤其当资源有限的情况下，内部竞争就容易走极端，这时候，竞争就激化成了冲突。管理者一定要密切关注内部的情况，警惕恶性竞争，当成员因竞争发生冲突时，要及时化解，将员工的重心转移到工作目标上来。实际上，在华为早期，就遭遇过因竞争而导致团队内部冲突并且没有及时化解的教训。

1996年，华为一个部门组长在培训课上，听到培训师说起“鲶鱼效应”，很受启发，决定在他的组内试用这一理论。他联系华为的人事部门，一次性从外部招了9位新员工，加入原本12人的团队。他的本意是刺激员工的积极性，但人数急剧膨胀的团队让老员工误以为组长这是要“以新换旧”，将他们清洗淘汰掉。于是他们联合起来，组成了一个“攻守联盟”，使用各种手段打压、排挤新人。该部门组长并没有及时地意识到问题的严重性，以为这是正常的内部竞争。

结果，新员工不堪重负，终于全部被挤了出去。而老组员们将精力都花在排挤新员工和内部斗争上，却忽视了开拓新市场和维护老客户的关系，该小组业绩一落千丈，年度业绩考核倒数第一，直接被上级解散，领导不力的部门组长和12个老员工全部受到了公司处罚。

事后，任正非严肃批评道：“华为固然提倡狼性精神，但狼性精神是一种团队合作的精神，是不折不挠、奋不顾身的冲锋精神。这种精神要发挥到对外捕杀猎物上，而不是用在内部。”所以，一直以来，华为只是提倡适度竞争和“赛马”，就是为了防止由于竞争带来的内部冲突分化瓦解团队合作精神。

2.2 了解事实，寻找最佳解决方案

冲突的类型有很多种，而目标上的冲突是最致命的，对团队的影响最大。因为当团队有一个共同目标时，才能形成同一方向的合力。20世纪60年代，美

国心理学家多拉德和米勒针对目标冲突问题进行了深入研究，并提出了目标冲突理论，他们将目标冲突分为四类：双趋冲突、双避冲突、趋避冲突、双趋避冲突。

双趋冲突即存在两个很有诱惑力的目标，但这两个目标是互斥的。比如说短期利益和长期利益，有的团队成员追求短期利益，有的团队成员看重长期利益。解决的办法是要么选定其中一个目标去实施，要么选择一个折中的方案。

双避冲突即团队必须要在两个都想回避的目标之间选择其中一个。例如当团队年度目标尚未达成，此时要么以成本价出售产品，要么只能完不成年度目标。解决此类冲突的办法是两害相权取其轻。

趋避冲突即团队一方面想要达成某目标，但又想回避该目标。比如某产品市场前景广阔，但该产品初期面临着无法盈利的情况。

双趋避冲突即团队对两个目标都存在矛盾的心理，既想达成，又想回避。比如新产品虽然前景看好，但面临很长的研发周期，而老产品虽然获利情况良好，但已经逐渐跟不上市场的需求。

多拉德和米勒的目标冲突理论无疑启示人们，当团队发生目标冲突时，应该识别目标冲突的类型，然后根据不同的冲突类型拿出相应的解决办法，采取有针对性的措施，统一团队内部的认识和想法，让所有人都朝着同一个目标努力。

当然，除了目标冲突，其他的冲突类型对团队的影响也非同小可。管理者同样要了解具体事实，弄清楚发生冲突的根本原因是什么，冲突点在哪里，然后对症下药，寻找最佳解决办法。

华为海外某研究所的本地主管布鲁斯由于和中方沟通存在一些问题，经常因业务分工和中方部门吵架，一些中方主管反应布鲁斯牢骚太多，脾气暴躁，要求上级撤换布鲁斯。

后来经过调查发现，研究所本地其他团队对布鲁斯的合作性还是认可的，只是和国内对应部门的合作，在业务分工上有一些问题，沟通又不畅，因此显得脾气不好，与国内部门吵架比较多。由于布鲁斯和国内需要配合的地方不多，因此布鲁斯的脾气对周边合作虽然存在一些影响，但是不影响工作。

布鲁斯当时从事的是预研工作，他领导的团队总共只有 6 个人，团队的每一个成员对他都很佩服，在技术水平、管理能力以及处事的公正性等方面，团队成员都一致认可他的能力。华为认为有意见和问题能够向主管提出不是坏事情。由于布鲁斯从事的工作要求主管能够带领团队很专注地聚焦于无线的关键技术研究，他的缺点对工作没有太多影响。最重要的是，布鲁斯带领的团队的绩效非常突出，远远高于其他团队，他带领的团队为公司创造了非常大的价值。基于调查结果和研究，华为决定继续留用布鲁斯，但同时也提醒他注意和中方团队的沟通与交流。

其实很多时候，团队成员之间的冲突都是由于沟通不畅引起的。在解决冲突的方式上，既要实事求是地解决具体问题，更要从源头上减少和预防冲突的发生。因此，打造高效的销售团队，就要营造良好的内部氛围，强化内部沟通机制，做到内部齐心，上下同心。

2.3 公平公正处理，提升团队凝聚力

华为海外本地员工的比例相当之大，再加上项目有时候还从其他国家和地区调来专家，华为的一线团队往往都是“多国部队”。如何将这些“多国部队”协调好，成为一个紧密协作的整体，可以说是华为一线项目负责人在实际管理中非常重要的任务。

由于文化差异、语言障碍，在处理一些事情上，中方员工和本地员工的做法往往不一样，互相都觉得不能理解对方的做法，这样就产生了冲突。

任正非要求华为的干部在处理中方员工和本地员工的冲突矛盾时，决不能“拉偏架”，一味袒护某一方，而是要基于事实，公平公正地处理。因为华为是一家国际化的公司，不因国籍、人种等差异而区别对待。也只有这样，才能使所有华为的员工，包括中方员工、海外员工，都聚集在华为这面旗帜之下，为同一个目标而奋斗。

华为非洲某国代表处一直以来工作效率都比较低下，许多中方员工都抱怨本地员工做事拖拖拉拉，总是不能及时完成任务。

为了解决这一问题，华为业务总裁冯伟雄花了半年时间，深入各项目部，与本地骨干员工进行交流和沟通，发现中方人员极少与本地员工进行交流。因此，本地员工往往得不到信任，无法施展才干，甚至消极怠工。而中方人员又对本地员工抱有偏见，认为他们能力低、态度差。而且，中方人员来到项目组马上就当

了领导，而已经在这里干了三年的本地员工连一官半职都没有。

原来，本地员工并非能力低、态度差，而是中方人员摆架子，不屑于和本地员工沟通，只是一味地发号施令，才使得本地员工存在抵触心理。

发现问题后，华为在管理方式上做出了重大的改变，要求中方管理者和员工摆正态度，以平等的心态与本地员工交流；加强语言学习能力，强化和本地员工的沟通能力；使考核和选拔制度更加透明，让本地员工也能得到机会。

因此，在了解事实的基础上，管理者应当公平公正地处理成员之间的冲突，让双方都服气，使团队重回正轨。换句话说，让冲突“闭环”。

在解决团队成员冲突的时候，管理者也要注意沟通的场合，同时注意使用一些沟通上的技巧。假如某成员做得不对，或者虽然意见不错但使用的方式不对，也尽量不当着所有人的面指出，而是在私下交流时指出他的问题；或者虽然批评了某位成员，事后也尽量安抚他的情绪，让他把注意力放在工作上。总之，让团队成员意识到，事情是可以得到合理解决的。这样一来，团队的凝聚力在无形之中就得到了提升。

3. 处理好与客户间的关系

与客户交流沟通的过程，也并非总是和风细雨的。作为提供产品和服务的一方，客户不满意是非常常见的情况，这时候应该正确对待客户的意见，妥善处理好与客户之间的关系。

3.1 正确对待客户的批评

企业或团队都是在客户的批评中成长起来的，因为不存在十全十美的产品。由于直接面对客户的是销售团队，所以很多时候产品上的问题，客户也不会找研发团队，而是找销售团队。可以说，销售团队在这时候实际上代表的是整个公司。因此，只有虚心接受客户的批评，才能看到自身的不足，才能更好地改进产品和服务。

2015 年，李兴楠担任 V 项目的项目控制经理。该项目初期各方面都让客户不满意，进度、质量、验收、经营等指标都不达标。

一次，李兴楠在高层会议上向客户汇报V项目整体进度。会议开始后，他还没讲解完第一页胶片，客户就发问了，让他解释为什么站点仍未按时实施。由于第一次担任项目经理，他未能很好地向客户解释清楚。客户很快就针对他逻辑上的问题进行反驳，让他一度语塞。接着他讲了一会，客户又对站点获取、铁塔加固等方面的计划提出了质疑，李兴楠的解释让客户更不满意了，客户直接打断了他的话。

在这次汇报上，李兴楠被客户足足打断了四次。但他决心证明自己，赢得客户的信任和尊重。于是，认识到差距和不足的李兴楠开始疯狂“补课”，制定了一系列措施对项目进行改进。

在任正非看来，华为人不能怕批评，有人批评才是好事，尤其是来自客户的批评。他说：“在发展过程中，公司最怕的就是听不到反对的意见，成为一言堂。如果听不到反对意见，都乐观得不得了，那么一旦摔下去就是死亡。”

华为的“以客户为中心”，不仅仅体现在被动地接受客户的批评，还包括不时地主动邀请客户对华为的产品提出意见和看法，让他们帮助华为改善相关产品和服务。这种请客户“挑刺”的举动，不得不说，需要很大的勇气和自我纠错能力。

2013年，华为就曾邀请国外某电信运营商的CEO与华为EMT及相关高层领导进行质量问题的交流，从客户CEO的视角看华为的质量管理。该运营商与华为合作已7年多，购买的华为产品有网络系统设备、智能手机、数据卡等。客户CEO对合作表示基本满意，同时也指出了合作过程中华为设备导致的各种问题。这些问题有的得不到及时回复；有的重复发生；有的也许不是华为设备问题，但与华为设备互联互通，也需要华为考虑。客户CEO表示，任何产品都可能会有质量问题，但如果重视他们的意见，能够很快解决，对他们的影响就会减小。

任正非指出，华为要经得起批评，真正去倾听客户真实的声音，因为有客户愿意直率提出意见是非常难得的，是华为免费的“老师”。为了华为的发展，需要更多的客户来“炮轰华为”。

3.2 对不合理的要求，敢于提出看法

当然，客户的意见和要求不一定就是合理的。尽管企业和客户是合作关系，但也不代表双方的利益是完全一致的、客户所有的要求就一定要满足。对于客户提出的不太合理的要求，还是要坚守自己的原则和立场，坦诚提出自己的看法，通过合理的方式说服对方让步或者撤回要求。实在无法达成合作，也可以寻求另外的解决方案。也就是说，找到平衡点，寻求双方都能接受的方案，让双方合作的利益最大化，通过合理的方式说服对方让步。

2008年，欧洲一家著名电信运营商准备开展网络升级改造工作。经过多次沟通，项目组了解到客户期望构建一个能够支撑语音、内容、广播、视频的综合性开放平台，同时支持宽带、窄带一体化及再次开发。于是，项目组迅速设计和修改方案，并不断进行测试和演练。

但是在竞标现场，客户却提出以J公司平台架构为基础进行开发，以配合他们不断增长的业务需求。但J公司技术尚不成熟，也没有成功案例可循，不仅无法达到客户的要求，还会增加项目成本。项目组直率且专业地向客户指出了这个问题，并且提出了一个既能满足电信级要求，又能满足客户对开放性及二次开发的需求的方案，还不会增加项目成本。客户考虑再三，最终还是采纳了项目组的建议，把项目交给了华为，使自己的产品性能得到了大幅提高。

华为在拓展海外市场时，不同客户的背景千差万别，面对的形势和环境也是复杂多变。有时候因为种种原因，例如当地政局不稳，对方经营业绩比较差等，会遇到无法合作或者合作风险较大的情况，面对这样的客户或合作伙伴，华为也是坦率交流意见，向客户说明无法达成合作的理由，给双方都留有余地。

乌干达当地有一家非常强大的有地方势力背景的公司，一直想和华为合作。在经过一段时间的接触和摸底后，华为发现这家公司背景过于复杂，运营商客户的真实意见无法传达出来。华为如果与这家公司建立合作只能使得局面越来越复杂，并且会影响华为在客户中的形象以及声誉，便屡次拒绝对方的合作要求。

一天，这家公司的CEO找人告诉华为客户经理宋一博，希望他过去“谈一谈”，会谈的地点选在了一个非常偏僻的地方。宋一博犹豫了，心里既有点害怕，也担心如果弄僵同这家公司的关系，华为在当地的业务开展可能就存在许多阻力。

尽管他的同事也劝他最好不要去，但宋一博觉得躲避只能使事态变得更为复杂，只有和他们坦率交流，讲清楚华为的立场，才能解决实质问题。

宋一博决定还是前往会谈地点，和对方谈一谈。到达会谈地点之后，宋一博坐在对方 CEO 面前，有策略地表明华为的立场和原则，开诚布公地告诉对方 CEO 双方无法深入合作的原因。之后，再经过后续几次的洽谈，这家公司也理解了华为的原则和处境，就不再要求和华为合作了。

客观而言，与客户或合作伙伴出现争议乃至冲突也在所难免，而坦率交流，表明立场，才是解决问题的根本途径。任正非提出："面对客户要说真话，我们公司应该有信心讲真话。"这从侧面也反映出华为的底气。也就是说，既要让客户知道华为能提供什么，也要让客户知道华为不能提供什么。这样不仅可以避免客户提出不合理的要求，更是让所有华为人真心实意为客户服务，为客户创造价值。

3.3 树立利人利己的人际观

随着时代的发展，互利共赢这一概念得到越来越多的企业的认同。企业与客户的关系也深化为紧密合作的伙伴关系，因为双方很多时候都处于同一产业圈内，利益可谓休戚相关。

任正非说："如今的时代是开放的时代，我们的内心要开放一些，谦虚一点，看问题再深刻一些。不能小肚鸡肠，否则我们就成了'楚霸王'。在互信互惠的基础上建立持久的伙伴关系，共同进退，实现共赢。"这就要求销售团队要树立起利人利己的人际观，从更高的层面正确认识客户关系。

商业贿赂在许多行业都不少见，甚至在某种程度上是"潜规则"。作为最早开拓中国市场的企业之一，通用电气却坚持不向客户行贿。阿里巴巴前COO关明生在通用电气工作了17年，他讲述了他在通用的一件事。那是20世纪80年代初，通用电气刚进入中国市场，产品是扫描机，当时卖几百万美元一台。有人告诉他，如果不给回扣，产品是卖不出去的，即便是通用电气的产品。关明生却告诉所有的销售人员，见到客户的第一件事就是告诉他们，通用电气不会给回扣。

通用电气为什么坚持不行贿呢？因为在通用看来，不向客户行贿是一个双赢的局面。通用可以获得更高的利润，销售人员也能拿到更多的钱；而客户呢，也可以得到更好的产品和更好的服务。因为通用为客户提供的产品和服务是实实在在的，没有偷工减料的。所以，通用不行贿的准则实际上是一种利人利己的行为。通用电气另一个非常重要的准则是诚信，这也让通用坚持不行贿。

当然，华为的“利人利己的人际观”不仅体现在与客户的商业合作上，还体现在与客户的私人关系上。华为的一线人员总是会寻找机会，与客户成为工作关系之外的朋友。

2007 年，巴基斯坦大选之后陷入严重动乱。一次，华为在南部奎塔的固网交换中心被极端武装的火箭弹击中，全套设备和部分房屋损毁，损失严重。由于设备刚刚安装，尚未验收，客户认为是华为的责任，要求重新装修机房和安装设备，但华为要求客户重新下发 PO。另外，设备的某个值双方的合同中并未明确约定，华为的设备虽然满足国际标准，但客户要求却更严格。奎塔极其干旱，华为尝试了各种特殊手段和工艺，依然无法达到客户要求。

华为和客户多次沟通，客户执行副总裁同意与华为客户经理吴健一起到现场解决这两个遗留问题。在检查一个站点时，一个火箭弹突然在几十米外爆炸。吴健反应迅速，把这位执行副总裁按在地上，躲过一劫。吴健的举动感动了客户的执行副总裁，在这么紧急的关头，竟然还能想到要保护他。对方也意识到，这样的不可抗因素随时随处都可能发生。

当吴健再次讨论那两个遗留问题时，执行副总裁当即承诺：被炸毁的交换中心责任不在华为，他们会重新下发 PO。其他几个地方凡是被烧毁的站点，只要提供照片并拿到本地客户的签字就能重新获得 PO，设备的那个值也按国际标准验收。这次惊险的经历，也让吴健和客户的执行副总裁成了“一个战壕里的兄弟”，后来感情越来越深，很多悬而未决的项目问题也进入“快车道”。

经过数十年的耕耘，华为已经与许多国际知名的企业在诸多领域成为合作伙伴，既有各国的运营商，也有当地的企业，还包括存在竞争的同行。华为正是凭借这种利人利己的人际观，敲开了空白市场的大门，与众多企业达成了良好的合作关系，并通过合作取得共赢，共同分享成功的喜悦。

4. 适应当地社会环境

尽管在经济全球化的今天，世界各国各地的文化、习俗、法律法规等都存在巨大的差异，即便只看国内，三十多个省市以及五十六个民族，这里面的习俗差异也是相当大的。而销售团队往往都是“外来户”，即便可能有不少员工都是本地的，但还是存在很大的差异。为了避免让这种差异引起不必要的冲突，销售团队必须适应当地社会环境的方方面面。

4.1 主动了解和学习不同的社会风俗

要适应当地社会环境的方方面面，就得深入当地，主动了解和学习当地的社会风俗。其实，许多企业在开拓某个全新的市场时，都是先对该地的情况进行摸索，先力图站稳脚跟，再做进一步的打算。因为很多事情都没有先例，必须一步一步摸索，在这个时候，能不能赚到钱都是次要的，能不能在当地“活下来”才是首先需要考虑的。

某中国公司的一位印度负责人说，在印度，注册公司都相当困难。印度没有明确的条文和规定，甚至连主管部门都说不清楚。因此，他在印度找厂房、注册公司就花了半年多的时间。

这样的摸索实际上就是了解和学习当地社会风俗的过程，华为也经历过漫长的摸索和学习的过程。任正非曾说：“我们走出国门的时候，对外面的世界可以说是一无所知，连什么是交付都不懂。但华为人靠着大无畏的精神，一路摸索过来了。”

王鼎2007年来到位于西非的加纳，负责MTN搬迁项目的交付工作，这是华为在加纳的第一个无线项目。来到加纳王鼎才发现，团队只有两个人，包括他自己，项目交付准备和产品线组建几乎都需要从空白开始。当然，对他来说，最大的问题还是文化风俗上的差异。

首先就是语言不通，加纳的官方语言虽然是英语，但当地人还通行几种方言。很多时候，王鼎只能一边比画一边和当地人交流，或者请能说英语的人当翻译。在这过程中，他和本地员工天天住在一起，学习他们的方言，渐渐也能简单地交流了。第二个问题就是饮食习惯，一开始，他只是吃压缩饼干、八宝粥、方便面这些东西。后来他想到，要在这里待上几年，就必须习惯当地的饮食，于是也就慢慢开始尝试当地的棕榈油炒饭。

为了项目的交付准备，他几乎跑遍了加纳主要的城市，对加纳有了更深入的认识，客户及本地员工也和他交上了朋友，这些都为后来的项目交付打下了很好的基础。

尽管社会风俗往往是道德层面上的，不具备法律法规那样的强制性，但是作为以商业利益为重的团队，只有尽可能地了解并遵守当地的风俗，才能立足于此，获得当地人的信任，把产品和服务推介给客户。

2017年，OPPO公司在印度诺伊达的工厂发生了印度本地员工的罢工事件，起因是一个中方员工没尊重印度员工的风俗习惯。这次罢工持续了将近9个小时，甚至惊动了当地的警察，隔壁的另外一家中国公司的工厂干脆宣布放假，以免被罢工波及。

这类事例对许多跨国企业来说并不少见，不仅仅是刚从国门走出去的中国企业，欧美等国经验丰富的知名跨国公司这种情况实际上也屡见不鲜。可以说，社会风俗上的差异是任何企业和团队都绕不开的存在。因此，华为向海外扩张的过程中，尤其重视社会风俗上的差异，每到一处，华为人总是积极主动地了解当地的社会风俗，并适应当地的环境。

4.2 遵守当地的法律法规及风俗

社会风俗的差异让许多跨国公司都推行所谓的“Glocalization”，也就是说，基于当地的具体情况，针对性地推出“本地化”措施，形成“全球化”加“本地化”相融合的模式，理念全球化，行动本地化。具体而言，就是文化、习俗、法律、政策等多方面因素，都要考虑当地的情况。尤其是当地的政策与法律，更是一个企业能不能在那里站稳脚跟、实现长远发展的关键。

自2010年退出中国市场之后，谷歌一直谋求重返中国市场。2017年，国家网信办在谈到谷歌入华问题时说：“我们欢迎谷歌、Facebook这样有实力有作为的企业来中国开展业务，但是在中国开展业务就必须遵守中国的法律法规，接受相关部门的监管。”

华为在南非投标某运营商的固网建设时，在本地员工安排上面临严峻的挑战，HRBP也是换了又换。到胡兰加入该项目时，已经是第三个HRBP了。很快，胡兰就见识到了项目的难题，在投标会议现场，气氛相当紧张凝重，与会者言辞激烈。原来此次投标涉及两千多名员工的转移，转移数量大、时间紧，并且南非劳动法对本地员工保护又极其严格，转移的法律风险很高。

胡兰还没搞清楚具体的情况，招标经理便向她发问："这次转移方案，你们准备什么时候拿出来？"胡兰愣住了，说："我是第一天来参加会议，我也不是很清楚。"投标经理却毫不客气："有你这样的项目 HR 吗？什么都不知道，那你来参加什么会议？"

结束会议后，胡兰开始突击补习相关知识。此次固网投标涉及转移员工两千多人，需要对南非的劳动法、工会、人力成本等方面进行详细风险评估，因此对 HRBP 是相当严峻的考验。

胡兰一边快速学习相关管理服务的知识，一边了解转移的相关背景和南非当地的劳动法，同时还积极向地区部管理服务的 HR 请教相关的专业知识和流程。经过一段时间的梳理，胡兰有了方案思路。一是与工会建立良好的关系，加强沟通，在关键事情上尽量和工会达成一致；二是充分信任，让本地员工管理本地员工，加快转移流程。一系列的措施终于让整个项目开始步入正轨，逐渐熟悉管理服务业务的胡兰也积极发表自己的意见，为项目出谋划策。

作为拥有十几万员工、在全球近一百个国家和地区都拥有分支机构的跨国企业，华为在遵守当地法律法规方面一直走在前头，积极融入当地社会。为了配合华为的国际化战略，华为还专门设立了道德遵从委员会，目的就是引导和规范华为员工在海外地区的行为，使他们在语言、习俗、文化、传统、生活习惯等方面主动适应和融入当地的情况。当然，华为道德遵从委员会现在的职能不再是这方面了。任正非强调："中方员工出国，一定要遵守所在国的法律和道德规则。"

华为向海外扩张的道路无疑是无比艰辛的，这是一条遍布荆棘且无人走过的道路。例如，华为数次想进军美国市场，然而美国政府却以说不清道不明的安全问题一直将华为的产品拒之门外。尽管华为表示愿意配合美国政府的调查，但仍然遭到拒绝。华为过往在海外的经历实际上对许多国内企业都有着积极而有意义的启发。国内企业想要进军海外，一方面要遵守当地的法律法规和文化习俗；另一方面，也要敢于坚持自己的立场，使用法律武器维护自身的利益。

4.3 以平和的心态适应不同的环境

面对完全不一样的环境，不同的语言，不同的文化和习俗，所有熟悉的事情似乎都远在天边，其实，绝大部分人的心理多少都会有所起伏，这也是人之常情。但同时，这也是在考验一个人的适应能力。在任正非看来，越是艰苦的地方，越是能锻炼人的地方，个人成长的速度越快。因此，高效的销售团队必须具备适应不同环境的能力。无论是环境的落差也好，还是文化上的隔阂也好，作为销售人员，都要抱着平衡的心态，去适应当地的环境。

对于42岁的杨文超来说，正当年富力强、经验丰富的时段，在华为也算得上是一名“老将”。然而，当华为调任他去埃及工作时，他发现自己的经验却完全派不上用场，甚至和职场新人无异。

在埃及，他面对的是完全陌生的环境，迥异的异国文化，陌生的流程，一系列挑战和困难向他袭来。像大多数初出国门的华为人一样，他遇到的第一个难关就是语言关。埃及虽然主要使用英语，但却带着浓厚的口音，这让他犯了愁。为了解决语言上的障碍，他逼迫自己多用英语交流，每天都在学习英语，有空就和本地员工聊天。渐渐地，他大概能听懂本地员工的英语了，同时也开始熟悉业务流程。借货、回款、交付、行政、存货周转、人力资源、经营指标等流程，他一个一个去请教相关的员工，终于摸清了门路。

工作步入正轨，他的能力也得到了极大的提升，他带领团队搜集市场信息，制定相应的策略，华为一系列变革，如LTC、合规调查等也顺利落地。经过两年的努力，他的团队业绩结果显著，在地区部排名屡次位居前列。

经过多年实践，华为人深刻地认识到，要持续长久在当地发展下去，要做的不仅仅是被动地适应当地环境那么简单，还要主动地去融入当地环境。尤其是在法律法规方面，每个国家和地区的相关规定可能都不太一样，如果只是被动适应，那么可能会遭遇比较大的风险，比如说小米公司在印度就遭到过禁售。因此，华为提出要主动去遵循和管理，建立系统化的合规管理和监督机制。

事实上，不仅法律法规不规范的国家和地区存在相关规定随意的情况，即便是法律相当健全的欧美地区近年来也动辄以环保标准、专利技术、税务、垄断、倾销等明目处罚相关企业或禁止销售产品。例如苹果公司由于涉嫌在爱尔兰非法避税，从2014年开始被欧盟调查。而谷歌公司在2017年被欧盟认定滥用搜索引擎市场的支配地位，向其他谷歌产品提供非法优势，由此招来了高达24亿欧元的罚款。

任正非说："我们要守法，遵守各国法律、联合国决议，在敏感地区视美国国内法为国际法。"可以说，有效适应当地的环境已经成为一个企业或团队非常重要的竞争力。华为西欧地区部适时提出"在欧洲，为欧洲"的理念，就是要扎根当地，深耕欧洲。

5. 与周边团队和谐相处

作为公司的一部分，销售团队不可能独立完成公司制定的目标，需要周边团队方方面面的支持，比如研发、供应链、行政服务平台、财务服务平台等，有时候也包括其他区域的销售团队。所以，与周边团队和谐相处也是打造高效销售团队中重要的一环。

5.1 利用上级平台与周边有效沟通

"部门墙"在企业内部是很常见的情况，部门和部门之间缺乏交流和沟通，为一两件事互相推诿责任，这在职能部门尤其严重。在华为的发展过程中，也曾遇到过这类问题，"马电事件"便是典型的案例。

2010 年 7 月，华为在马来西亚的 FTTX 项目开始安装测试，在测试中发现 OPM 功能出现了问题。

2010 年 8 月 11 日，华为董事长孙亚芳要求就客户关注的问题进行详细调查，特别是 7 月测试出现的问题，客户希望立即得到华为的答复。

孙亚芳打电话给丁耘和姚福海，让他们查清楚换板问题的来龙去脉。一番沟通后，问题并没有得到解决，丁耘说是发错货了，而姚福海说没有发错货，是需求没有写进去。

晚上，孙亚芳又给几位高管发出短信，包括丁耘、姚福海、徐文伟、王胜利、刘江峰等人，孙亚芳强调，明天上午电话会议客户会问此事，必须给出解决方案。现在说法不一，她需要一个统一的说法。

终于，远在纽约的华为轮值 CEO 徐直军发回信息，他告诉孙亚芳："因为行销人员调离，导致没有衔接好客户需求，造成订单配置错误，所以发出的一种版本不符合客户要求，只能更换，目前正在进行更换。这件事的基本情况就是这样，研发与行销两边都有责任。”问题这才得以解决。

“马电事件”将华为各部门之间权责不清、沟通不畅、互相推诿责任等问题暴露得淋漓尽致，使得上级无法全面了解情况。“马电事件”也给华为管理层敲响了警钟。

为了打破“部门墙”，强化部门之间的沟通，华为对组织结构进行了一系列变革，一个重要的变化就是在一线终端团队建立了GTM（Go To Market)组织。GTM，就是产品如何走向市场，走向客户。华为的GTM概念实际上来自诺基亚。GTM虽然是一线终端团队中的组织，但它更像一个沟通平台，说是大流程中的沟通渠道也未尝不可。在GTM里面，华为还设立了专门的GTM经理。

华为GTM经理的工作内容包括：品牌操盘，拉通各业务领域进行产品上市动作对齐，参与产品从规划到退市的生命周期管理；进行市场动态和竞争分析，提出产品上市、销售问题风险，制定针对性解决方案建议并推动落地；管理产品S&OP和一线销售计划。

由此可见，GTM就是统筹产品上市的一个大的流程。从产品定义到上市，这一系列流程中，GTM起到的就是协调和沟通各部门的作用。在华为看来，一线终端团队最重要的能力是 GTM的能力。

2015年，华为提出，“加强GTM业务变革，提升整体操盘能力”是消费者终端一项重点工作，是实现业务2C转型的重要支撑。任正非强调：“一线终端团队一定要把国家层面的零售、服务、MKT、GTM全面掌控在自己手里，构建起终端销售的核心能力。”

5.2 提高与周边团队协作的能力

任正非要求华为干部一定要多关注周边部门，对上下游要有足够的认识，并且要多和周边部门协作，在部门之间形成合力。只有企业内部形成合力，才能将整体利益最大化。维系好组织关系，加强内部协作，是每一个管理者的责任。

企业部门之间固然应该通力合作，为共同目标而奋斗。但在一些企业，不同部门之间因为种种原因产生了内部矛盾，要么互不交流，各扫门前雪；要么对其他部门出现的问题不闻不问，更有甚者给其他部门设置障碍，这些情况严重损害了企业的竞争力。

微软副总裁迪克·布拉斯离开微软时评论道，比尔·盖茨在不同部门之间营造的激烈、甚至是你死我活的内部竞争已演变得无法控制，大的部门不愿协作新建立的部门，时常提出反对意见，甚至进行不公平竞争，抢夺新部门的资源。如此一来，新部门在微软内部便陷入孤立无援的状态，许多有创意有前景的项目总是发展不起来。即使比尔·盖茨亲自来抓，也难以平衡各部门的利益，协调各部门的资源。

迪克·布拉斯举了一个例子。2001年微软研发平板电脑时，当时负责Office产品的副总裁称他不喜欢这一创意。平板电脑没有实体键盘，只能用虚拟键盘或者手写输入，但他更喜欢实体键盘，因此他认为微软把时间浪费在没有实体键盘的平板电脑上是没有前途的。由于Office部门资历深，在微软内部贡献显著，他拒绝针对平板电脑优化Office软件。这导致如果用户要在电子表格中输入数字，或是在电子邮件中修改单词，用户不得不在一个特定的弹出窗口中进行操作，并将内容粘贴至Office文档。这种做法显然又慢又不方便，甚至显得很笨拙。结果，后来平板电脑市场被苹果抢了先。

不管是微软这样规模庞大的企业，还是刚刚起步的中小型企业，部门之间如果不能紧密协作，各有各的打算，那么任何项目任何商业计划都是空谈。作为销售团队管理者，要耐心去协调、去沟通，提高与周边团队协作的能力。

2013年，胡敏华调到地区部总裁办，负责流程、质量、运营、变革等工作。上任后胡敏华接到的第一个任务，是简化一线交付项目组车辆申请处理流程。但这个车辆申请处理流程却涉及相当多的部门，流程非常烦琐，所以一直没有人去协调改善。胡敏华通过详细调研，多次访谈交付项目组后，有了大致的想法。接着他找到地区部财经、交付、行政等一一协商，希望简化流程。在他的不懈努力下，总算解决了这个影响交付项目进展的问题。改进后，申请车辆不需要再去查阅相关文件要求，只要打开一张申请表模板就可以清晰处理。审批周期从十几天缩短到了几天，最快只需要1天。

企业内部的团队之间紧密协作、步伐一致同样也是“群狼战术”的一种体现，而销售团队往往就是这个“头狼”，因此要发挥领头的作用，高效、敏捷地拿下猎物。

5.3 以公司为重，互惠互助发展

每个企业一般都有一个大的方向和目标，所有团队都应该以公司利益为重，齐心协力，互惠互助，朝着共同的目标努力。但每个团队具体的目标实际上也不是完全一致的，而是存在一定的差异。因此，在企业实际运营过程中，不同部门由于具体目标的不同，对同一个问题的看法也会存在冲突，甚至有时候会导致比较严重的后果。

2018 年初，支付宝公司一如既往地为所有用户推出了“个人年度账单”，根据用户上一年度的消费情况，给出相关数据和年度关键词。然而在这个“账单”的首页，有一行不起眼的小字——“我同意《芝麻服务协议》”，并且默认选择了同意。此举迅速在网上引发了争议，一些法律界人士认为支付宝公司有侵犯消费者选择权的嫌疑。随着事件愈演愈烈，支付宝公司不得不选择向公众道歉，并对“账单”做出修正。

这一事件的背后，实际上是支付宝内部的团队没有协调一致的结果。由于此事涉及金融业务，金融合规部门出于合规的考虑，要求产品团队加上上述那行小字。产品团队考虑到如果要加一行字，并且让用户点击确认，是一件很麻烦的事情，那样会造成许多用户的流失。因此，产品团队就擅作主张，让这一选项变成默认同意。

支付宝的产品团队显然认为，这样既满足了金融合规部门的要求，也不会造成用户的流失，但是他们并没有考虑到这样一个小小的改动给广大用户什么样的感觉，给整个公司会造成什么样的影响。

所以说，团队之间只有通力协作，才能更好地完成各自的目标，让公司整体的利益最大化，实现可持续发展。实际上，这就是华为反复强调的“力出一孔，利出一孔”聚焦战略。

在华为，交付项目组和流程质量部可以算得上是天然的合作伙伴和“同盟”，两者的关系是互惠互助、密不可分的。交付项目组主要的任务是一线交付、进度和质量控制，但是在项目整体运作效率方面就考虑得不多。而流程质量部门则弥补了缺失的这一环，能够帮助项目组建立科学、规范、标准的项目管理体系，使项目负责人更有效地对项目进行管理。

在与客户交流方面，项目组一般就例行问题，比如项目进展、存在的问题等与客户沟通。而流程质量部更多地考虑与客户的流程对接，打通双方的流程。实际上，许多客户都愿意与华为的流程进行对接，这样合作起来就更顺畅了，双方的管理水平也可以得到提高。因此，华为也越来越重视流程质量工程师对于交付项目发挥的作用。

被埃森哲公司评为全球最权威的50位管理学家之一的约翰·奈斯比特指出，企业必须要有一个内部供应链的理念，即对企业内部而言，所有人相互都是客户。而在任正非看来，作为干部，要少一些私心，不仅要多与周边部门协作，还要多肯定周边部门的贡献。肯定他人的贡献其实就等于肯定自己的工作成果，往后再合作起来也更加顺畅。

6. 缓解压力，释放正能量

销售团队往往面临着两方面的压力，一方面是来自公司目标的压力，另一方面是来自客户的种种压力。在日常工作中，压力如果得不到释放，积累到一定程度，就可能会引发冲突。所以，及时缓解团队和成员的压力，既有助于预防和化解冲突，也可以提高团队凝聚力。

6.1 保持积极心态，散发正能量

要疏导成员，缓解团队压力，管理者首先自己得保持积极乐观的心态，看到事情积极的一面，遇到困难不轻言放弃，而是迎难而上，在团队中散发正能量，让成员看到希望。

榜样的力量无疑是巨大的。管理者就应该起到带头的作用，就像军队发起冲锋时的集结号和在前面引领的旗帜，要让所有人看见、听见、感受到，后面的人才有必胜的信念，才会前仆后继地发起冲锋。

华为 2011 年才开始发展企业业务，尽管企业业务与运营商业务存在许多共通

点，但华为仍可谓十足的“门外汉”。虽然企业业务的员工急剧增长，但业绩却丝毫不见起色。

到2012年底，华为企业业务已经走过了一年多的时间，许多经验丰富的华为老员工此时内心也开始动摇，怀疑华为是不是有能力做企业业务。此时，华为西欧地区部的一位主管请企业业务CTO梁永健和员工聊聊天，主要讲一讲“如何在困境中保持信心和激情”。梁永健对主管和员工说：“其实我们已经度过了最苦难的时期。半年前也许我们还处在最困难的阶段，但现在已经不是了。”这番话也让诸多员工半信半疑。梁永健进一步解释说，一年来，他每天都在跑客户，客户的态度已经明显发生变化，所以他才有信心说最黑暗的时间已经过去了。

梁永健总结道：“做企业业务就是这样，开始要慢慢熬，熬得很辛苦，一旦Tipping Point（拐点）来了，客户就都跟上了。”

任正非说：“越是在困难的时候，我们的高级干部就越是要在黑暗中发出生命的微光，鼓舞队伍，树立必胜的信心，带领队伍走向胜利。所有的干部一定要像克劳塞维茨所形容的高级将领那样，在无尽的黑暗中，鼓舞精神，激励斗志。大家鼓舞士气，引吭高歌，最后活下来的可能就是华为。”

2016年，刚果（金）某客户的项目公开招标。项目难度大，客户的需求也在不停地变，然而留给华为交标的时间相当之短，要在两周内交标。但华为的团队却没有在困难面前打退堂鼓，项目团队集中在办公室里，每晚集中突击，反复修改方案，更新标书。项目负责人陈涛本来不抽烟，但看到其他人都抽烟以集中精神，他也接地气地跟着抽几根，并借抽烟的时间，讲述自己成长和奋斗的历程，给大家加油鼓气。陈涛后来回忆说：“那几天实在太辛苦了，大家都是凭借着一股劲在往前走，我虽然是负责人，但更要服务团队，让正能量在团队中传递。只有这样，才能坚持到底。”他们的努力没有白费，之后不久，华为独家中标该客户在刚果（金）的项目。

可以说，华为之所以发展到今天，并成为一个世界级的企业，很重要的原因就是华为的干部总是能在困难和压力之中，保持乐观的态度，以大无畏的精神感染周边的人，顶住压力，进而克服种种困难，最终达成目标。

6.2 主管多关爱成员，做好思想辅导

总的来说，成员遇到困境的情况各有不同，有时候是身处异国他乡，还不适应当地的环境；有时候是绩效结果不佳，低于预期；有时候是工作进展不顺利，客户关系没搞好；有时候是因为刚转换到不熟悉的岗位，存在适应落差；也有可能是刚加入团队，没有可以说话的朋友。

情况各不相同，但是都会影响到团队工作的推进。因此，作为管理者，要及时留意到团队中这些苗头，当成员在工作中遇到困境和压力时，要积极与他交流，给予必要的指导，并做好思想辅导，帮助他树立信心，走出困境。华为的“导师制”在思想辅导、帮助新老员工走出困境这一方面起着不可忽视的作用。

华为海外某代表处产品维护骨干调离岗位，为确保业务平稳，维护部员工李远航接手了这项全新的工作。李远航之前维护某产品已经得心应手，该产品与他之前维护的产品原理相似，过往他的能力也得到主管的肯定，他乐观地以为维护这个产品是一个轻松的活计。然而，由于该业务处于放量发展阶段，大量产品投放市场，不巧的是，产品质量问题接连出现，导致部分区域用户无法上网，业务受损。最严重的一次由于版本bug导致计费话单丢失，最终引发客户运维高层投诉。面对突如其来的问题，作为维护责任人的李远航感到了压力，绩效考核也几次不达标，他甚至动了离职的念头。

导师及时发现了他的异常，便开导他：“犯错的人还可以得到改正的机会，何况错不在你。在新的岗位上遇到困难也是正常的，不要因为挫折就放弃，振作起来，相信自己。”导师还积极联络他的主管，说明李远航遇到的困难，经过和导师以及主管的深入交流，他重新激发出斗志，找手册，学案例，钻协议，终于顶过了难关。

任正非要求华为的干部要跟员工做朋友，并且和员工要有固定时间的沟通。任正非说：“谈上十分钟、十五分钟都是可以的。不要认为时间少就没有作用。在员工眼里，你找他谈心代表你在关注他。而你什么都不跟员工说，员工也就不会理解你。一定要有关爱精神。”

因此，华为通过公司文件规定的方式，让那些冲击项目短期太累的员工，可以到海滨度假修整一下，费用则由公司出，这在维护员工的心理健康、稳定

员工的工作状态等方面发挥了非常积极的作用。任正非说："有的员工奋斗强度太大，太艰苦了，主管看到他脸色不太好了，可以从前线把他拖下来，休养休养，缓冲一下，压力就调整过来了。"

华为一位获得金牌奖的维护部主管曾讲述了他的管理工作经验。维护部员工经常加班，凌晨还在工作。而且凌晨回家，还会影响家人。因此，他很关心维护员工的工作状态，加班太晚，第二天便让他休息。不仅如此，还与员工家属交流，解决他们生活上的困难。员工家庭稳定了，才能保证团队的稳定。

员工自发成立几个兴趣小组，如：棋牌、唱歌、旅游等，他选择让员工自己发展，并补贴一部分经费。有的员工希望了解公司政策，他便跟他们进行坦诚沟通，消除员工的困惑。他也定期参加每个项目组组织的集体活动，这是与员工沟通的好机会，可以深入了解员工的状态，倾听他们的心声。

华为的管理者深知华为员工在华为不只有工作，还有他们的生活、家庭。解决他们的思想问题，关心他们的生活，让他们家庭稳定，才能最大程度激发他们的工作热情，为华为奉献更大的价值。

华为的业务遍及全球，许多在海外工作的员工家庭稳定是个问题，因为分隔两地，甚至称得上在地球的两端。针对这一情况，华为推出了"随军家属"制，也就是说达到一定条件的员工可以申请让自己的妻子到他工作的地方去，"丈夫随军"的情况也有。而且"随军"家属也享受华为提供的必要生活福利，包括医疗费用及保险等。如果家属不随行，华为也为在境外工作满一年的员工的家属提供一年一次的探亲费用。有了亲人的陪伴，华为员工工作中的压力在无形中得到了消解，工作起来也顺心很多。

6.3 团队成员之间多互动，相互温暖

任正非积极鼓励华为的员工之间要多多交流和互动，成为彼此的朋友。遇到压力和苦闷，就可以向朋友倾诉。多一个朋友，就多了一个可以宣泄情感的人。尤其是海外的员工，人生地不熟，更要多交朋友。如果只是一个人，那就太苦闷了，情绪也得不到宣泄。任正非说："你想想，在非洲那么荒凉的地方，大家出去撮一顿，可能就增强了友谊，彼此的压力就分担了。"

由于某团队人手紧缺，常蓉蓉从西安来到深圳支撑某产品的开发。在这个新的团队中，项目进度紧，业务压力大，她每天都忙着上班、加班，过着简单的出差生活。

很快，她来到深圳已经几个月了。这天，到了她的生日，除了例行的行政部门的生日祝福邮件，她原本没有期望更多。加上这天是周六，项目一如既往地需要加班，她本打算早点做完工作就回去。

正当她忙着工作的时候，原部门给她发来了特殊的生日礼物——《祝你生日快乐》的信和DV。意外的惊喜来得如此之快，她原本以为她不在，部门会忘了她的生日，结果没想到还给了她一个大大的惊喜。

原部门所有的人在DV里都为她唱起了生日歌，部门主管更是说，虽然她暂时还在深圳出差，但她原来的工作和努力却不会被忘记。如此温暖的场景，让她感觉到她不是一个人在战斗。

实际上，成员之间多互动，建立积极的关系，就是扩大各自的人脉圈，进而结识更多的人，不仅能提高自身的影响力，也能获得更多潜在的合作伙伴。只有与更多的人交流和碰撞，才能进一步拓展思路，获得新的想法，以及提升技能的掌握程度。美国钢铁公司董事长查尔斯·施瓦布说：“与每个人交朋友，交到朋友后你就会发现身边总是不乏支持。在工作和生活中，积极对待每一个人，你会发现生活充满乐趣，也会看到你的影响力无处不在。”

第7章 风险防范与应对

现在公司骄奢自满的情绪比较重，大家都以为我们是处在行业领先位置。但是用半年时间做了战略沙盘，才发现在全世界市场的重大机会点我们占不到10%。

——任正非

1. 树立危机意识，保持警惕

对于任何仍在经营的企业来说，只要参与市场竞争，那么就有风险存在，不管是系统性风险，还是非系统性风险。美国文豪马克·吐温曾有一句广为流传的名言："10月，是股票投资最危险的月份。其他最危险的月份是7月、1月、9月、4月、11月、5月、3月、6月、12月、8月和2月。"这句话幽默地道出了一个事实——市场上的风险是无所不在的。因此，企业也好，销售团队也好，都要时刻树立危机意识，警惕随时可能出现的风险。

1.1 居安思危，时刻保持清醒

孟子曰："生于忧患，死于安乐。"实际上，对大部分企业而言，最危险的时候往往是它处于比较成功的阶段的时候，因为这时候市场上没什么竞争，或者竞争对手太弱。当一个企业缺少竞争对手，它就很容易自我满足，将自己封闭起来，缺少进取心，就不愿意去创新，待市场环境剧变之后，才发现"船大难掉头"，再去改变已经来不及了，因为市场不等人。

1971 年，王安电脑公司推出了被称为当时世界上最先进的文字处理机——1200 型文字处理机。凭借着这一项技术，王安电脑公司很快成为全球最大的信息产品商，而王安的个人财富一度超过了 20 亿美元。在 1985 年的《福布斯》"美国富豪榜"上，王安高居第 8 名。

然而，好景不长。王安电脑公司长时间在技术方面采取封闭路线，不愿意与别人合作，排斥其他企业，这导致这家原本拥有极为强大的技术研发能力的企业很快走向了衰落。1992 年，王安电脑公司宣布破产保护，公司股票价格也由全盛时期的每股 43 美元暴跌至每股 75 美分。

王安电脑公司的例子不可谓不典型。几十年来，有许多企业崛起而衰落，崛起而衰落，如此循环。能够一直屹立于风口浪尖的企业极少，华为算得上其中之一。

华为可以说是最有危机意识的企业之一。任正非曾在文章中说："十年来我天天思考的都是失败，对成功视而不见，也没有什么荣誉感、自豪感，而是危机感。也许是这样才存活了十年。我们大家要一起来想，怎样才能活下去，也许才能存活得久一些。失败这一天是一定会到来的，大家要准备迎接，这是我从不动摇的看法，这是历史规律。"

华为提出的重视低端产品市场，构筑"马奇诺防线"，守住喜马拉雅"北坡"的理念实际上就是一种危机意识。历史上有许多这样的例子，许多厂商为了赚取更多的利润，通常会把利润率较低的低端产品砍掉，专心只做高端产品。而这给了小厂商可乘之机，小厂商占据了低端产品市场之后，就等于把"山脚"牢牢围住了，接下来自然就会向高端产品市场发起冲击。这时候大厂商就会发现很难对小厂商发起反击，自然而然连高端市场也丢掉了。

因此，华为手机走双品牌路线，两个品牌针对不同的消费人群和市场，形成"双犄角"。而苹果公司同样也有类似的策略，当苹果推出新产品之后，旧产品并不会立即退市，而是降低价格，把触角延伸到更广的市场。此外苹果还推出过iPhone5c、iPhoneSE等相对低端的产品，防止其他企业从低端向高端突围。

显然，时至今日，华为的危机意识依然提醒着所有华为人要时刻保持清醒，不能因为一时的成功而被冲昏了头脑。

1.2 警惕"黑天鹅"事件，不盲目乐观

17世纪以前，欧洲人认为天鹅都是白色的。但后来，人们在澳大利亚发现了黑天鹅,"天鹅都是白色的"这一牢不可破的信念崩溃了。因此，人们用"黑天鹅"事件形容那些不可预测的重大意外事件。

"黑天鹅"事件通常具有以下三个特点：具有很大的意外性，即不可预测；能够产生重大影响；在事件发生后，人们或多或少认为它是可预测的，或者说是有兆头的。在瞬息万变的市场里，"黑天鹅"事件随时都可能出现。

东芝或许是中国人最熟悉的日本品牌之一。在二十世纪八九十年代，许多家

庭都以拥有东芝的家电而自豪。当然，如今的东芝已经退出了家电市场，专注于核电业务和半导体业务。

2006 年，东芝以 54 亿美元价格收购了全球最大的核电服务提供商西屋电气。收购之后，东芝俨然已经成为核电行业的巨头。在当时看来，东芝转型核电的战略是无比明智的。因为石油、煤炭等非可再生资源只会越来越少，而以核电为代表的清洁能源无疑代表着未来的发展趋势。

然而 2011 年，日本发生“3·11 大地震”。之后，作为日本核电象征的福岛核电站出现核泄漏事件，使得全世界对于核电站的安全性产生了极大的怀疑。全球诸多国家包括日本在内，都叫停了核电站建设。

这使得东芝的发展形势急转直下，2015 年和 2016 年，东芝公司都出现巨额亏损。根据东芝的财报披露，2015 财年亏损约 60 亿美元，2016 财年也亏损了 44 亿美元。

显然，从某种程度上而言，东芝的经营状况出现问题一部分要归结于日本的“3·11大地震”，无论从哪方面看，这都是不折不扣的“天灾”。然而，东芝公司在核电业务上的激进策略也同样给后来的巨额亏损埋下了伏笔。东芝以54亿美元的价格收购的西屋电气在2005年的净利润实际上只有1.53亿美元，外界皆认为这样的财务状况不足以支撑那么高的收购价。当时东芝计划是希望借助于西屋的核技术占领广阔的中国市场，但福岛核电站事件不仅让东芝的如意算盘没能打响，高额的溢价收购还给东芝带来沉重的负担。这就完完全全是“人祸”了。

实际上，许多企业在扩张的过程中，都会盲目乐观地估计市场的前景，从而做出大胆且激进的决策。而当市场上发生一点点风吹草动时，都会极大地放大这种激进策略带来的后果。

贾跃亭一手打造的“乐视帝国”迅速崛起又衰落无疑警示了许多企业。乐视的理念是不依赖硬件设备赚钱，而是靠内容留住消费者，形成“生态化反”。但这样的想法却遭到了市场无情的回击。一位前乐视员工曾讲述了这样一件事，为了迅速抢占市场，贾跃亭要求最大程度地压低乐视手机的定价。乐视当时一款新手机初步定价 1 299 元。在开会时，贾跃亭问：“如果把所有成本压到最低，再把量提上去，我们的成本是多少？”供应链部门回答说：“如果能达到 600 万的销售量，成本可以压到 1 050 元。”于是，贾跃亭决定将该款手机定价 1 099 元。然而，直到这款手机停产，乐视也没能将成本压到他们预计的 1 050 元。因为供应链部门并没有考虑到汇率的问题，由于汇率变化，乐视手机零部件的采购价格甚至还上涨了。

因此，企业也好，销售团队也好，对市场前景一定不能盲目乐观，要时刻保持警惕。任正非曾说："我们的危机是我们的队伍太年青，而且又生长在我们顺利发展的时期，抗风险意识与驾驭危机的能力都较弱，经不起打击。但市场的规律，常常不完全可以预测，一个企业总不能永远常胜，华为总会遇风雨，风雨打湿小鸟的羽毛后，还能否飞起？总是在家门口争取市场，市场一旦饱和，将如何去面对？"

为此，任正非提出了"把黑天鹅放入咖啡杯中"的理念，即通过内外部人才的思想碰撞，让"黑天鹅"不是出现在外部，而是从华为内部飞出。可以说，这既是华为的人才培养战略，同时也是应对风险的战略，两者紧密结合在一起。

1.3 自我批判，警惕团队内部问题

现代市场经济发端以来，拥有百年历史的企业极其稀少，许多曾经非常成功的企业最后也倒下了。当然，这其中固然有市场竞争激烈的原因，但纵观这些知名企业倒闭、出售、被收购等案例，其实可以发现，这些企业最大的问题还是内部出现了问题，即堡垒从内部被攻破了。比如创立于1763年的英国巴林银行，著名的胶卷厂商柯达公司，美国著名的能源公司安然公司。

在企业内部问题中，腐败问题是一直以来都难以根除的"顽疾"。甚至可以说，只要个人利益存在，腐败就不会消失。但是，即便无法根除腐败问题，也要时刻保持警惕，出现腐败就要及时清除，不能让其继续在内部蔓延。清除腐败实际上就是使内部完成"新陈代谢"，维持组织的活力。只有时时保持内部的活力，企业或团队才能长久地发展下去。

2004年，著名通信企业朗讯爆出内部腐败事件，不仅极大地损害了朗讯的企业形象，还导致许多优秀的人才离职出走，公司内部人心惶惶，军心不稳。2008年，西门子也爆出高管巨额贿赂案件，据查，西门子在部分国家的分公司都存在高管腐败、贿赂等行为。十余年来，电信行业几经沉浮，朗讯、西门子、中兴等公司一系列腐败丑闻案件，让华为高层清醒地认识到，华为最大的风险来自内部，历史上王朝也好，军队也好，"堡垒"大部分都是从内部被攻

破的，华为的长城只会从里面垮掉，而不是被外面的人推倒。

最近几年，华为的消费者终端业务和企业业务发展十分迅速，与运营商业务形成并驾齐驱之势。但随着华为发展，一些腐败行为也随之而来。

在手机产业圈内，供货商给采购人员送礼是很普遍的现象。在华为消费者BG，供应商、经销商送礼的现象并不少见，但从整个行业看，华为的腐败情况算是比较轻的，所涉及的金额也不算很大。

华为企业业务BG同样也存在不少腐败行为。企业业务比较特殊，不直接面对客户，而是通过经销商来销售路由器、交换机和软件等产品，并且提供硬软件一体的解决方案，因此没有定价标准，存在一定的操作空间，回扣、返点成为行业内的“潜规则”。

因此，华为对腐败“零容忍”，只有这样，才能保持组织的纯洁性，让华为实现长远发展。华为的高层更是带头做起，通过《EMT自律宣言》，以制度化的宣誓方式要求所有干部和员工廉洁自律，让“堡垒”不会从内部被攻破。

当然，除了腐败问题，企业内部还会存在许多其他问题，比如华为时常提到的“山头主义”、惰怠等问题。为此，任正非大力提倡自我批判精神。任正非说：“这个时代前进得太快了，若我们骄奢自满，原地踏步三个月，就注定会从历史上被抹掉。正因为我们长期坚持自我批判不动摇，才活到了今天。”

华为的自我批判是从高级干部开始。华为定期组织开展民主生活会，在中高层每三个月或半年举行一次，每个人不仅要讲自己的问题和不足，不能推诿责任，而且要从最根源处挖掘问题或不足产生的原因，并为其他成员全力提供帮助和支持。任正非要求华为的干部都要学会使用自我批判这一工具。

在一定程度上，正是任正非的危机意识催生了华为自我批判思想的产生。因为在他看来，只有时刻保持危机意识，经常自我批判，自我反省，才能发现自身和组织存在的问题，才能让华为这艘大船避开风浪，在主航道上顺利前行。

2. 建立预警机制，防患于未然

企业或团队有危机意识当然很重要，但是除了危机意识，预防风险的机制也要及时跟上。有了预警机制，便可以在很大层面上防范可能出现的风险，这种风险既包括系统风险，也包括非系统风险；既包括可控风险，也包括不可控风险。

2.1 重视苗头，避免“蝴蝶效应”

许多事情都是由微小的不起眼的信号产生的，经过时间的发酵，慢慢地变成了大事件。风险也不例外，大部分时候都是由小的苗头发展而成的。

美国气象学家洛伦兹提出的“蝴蝶效应”很好地阐述了一件微小的事情在不加控制的情况下可能会造成多么大的影响。他在论文中说：“一只亚马孙丛林中的蝴蝶，偶尔扇动翅膀，可能会在美国得克萨斯州引起一场龙卷风。”

因此，在团队日常的运营过程中，可能有许多事情都不起眼，但并不代表对团队和企业无法造成实质性的重大影响，相反，一定时机之后，量变引起了质变，就可能产生重大的影响。

2016年8月，三星Notc7手机上市，三星期望这款手机能够对抗苹果的iPhone7。然而上市后不久，这款手机接二连三在全球各地出现“爆炸”事件。

事件发生后，全世界的媒体和消费者对三星展开铺天盖地的口诛笔伐。面对愈演愈烈的形式，三星公司不得不宣布从全球召回所有的Note7手机，并宣布停售停产Note7手机。据统计，单单召回这一项，就使得三星公司亏损了26亿美元。此外，停售停产也带来了一系列后续损失，三星的股价也是连续数日暴跌，220亿美元的市值不翼而飞，一系列法律诉讼也同样让三星焦头烂额。当然，“爆炸”事件影响最大的可能还是三星手机的品牌形象，这一项的损失几乎无法估计。

数月后，三星召开全球发布会，承认三星Note7手机由于电池设计的缺陷，导致出现爆炸问题。不过，有业内人士指出，由于三星Note6手机的失败，三星Note7手机从立项开始就充斥着急功近利的心态，妄图打个漂亮的“翻身仗”。例如说，三星将手机电池容量一口气提升到3 500mAh，但这根本就没有经过严格的检测。还有，三星将Note7的上市日期提前了10天。也就是说，三星从一开始就只想着如何赢得市场，过程中出现的一些问题却没有引起三星管理层足够的重视。

任正非说："历史给予华为机会，我们要防微杜渐，居安思危，才能长治久安。如果我们为当前的繁荣、发展所迷惑，看不见各种潜伏着的危机，我们就会像在冷水中不知大难将至的青蛙一样，最后在水深火热中魂归九天。"

任正非曾在华为内部问了一个问题，华为的现金可以支撑华为三个月的运作，那么"第91天"时，华为该怎么渡过危机呢？尽管华为的财务管理已经达到了行业领先水平，但任正非认为华为不能就此满足，要保持清醒的头脑，设立应对金融危机的预案。

为了防止这些风险的苗头继续滋长，引发"蝴蝶效应"，变得不可收拾，管理者要尤其重视各种风险的苗头，在源头上就要掐住。

2.2 进行对抗演练，及早识别风险

人难免都有思维的局限性，在风险识别上更是如此，有时局限于过去的经验，或者局限于某个视角，而看不到潜在的风险。为了更全面地认识问题，华为引入了"红蓝军"对抗演练的策略。

商业上的对抗演练一般认为源自军事上的模拟对抗演习。在军事演习中，一般分为"红军"和"蓝军"。所谓"蓝军"就是对抗演习中专门扮演假想敌的部队。华为的"红蓝军"对抗演练应用在许多场合，无论是公司战略规划也好，还是一线团队的具体项目也好，都可以适时应用。

2012年，华为的核心路由器赢得了在无锡的核心节点搬迁项目，为了更好地服务客户，针对客户关心的问题，项目负责人赵杰辉、刘志强带领团队与客户进行了十几次技术交流。核心节点搬迁项目组还在北京搭建模拟搬迁环境，带客户参观模拟环境，并且请IP顶级专家熊怡一一解答关于IP路由的复杂问题，打消客户疑虑。

割接总指挥赵杰辉很快制定出项目方案，召集产品线实战经验最丰富的服务、产品、平台保障队伍，分层设计了不同保障小组：总指挥、硬件割接实施组、业务割接实施组、定位组、后方保障组等。为了保障方案的完备性，项目组在战术上引入"红蓝军演练"的方式进行割接演习，从而保障整个方案更为完善。事实

证明，充分的准备为割接工作打下坚实基础。

9月，割接工作正式开始，所有经过实验室精确验证过的业务下线，设备拆除，光纤跳线、业务恢复等活动紧凑进行。凌晨4点，割接顺利完成。两天后，任正非对无锡核心节点搬迁项目组以及所有参与的开发人员颁发总裁嘉奖令。

总体而言，华为的“蓝军”在战略上的意义更大一点。“蓝军”一般模拟友商或创新型的战略发展模式，与“红军”进行对抗。例如说模拟友商的竞争策略、市场行为、产品研发的未来方向，同时对“红军”的战略、产品、解决方案进行审视，力图找出“红军”的漏洞或问题。这样的对抗演练可以降低商业模式探索、战略规划、技术规划和预研等方面的重大决策风险。

2008年，华为曾计划将终端部门卖给贝恩资本，但“蓝军”认为终端在未来将会处于很重要的位置，并提出了云计算结合终端的“云管端”战略。最终华为还是保留了终端部门，几经摸索，负责人也是换了几次，从郭平到彭智平，又换回郭平，再到如今的余承东，总算走出了困境。到2017年年底，华为终端已经成为仅次于苹果和三星的全球第三大手机厂商。

在任正非看来，“红蓝军”对抗演练有着多种意义。通过不断对抗，一方面是看到自己的缺点，找到视野盲区，识别潜在的风险；另一方面，对抗演练也是另一种形式的竞争，只有竞争，才能使人不断取得进步。

任正非曾经说：“要想升官，先到‘蓝军’去，不把‘红军’打败就不要升司令。‘红军’的司令如果没有‘蓝军’的经历，也不要再提拔了。你都不知道如何打败华为，说明你已到天花板了。”

2.3 做好管理规划，全面预防风险

随着华为在管理认识上的加深，华为越来越意识到全局性预警机制的重要性。也就是说，针对各类风险，从整个公司层面出发，建立一整套风险防范机制。

近年来，华为反复提及的一件事情就是“子公司的合规运营”。华为内部称之为“代表处”的部门在海外实际上大部分都是独立运营的子公司，而这些子公司的一线主管并非都全面了解当地的法律法规。

因此，从2013年开始，华为大力推动海外子公司“监督型董事会”的建

设，主要工作就是监督海外子公司的合规运营。合规运营包括内部流程和外部法律法规的遵从两个方面。不管是内部流程还是外部法律法规，都有可能导致风险产生，但总的来说，外部法律法规方面的风险更大一些。为此，华为还通过聘请外部律所或公司法务部支援等方式，全面预防风险。

另外，华为还相当重视供应链和库存带来的风险。针对供应链的弱点，华为成立了高层的“风险管理小组”，就是要像特种兵那样随时盯着可能出现的风险，一旦出现就快速扑上去解决问题。

举例来说，华为目前终端有21款机型，不仅库存压力大，而且极难管理。苹果手机只有一个款式，则可以把库存扩大21倍。款式越多，库存的压力越大。如果某一款手机的零部件备料少了，则供不上货；备料多了，这款手机一旦出现问题，又可能加大库存的压力。因此，任正非认为，华为的研发要规划核心零部件开发，重视归一化建设，以此建立稳定的供应系统，才能给计划更大的弹性。

在任正非看来，华为与苹果公司在许多方面还存在一定的差距。苹果公司会提前几年对新技术和资源进行前瞻性布局和储备，产业链纵向一体化管理，深度掌控风险及成本，比如铝制机壳，苹果有一批人在全球期货市场关注“铝”的动向，低买高卖，这样就能将成本压到很低的点。任正非指出，华为要有这样的人才。

3. 识别风险类型，制定风险预案

风险的类型众多，有经营风险、财务风险、技术风险、政策风险、市场风险等，既可能来自外部，也可能源自内部。一般而言，对于受多种影响且不可控的风险，称之为系统风险，一般来自外部。而由个别事件引起的风险则为非系统风险，通常来自企业或团队内部。但是，不管风险来自外部还是内部，都可能对企业产生不利的影响，因此企业要做好预防风险的准备。

3.1 找出风险关键点，全程监控

在完成项目或销售目标的过程中，可能会遇到各种各样的困难和风险，拖

累或阻碍计划的进行。因此，要尤其重视风险关键点。对于可能出问题的关键点，要加大投入力度，甚至进行全程监控。

奥运会这样大型的运动会对任何参与在内的厂商都是一个极其严峻的考验。为了应对伦敦奥运会可能出现的网络问题，BT、EE 等电信运营商向华为提出，一旦设备出现问题，要在两小时内完成备件的替换。而奥运期间，伦敦很多区域会进行交通管制，例如自行车赛、马拉松、竞走的比赛区域。华为请 DHL 公司进行了评估，列出了伦敦两小时内无法到达的区域。

华为项目组针对 DHL 公司指出的无法在两小时内到达的区域，让工作合作伙伴做额外覆盖。而对于重点站点，则安排保障工程师携带备件在附近的酒店值守。除了常规的保障方案，华为还做了极端情况的紧急预案，例如重大事故、恐怖袭击等，保障通信的畅通。这一系列周密的预案让客户相当满意，后来也顺利保障了伦敦奥运会期间的网络和通信。

因此，要及时地识别出风险，就要仔细梳理项目或目标的流程，审视可能出问题的环节，然后找出项目或执行目标过程中的关键点，针对性地进行部署和监控。这就是说，管理者要对项目或目标有着清楚的认识，能从全局的角度考虑所有问题。

当然，也不是所有的风险点都能准确把握。有些时候，管理者虽然能意识到风险点的存在，但风险点能造成多大的影响，提升到什么样的重视程度，并不能很好地把握，这时候可能就需要借助于财务、法务等公司平台的力量了。

3.2 找到问题症结点，制定预案

要有效应对风险，除了对风险关键点进行全程监控之外，还必须事先做好周密的规划，做好方方面面的准备，考虑到可能出现的情况，并根据具体情况做好不同程度的预案，从而应对可能出现的风险。尤其是那些小概率但是一旦出现就会造成极大影响的情况，需要制定特殊的预案。因此，合理规避风险的关键在于找到问题症结点，制定针对性的预案。

2012 年，王新元作为项目经理加入南非 Telkom 项目。项目启动时，由于之前

有不少项目的合同质量和售前方案都不太合理，导致后端交付频频出现问题。为此，华为提出交付部门要走到前端，参与方案设计。于是在该项目的招标期，王新元作为项目经理参与招标，与交付专家积极交流沟通，对服务解决方案提出意见。在他的参与下，方案设计考虑了多场景、多制式、多产品的复杂交付环境，确保解决方案的可交付性。此外，他参与了服务成本的测算，使得方案更加合理。这些周密细致的前期工作为后期项目成功交付打下了良好的基础，客户对最终的结果也是相当满意。

在华为人看来，每个项目都有自己特殊的流程，特殊的“个性”。只有找到每个项目的问题症结点，才能制定相应的预案，及时顺利地推进项目。因此，华为一线团队的管理者总是深入项目现场，挖掘项目症结点，并针对性地制定相关的预案，保障项目顺畅地跑起来。

当然，如今在大数据、人工智能等先进技术的帮助下，发现问题症结点的效率和准确度也就更高了。例如说“双十一购物节”，如此巨大的成交量，对物流和库存都是极大的考验。但借助于大数据，可以根据不同地区消费者的偏好，提前把相关商品运输至该地区，这不仅大大缓解了运输的压力，也让购物的消费者更加满意。因此，在任正非看来，在大数据、大流量时代，定位问题的能力甚至比解决问题的能力还要重要。

3.3 提高处理突发状况的应变能力

风险随时随地都有可能发生，它不因人的意志而改变。当风险发生时，第一时间受到冲击的可能就是销售团队，尤其是产品质量或性能方面的问题，有时候甚至可能都不是产品的问题，而可能是客户方面的一个操作失误，或者客户的其他设备出现了故障。但身处一线的销售团队，就是要能够处理这些突发状况。

有一次，非洲某国的 MTN 搬迁项目在搬迁后，客户根据话务统计发现整网话务量只有原网的 60% 左右。如此大的差距让客户相当不满，要求华为 1 个月内解决问题。如此严重的问题如果得不到解决，可能让华为损失上千万美元。华为甚至已经着手准备网络扩容，增加网络的覆盖面。

支持专家贾岭紧急来到项目组，他认为，以华为的产品性能，并不应该是覆盖的问题。于是他带着故障定位小组到各站点去测试情况，实际情况也如他预料的那样，不是覆盖的问题。他们又做了一系列对比测试，终于找到了问题。原来，华为的话务统计方式与友商设备不一样，导致统计存在误差。找到问题之后就好办多了，华为修正了统计方式，话务量也同之前一样了，客户对华为的设备和服务也更加信任了。

传统企业对自己的产品是精雕细琢，反复打磨成型之后，才把产品完全推向市场。也就是说，尽量一次就把产品做好，降低出错的风险。这代表了传统制造业的思路，或者说理念。

但如今许多企业都推崇这样一种模式，即快速迭代，快速推出产品，快速占领市场。这与传统制造业思路不太一样，这一理念实际上会加大犯错的风险。因此，这些企业往往也要求其员工和团队有很快的应变能力，能够快速纠错，即快速反馈机制。

这两种截然不同的思路的优劣姑且不论，但有一点需要注意的是，推崇“快速迭代”的企业大多为互联网企业，他们的产品和服务往往是无实体的软件。这就意味着，他们犯错的成本相比传统制造业而言要低很多。比如说大众汽车的某款车出现了问题，那全面“召回”的成本可能就是几十亿甚至上百亿。而苹果公司的操作软件如果出现问题，苹果只需要更新软件的版本或者提醒用户退回旧版本即可。

当然，有不少制造业企业也加入了“快速迭代”的行列。这里面，全球著名的服装品牌“ZARA”便是典型的代表。传统服装行业更新产品大多以季度为一个周期，甚至半年，但ZARA公司却做到了两周时间就能推出新款产品。ZARA的门店极其重视收集消费者的需求，并反馈给设计部门，设计好款式后交给工厂制造再运回店铺，消费者就能以最快速度买到新款的服装。ZARA通过这种模式极大地降低了库存的风险。

有趣的是，虽然ZARA公司和华为几乎没有任何交集，但ZARA的商业模式也是完完全全基于客户需求而诞生的，这一点与华为的“以客户为中心”有异曲同工之妙。

4. 放低姿态，以客户为中心

风险一旦发生，不仅企业或团队自身会受到极大的冲击，客户也极有可能受到影响。因此，企业进行风险管理既要处理好内部问题，也要处理好外部问题，尤其是客户问题。

4.1 优先解决客户的问题

风险造成的影响通常都是很难估量的，但是无论造成了什么样的影响，如果影响到了客户，都应该积极解决客户的问题。因为作为客户，遇到了任何问题，第一时间想到的肯定是产品或服务的提供方。

2014 年春节，危地马拉的客户某局点出现问题。由于工程搬迁，网络架构也随之变化，手机用户有时需要在华为设备和友商设备之间切换。这次的问题就是异系统切换成功率明显降低，华为一线团队给出的多套方案都未能奏效，于是紧急向后方请求支援。华为将该问题升至 ITR（从问题到解决）1 级。

经过讨论，华为认为要解决这一问题需要友商的配合。然而客户并没有友商的维保，如果向友商求助，那客户势必要花费一笔高昂的服务费。但是问题又是由华为的设备引起的，为了让客户满意，华为决定独力为客户解决问题。

然而，不同厂商的设备之间的差异毕竟是巨大的，华为的团队只能一步一步摸索、测试、验证，总算找出了友商设备的问题。最终，华为给出了让客户满意的解决方案。

其实，在通信设备领域，设备更新换代是很常见的事情，运营商通常也会从不同的企业采购设备。因此，通信网络出现问题时，客户也很难断定到底是哪里出了问题，或者是哪家供应商的设备出现了问题。但他们首先想到的往往是华为，就是因为华为的一线团队响应速度极快，能切实为客户着想，优先考虑的是解决客户的问题，而不是到底是谁的设备出现了问题。

因此，华为帮助客户解决友商设备问题的情况也不少见，这些事情无不体现了华为“以客户为中心”的核心价值观。要打造高效的销售团队，那么华为这种放低姿态、优先解决客户问题的方式很值得学习。

4.2 积极承担责任，主动沟通

风险发生之后，由于影响大小不同，有时候即便解决了问题，但也不可避免地给客户带来了损失。有些企业，面对问题习惯性地先推卸责任，要么找客观理由，要么把“皮球”踢给其他合作伙伴，甚至把责任归结到客户身上，这种推卸责任的做法会给企业造成极其深远的负面影响。这方面的例子可谓比比皆是。

2016年，三星在Note7手机接二连三在全球各地出现“爆炸”事件之后不久，宣布将美韩等部分市场的Note7手机全部召回，中国大陆地区并不包括在内。三星给出的理由是，中国市场Note7手机的电池供应商与美韩等地的不同，因此无须召回。在国家质检总局约谈之后，三星才宣布召回中国内地市场的Note7手机。

而数日之后，中国内地也发生了一起Note7手机“爆炸”事件。然而中国的消费者将手机寄回三星售后部门之后，三星却拒绝承认“爆炸”是由于手机本身的问题引起的，而是在媒体上发表声明称，经过三星质量部门仔细的检测和分析，认为该产品的损坏是由外部故意加热（把手机放在微波炉、电磁炉等里面加热）导致的。这份声明无异于“火上浇油”，将三星Note7“爆炸”事件推向了更加难以收拾的境地。

纵观整个Note7“爆炸”事件，三星对诸多问题的处理方式都很难让人相信这是一个国际大企业应该体现的责任感和态度。当然，三星这样的处理方式和态度，市场也给出了无声的“回应”。根据相关机构的数据统计，2017年第二季度，三星手机在中国内地市场的份额已经由2016年第二季度的7%跌至3%，而到了第四季度，则仅剩1.6%。

因此，作为企业也好，销售团队也好，在出现问题之后，还是要主动与客户保持交流和沟通，积极承担责任，守住客户的信任。

2015年，华为基于NB-IoT技术为德国电信做的智能停车demo演示了几个月，客户反映说，demo不稳定，经常误报，可能是产品设计有问题，因此要求华为两周内解决问题。

华为紧急成立专项攻关小组进行调研分析，但是排查一番，没发现任何问题。华为又决定实地测试，如此连续测试了几个晚上，测试次数达上千次。由于都在晚上进行，此举甚至惊动了当地的警察局，但还是没发现问题。

此时，有人指出，是不是德国电信方面的频谱出了问题。于是，华为将这一推断告知了客户，尽管客户不太相信是自己这边出了问题，但觉得华为的推测有一定道理，决定进行验证。经过验证，发现果然是频谱干扰。

在实际工作中，不管是华为的一线团队，还是后方的研发团队，始终都能以这种积极承担责任的态度，与客户保持交流和沟通，努力解决客户各式各样的问题。

更进一步地说，由风险所产生的问题，很多时候对于企业和团队也是一种机遇。只要处理得当，积极承担责任，及时消除问题，那么就把危机变成了机遇。换句话而言，发现了问题，才能更好地去提升产品和服务质量，赢得客户的信任。

4.3 角色互补，化解沟通困境

一旦发生风险，及时与客户保持沟通显然相当之重要。不过，在解决风险带来的一系列问题和影响的过程中，产品和服务的提供方往往是理亏的一方，有时候由于这样那样的原因，与客户的沟通可能不会很顺畅。这个时候，安排两个人形成角色互补，可以在很大程度上化解这种沟通困境。

在社会心理学中，有一个互补定律。即是说尽管双方在性格、能力、经验、技能等方面存在差异，但双方的优势刚好形成互补关系时，双方便能发挥各自的优势，达到“1+1大于2”的效果。

在实际工作中，互补定律在很多时候都能发挥良好的作用。无论是在与客户谈判时，还是在出现问题与客户沟通时，利用两个人的能力，形成优势互补，任务或目标即可顺利推进。

2016年，某国运营商面临激烈的市场竞争，因此需要华为帮助其制定解决方案，规划未来几年的整体网络发展方向。而华为当时已经有比较成熟的方案，因此派出产品专家前去支撑该项目。

但产品专家来到一线却发现了一个致命的问题，虽然华为的方案已经比较成熟，但是却没有成熟的商用案例作为参考，这就是说华为给客户的方案实际上是纸面上的数据。如何用这个“纸面上的数据”打动客户显然是一个很大的问题。

产品专家和项目组决定先进行预演，商讨如何将方案呈现给客户。一开始，他们打算给客户看的胶片只是简单地显示特性和增益，告诉客户该方案可以提升若干指标。

经过讨论，大家一致认定，给客户看的方案必须让客户了解到，客户当前采用的方案会造成话务损失，而采用华为的方案，不仅能避免这个损失，还会有更多的收益。基于这样的共识，项目组很快对方案效果图进行修改，并具体说明方案带来的增益，用直观明确的数据来打动客户。

在这过程中，项目组发现方案没考虑到向4G演进的问题，于是又紧急拉来4G专家评估方案，并根据专家的意见进行修正。经过一番讨论，项目组对方案有了更深的认识，从文字方案到客户面谈，都以统一的方式呈现给客户。

在面见客户CEO时，华为安排客户经理和产品经理介绍该方案。客户CEO果然也毫不含糊，一见面就开门见山，说："你们的方案在哪里做过，有什么成功的案例？"产品经理向客户CEO解释该方案的特殊性，阐明该方案技术上的优势。客户经理紧接着直击客户"痛点"，指出该方案给客户带来的收益，并强调使用该方案之后相对于其他运营商的优势。两人默契的配合也让客户不得不承认，尽管该方案还没有先例，但是华为的方案确实很有吸引力。

华为早期的"狼狈组织"，即客户经理加产品经理的组合，就很好地体现了角色的互补。客户经理主要承担消解客户情绪的功能，产品经理则从技术的角度出发，阐述解决问题的方案。

尽管客户经理加产品经理的组合可能存在一定的局限性，也就是说，并非所有的企业和销售团队都适用于这种组合，但华为的"狼狈组织"对诸多企业而言，仍然有着积极有益的启示。企业或团队可以根据自身的实际情况，组合人员，形成角色互补。

5. 建立销售案例库，有效管控

尽管可以大致将风险进行分类管理，并对不同类型的风险制定相应的预案，但现代市场经济的复杂性还是导致各式各样的风险频发，让诸多企业防不胜防。从华为的经验来看，建立案例库是有效管控风险的方式之一。

5.1 搜集销售案例，建立案例库

任正非曾经指出，华为最大的浪费是经验的浪费。在工作中，宝贵的经验在有意无意中就浪费掉了，实践中碰到的问题、已有的经验教训、产生的数据等很多有用的信息没有保存下来。如果华为能够更好地利用已有的经验，建立起良好的反馈机制、解决机制和监控机制，例外事件将越来越少，运作效率也越来越高。任正非曾说："收集案例对各个部门来说，都是很重要的。要不断收集好案例，案例要敢'刺刀见红'。"

因此，华为很早就建立了案例库，不同部门有各自的案例库。另外，尽管华为内部的《管理优化报》主要刊登内部管理上的问题，不过在某种程度上，《管理优化报》起到的就是案例库的作用。员工或干部在工作中发现了问题，便可以及时在《管理优化报》上指出来，起到案例总结的作用。

作为长期坚守维修岗位的维修技师，华为维修部门的主管刘爱群积累了丰富的维修经验。这种经验如何传递给他人，为整个维修团队和公司创造价值，是他长期思考的一个问题。

维修人员的大多经验都在自己的脑子里，维修分析过程和具体现象没有记录和保存下来，一旦人员变动，这些针对具体产品的定位经验也会随之流失。刘爱群在平常的维修工作中，每遇故障，都会花一点时间详细记录诊断过程，并把自己的工作习惯总结成为《维修定位记录总结模板》，形成故障品"病历档案"。这些档案方便个人经验积累及新手快速上岗学习，也为自己和他人后续遇到同类问题时提供思路。

刘爱群担任主管后，广泛推广维修"病历档案"，他动员属下的维修员勤写总结，还评选"优秀维修定位记录总结"。经过一段时间的努力，填写"病历档案"渐渐成为维修员的工作习惯。"病历档案"的建立，除了维修经验的有效积累，也作为维修质量改善的一手数据，方便技师从中挖掘共性问题，支撑维修质量改善体系建立。

而随着IT系统的建成，华为的案例库更实现了在全公司范围内的共享。也就是说，无论华为员工在哪个国家哪个地区，既可以查看相关案例库的内容，也可以自己上传案例。

因此，为了防范风险，强化内部的风险意识，无论是企业，还是销售团队，都应该建立案例库，并搜集那些影响力较大的案例，让这些经验或教训转化为学习的素材。

5.2 对案例总结归纳，找出学习重点

在建立销售案例库后，如果其中只有一堆尚未整理归纳的素材，没有对这些案例进行归纳整理，案例就会像没有标明方向的地图，无法起到它应有的作用。

因此，作为管理者，应该对案例库中的案例进行归纳总结和梳理，并根据团队的实际情况，找出哪些情况是普遍需要注意的，哪些情况是团队尤其需要注意的。在一个案例中，导致风险出现的原因可能有多种，但主要诱因和次要原因显然不能同等对待，因此不能“眉毛胡子一把抓”，要抓住案例中重点的部分。

2003 年，华为中标阿联酋和香港地区的 3G 商用网络，可真正交付商用局时，却发现没有一套系统的资料能够用来指导网规网优交付。于是，2004 年初，谢智斌和同事一边交付香港地区项目，一边把交付流程和遇到的问题总结整理，写成指导书，并在项目上进行验证和优化，形成第一版网规网优指导书，为后续批量交付打下了基础。在那时，谢智斌已经意识到及时总结的重要性。

经过数年的坚持，谢智斌已经把及时总结变成了习惯，他把主动寻找能够降低出错概率的流程、方法和工具当作最重要的工作，然后将其纳入技术方案，以技术方案为载体不断总结经验，形成问题处理的标准动作，大大提升了整个团队的交付效率。

谢智斌认识到，一个人的经验总结只能让一个人成长，不能让整个团队进步，只有转化为团队和组织的资产，才能成为企业的财富，才能真正被传承下去。2011 年，谢智斌在 3MS 社区创建了“RPOT”团队，与全球的工作者分享相关技术经验，与此同时，他还建立了数个技术交流群，实时解决网规网优工程师关于技术、工具、流程、资料等方面的问题。如今，社区和交流群都已成为全球网规网优人员分享经验、获取帮忙、提升能力的重要途径。

有位华为员工曾感慨道，在华为的十多年，是一段充满机遇和挑战的路程，一路走来，遇到了不少艰难困苦，但更多的是成长和收获。在技术的道路

上，他一直坚持的方法就是"学习、实践、总结"。通过总结，将对事物的认识由感性认识上升到理性认识，寻找出工作方法和规律。

对于销售团队而言，亦是如此。在团队日常的运营过程中，不仅要归纳总结其他企业典型的案例，自己的案例也要及时进行总结，无论是成功的经验，还是失败的教训。归纳总结实际上是一个思考的过程，在这一过程中，它会让管理者思考风险是如何产生的，如何规避风险等。通过思考，案例也就转化为管理者的管理经验，并在日常工作中向团队成员输出这些经验，进而提升团队的作战能力。

5.3 案例教学与学习，总结管控经验

随着人们对管理认识的加深，越来越多的机构和大学都建立了案例中心，哈佛商学院是世界上最早使用案例教学的机构。尽管案例教学较早地引入了我国，但案例教学得到重视还是近十年的事情。大连理工大学管理学院成立了"中国管理案例共享中心"，这是我国最早应用案例教学的机构。

案例教学是一种非常有效的方法，它的特点在于开放式和互动式，即所有人都能平等地参与进来，阐述自己的意见。

华为最早启用案例教学的是中研部，中研部采用开放式讲座、研讨会、座谈会等方式进行案例式教学。任正非对中研部的案例教学专门作出过讲话，他说："案例教学不要怕'刺刀见红'，这个案例说这样不行，那个案例说那样不行，案例是从实践中产生的，而实践则是最好的老师。我们自身的经历都是案例教学的好素材，这些案例将来还会被好的大学拿去作教材。"在任正非看来，哈佛大学的MBA之所以出名，就是因为他们的案例教学办得很好。在哈佛，所有人都可以对案例进行深入的讨论，很难形成定论，但通过讨论案例相互启发了思维。这就是案例教学的意义。

如今，华为案例教学的任务一般由华为大学来承担。部门内部则会有一些小型的案例分析会，针对本部门具体的职责进行案例教学。为了更好地发挥案例教学的作用，华为大学教育学院还专门成立了案例设计与开发部。华为的"马电事件"让所有华为人为之警醒。事后，华为大学教学学院案例设计与开发部将"马电事件"进行了改编，然后请来导演拍了一部微电影《为者·夜山》，这可以说是华为内部的一大创举。因为一般而言，案例教学多以文字资料或者文图结合的方式呈现。

用电影的方式呈现案例，并进行案例教学，这可谓一次积极有益的尝试。

当然，案例教学需要事先精心的准备和设计，也需要所有人都要有积极参与的意识。只有这样，案例教学才能发挥应有的效果。任正非要求，案例教学内容要根据实际业务需要去“裁剪”，要坚持实战实用的案例式教学，为前方的生产服务。也就是说，案例教学不能过于高深，过于理论化，而是应该贴近实际，让所有人都能理解和参与进来，强化风险意识，提升管控风险的经验和能力。

第8章 团队激励与驱动

国家可以"六亿神州尽舜尧""遍地英雄下夕烟"，我们为什么不可以英雄辈出。我们要创造人人都可争当英雄的环境，把千军万马调动起来积极上战场，充分发挥员工的潜能，推动华为的发展。

——任正非

1. 价值评价：以结果为导向

价值评价体系是团队激励机制的基础，只有建立合理的价值评价体系，才能使激励机制发挥作用。对销售团队来说，合理的价值评价体系应该坚持以结果为导向。

1.1 激励和宣扬团队成功

华为一贯提倡群体奋斗。华为的“群体奋斗”并不仅仅指的是为达到目标所经历的过程，也包括最后的结果。也就是说，群体奋斗既是过程也是结果。任正非曾提出，华为要通过群体奋斗实现英雄“倍”出，他说：“华为公司不会只有一名英雄，每个项目组也不会只有一人成功。每一次小的改进，小组都开一个庆祝会，使每个人都享受到成功的喜悦。无数的英雄及英雄行为就组成了我们这个强大的群体。”

华为的《致新员工书》明确地指出，“华为是一个以高技术为起点，着眼于大市场、大系统、大结构的高科技企业。华为所肩负的历史使命，需要所有员工团结合作，走集体奋斗的道路。”没有华为这个大的平台，一个人的聪明才智是很难发挥出来，并有所成就的。因此，在任正非看来，每个人都要学会利用别人的成果，充分利用人类文明的一切成果，站在前人的肩膀上，实现目标上的成功。

黄景树是华为维护部的主管，曾获得过华为的“公司金牌奖”。他分享了自己的一些管理经验，在他看来，维护部常年充当着“救火员”的角色，既有压力也有动力。

一次，某客户提出要进行实验室远程定位。这样的作业往往要进行一个晚上，所以维护部的员工经常要工作到很晚，通宵也是常见的情况。当时他们的计划是，由黄景树和一位新员工一起定位。不过，远程定位是一项有技术含量的挑战性任务，而且如果不能很好地达成目标，后续还会有处罚。因此，压力可想而知。

于是，项目组在分析问题时，整个团队的成员都要求留下来。因为这样既能够一起观摩学习，也可以一起找出难点，分担遇到的问题和压力。最后，在团队所有人的共同努力下，定位任务顺利完成。

任正非说：“我们只有走群体奋斗之路，才能持续获得成功。美国现在成功的公司都是群体奋斗的楷模，包括谷歌、苹果。群体奋斗并不磨灭一个人的个性。我认为日本人在这个方面是很优秀的。日本人很团结很讲群体奋斗，但是每个人都非常善于表现自己的欲望，体现自己的个性。”

所以，团队成功与个体实现自我价值并不矛盾，它们不是对立的关系，而是相辅相成、相互促进的关系，是一个有机统一的整体。在日常管理中，管理者应该积极向团队成员灌输团队意识，使他们意识到，只有积极融入群体文化，在群体奋斗中努力，才能最大程度地发挥自己的能力，展示自己的个性。

1.2 坚持以结果为导向评价成员

华为的待遇体系，是以贡献和目标结果为准绳的。当然，贡献和目标结果并不完全是可视的，它包括长期的、短期的，也有直接的、实在的结果和战略的、虚的、无形的结果。在任正非看来，不能为客户创造价值的行为不属于奋斗，华为是不承认的。正如“茶壶里的饺子”，如果不能倒出来，就没有意义。华为的员工要去除不能为客户创造价值的多余动作。

胡晓是华为一个基层主管，刚到华为时，他经常加班到深夜，周末也不休息，过着简单的“两点一线”生活。他的努力也得到了部门主管的认可，于是他便坚定要吃苦的决心，以为这样就能在华为站住脚，甚至简单地以为在华为，“艰苦奋斗”就等于加班。

后来他当上主管，第一次参加集体评议，他反复强调项目组某某加班到很晚，希望能给予好点的考评结果。但他的主管告诉他，评价一个人不是看他辛不辛苦累不累，而是看他最终在工作中交付的成果。主管的话让他陷入深思，同时让他明白，“艰苦奋斗”不等于加班，“艰苦奋斗”是要结合绩效来考虑的。加班再多，如果最终交付的成果不好，没有为客户创造价值，那就不是“艰苦奋斗”。

渐渐地，胡晓真正理解了什么是“以客户为中心”，什么是“以奋斗者为本”。只有为客户创造价值，加班加点才能体现出价值。

任正非说：“我们把煤炭洗得白白的，但对客户没产生价值，也不叫艰苦奋斗。我们有些干部以加班多少来评价人，以加班多少来评价劳动态度，我认为这样的评价有问题。”

因此，华为提倡有效的艰苦奋斗，员工的努力和付出要有的放矢，加班加点要有针对性。任正非要求华为的干部不仅要看到员工的努力，更应该看清楚员工真正的贡献在哪里。

2015 年，尼泊尔发生里氏 8.1 级地震，当地遭受了巨大的损失，受灾地区通信基础设施遭到了极大的破坏。地震发生后不到 20 分钟，冒着余震不断的危险，华为驻尼泊尔代表处一线工程师们自发跑步抵达运营商中心机房，协同客户开展通讯保障工作。由于友商人手不够，无法组织起有效的救灾力量，华为的工程小组还协助客户抢通了 260 个友商的设备站点，确保了灾区通信的畅通，为抗震救灾提供了强有力的通讯支持，也赢得了客户和当地人民的赞誉。救灾结束后，坚守在前线的尼泊尔代表处得到了华为的奖励，提拔了 4 位工程师，另外 11 位普通员工也得到不同程度的嘉奖。

在任正非看来，只有坚持“以客户为中心”，持续为客户创造价值，华为人的劳动才能转化为对公司的贡献。而过去几十年里，华为靠的正是所有踏踏实实为客户服务的员工，才取得了如此大的成就。因此，他们的贡献应该获得合理的回报。

通过价值评价体系的有效引导，华为强有力地推动着所有华为人三十年如一日地持续艰苦奋斗，实现“把数字世界带入每个人、每个家庭、每个组织，构建万物互联的智能世界”的宏伟愿景。

1.3 狼性执行是对结果的狼性

执行力是所有企业和团队都非常重视的团队能力。但有些企业对于执行力存在一些理解上的偏差，说是误解也未尝不可。也就是说，这些企业只是强调了执行力，而没有强调结果。只强调执行力而不强调结果，往往导致内部保守成风，不愿意冒险。因为执行力强调的是服从命令，但是，市场的竞争如此激烈残酷，只会服从命令的队伍是无法快速响应市场的变化的。

华为高管丁耘指出了华为目前存在的一些问题，他说："我在区域出差时，与一个合同商务部的主管交流，发现他们只对合同评审过程负责，却不对服务质量和效率负责。一个评审要走一个月，这么长时间的评审，怎么给我们的作战部队提供'炮弹'，作战部队怎么作战？我问这个合同商务部主管，你对一线的职责是什么？他说是质量。质量只是底线，还有时效。我们要对结果负责，对服务质量和效率负责，而不只仅仅保证流程正确、完美。流程正确完美但是结果很差，我们怎么赢？"

因此，华为强调的执行力是对结果负责的执行力。任正非反复强调："在本职工作中，我们一定要敢于负责任，使流程速度加快，对明哲保身的人一定要清除。有些干部一次错误也没犯，但是他在自己的管理岗位上，工作没有改进，部门人均效益也没提高，这样的干部可以就地免职。没犯错不一定就能继续当干部，犯了一些错误但是能力有提高的干部比这种不犯错的干部更实实在在。"

刘江峰在华为的职业之路走得很顺利，他自认在华为属于异类，他曾说："我既不怕犯错，也不怕担责任。当然，运气好没有搞砸过什么，所以在华为活下来了。"

事实上，不怕犯错、敢于担责正是他在华为仕途顺畅很重要的原因。2013年6月，华为发布P6手机，试水中高端市场。然而手机刚上市，销量不明，前途未卜，华为能不能做中高端手机，所有人心里也没有底，市场也不看好华为进军中高端手机市场。对于这款手机，华为内部许多人都不敢下太大订单，刚从新加坡调回总部不久的刘江峰最后拍板："下300万订单，我为此负责。"

最终，华为这款手机出货量超过400万部。第二年，刘江峰因为这一战绩得到重任，在华为的事业走向巅峰，担任荣耀CEO。一年后，刘江峰率领的荣耀实现2 000万部销量，销售额从1亿美元上升至20亿美元。

近年来，华为越来越强调基层干部要敢于决断、敢于担责。在风云变幻的市场形势面前，华为想要灵活应对，及时调转船头，就必须让更多拥有决断力的干部担当起责任来。对于销售团队而言，也应该如此。管理者要强调团队和成员的执行力，更要强调基于结果的执行力，让狼性执行拿出业绩和目标结果来。

2. 价值分配：向奋斗者倾斜

在价值分配上，华为并不一味地强调均衡，而是打破所谓的“大锅饭”。任正非曾专门强调，以奋斗者为本，就是与奋斗者分享利益，让贡献多的人拿到更多的钱，获得更多的配股机会。也就是说，价值分配要向奋斗者倾斜。

2.1 不让雷锋吃亏

“不让雷锋吃亏，奋斗者应该获得合理的回报”，这是华为内部很早就提出来的口号，后来还写进了《华为公司基本法》。但是，如何“不让雷锋吃亏，让奋斗者获得合理的回报”却是华为一直在探索的事情。任正非曾经感慨：“公司发展了，最大的问题是如何‘分钱’，华为摸索了几十年，能做到的也仅仅是把钱分出去而已。”

Alli 是华为一位尼泊尔籍员工，在清华大学留学，毕业后一直留在中国的电信行业工作，对客户理解力很深。华为副总裁吕晓峰作为他的主管，很看重他，让他承担了一些重要的工作。但一次年度考核出来后，Alli 问吕晓峰，自己为什么没有配股。

吕晓峰就跟他解释华为公司的政策，由于中国法律的限制，外国人无法获得华为的配股。吕晓峰接着说，但华为不会让真正有贡献的人吃亏，只要付出，一定可以获得合理的回报。吕晓峰的一番解释让 Alli 恍然大悟，更加积极努力地工作，在巴展讲解、重要客户接待、市场支持等工作中表现出色，并在某重大项目的突破中做出了重要贡献，获得了 2008 年度销服体系金牌员工的荣誉。

到了年终奖评定时，鉴于他绩效出色，又没有股票分红，吕晓峰特意向上级请示，为 Alli 评了高出当时同等级别同等绩效一定比例的年终奖，还破格提拔他为 17 级专家。

实际上，在华为四万多的海外员工中，由于国情、文化、传统、语言、价值观等方面的不同，曾有许多海外员工都不太理解或者认同华为的价值体系。但对于他们中间真正优秀的人才，华为总是加以重用，发挥他们的才能和价值，并给以合理的回报。一个摩托罗拉的员工曾经感慨：“华为要挖我们的人很容易，我们要挖华为的人就困难多了，几乎不可能。”这背后，就是华为的价值分配体系在发挥作用。

在任正非看来，华为是一个功利性的商业组织，无论是中国员工还是外籍员工，他们在华为的机会和地位都是平等的。只要能为华为创造价值、做出贡献，那就是华为需要的人才，华为同样也不会亏待他，反之，如果不能创造价值，哪怕他是一个“圣人”“和尚”，华为也不需要。

2.2 以回报牵引大家持续奋斗

成立三十年来，华为始终高举“以客户为中心”的旗帜，秉承“以奋斗者为本，不让雷峰吃亏”的回报机制，长期保持艰苦奋斗的精神，一路披荆斩棘，大浪淘沙，从一个2万元起家、只有十几个员工的小作坊，成长为年销售额数百亿美元、拥有18万员工的全球化公司。时至今日，华为的“全员持股制”，激励着更多的人加入奋斗者的行列，在华为这个巨大的平台上实现自己人生的梦想。

华为以高压力、高绩效、高回报的薪酬体系，驱动员工不断向前，持续奋斗，创造高绩效，并最终为华为创造高价值。

阿富汗战争结束之后，当地开始大力重建，华为在阿富汗也有不少项目。刘晓棕到阿富汗出差，看到山上有许多华为的基站，就很惊讶，这些地区没有通公路，基站那么重的东西是怎么运上去的呢？后来他见到了项目经理，是一个北京大学毕业的小伙子，专业是巴基斯坦语，像一个普通的文弱书生。刘晓棕便问他：“你是怎么把这些铁塔、线缆还有设备运到山顶的？”

原来，华为的设备只负责发送到阿富汗境内，后面的安装及调通设备等工作需要他自己负责，结果租不到车，情急之下，他去找美军商量，说能不能用坦克帮他把设备运到山顶去。美军当然拒绝了，怎么能把坦克借给一个外国人？小伙子说，把基站运到山顶后，调通信号，就通电话了，对美军也有好处。美军觉得好像有点道理，于是用坦克帮他把设备推到山顶。在山上装设备时，小伙子带着睡袋和干粮，在山顶上住了一个星期，等整个设备全部开通了才下山。

后来上级看到他的成果，希望把他调到一个条件稍好的国家去，他却相当不情愿。他说："新员工每个月的工资才 3 000 元人民币，但是在阿富汗，除了正常的出差补助，我们战争补贴 1 天就有 100 美元。"也就是说，单单补贴一个月就有 3 000 美元，高投入、高回报，或许这就是为什么那么多华为的员工愿意去艰苦地区工作的原因。

为了牵引员工持续奋斗，华为坚持短期激励和长期激励相结合。长期激励是为了留住优秀人才，让企业实现长远发展，而短期激励主要是为了激发团队的活力。

短期激励一般为项目奖金。华为对成功项目重奖的例子可谓比比皆是，例如丹麦的TDC全网无线搬迁、优化和管理服务项目，项目组成员的奖金接近130万丹麦克朗，再例如埃塞俄比亚的网络扩容项目，华为中标该项目之后，立即拍出600万元人民币奖励项目组。

而华为的"虚拟受限股"和TUP则属于长期激励。"虚拟受限股"只有华为最核心的骨干人才才能获得，离职或退休以后，他们拿到的股票就将清零，而分红的依据是华为上一年度的收益，也就是利润。TUP更加直接，通常以五年为一期，分期向员工发放奖励，到期后，即便员工还在华为，但业绩没有达到一定的标准，也不一定能继续获得TUP。通过合理的长期激励机制，华为留住了大部分骨干人才，如今的高管大多是华为创立初期就来到华为的，例如孙亚芳、郭平、徐直军、余承东等。

2.3 让拉车人比坐车人拿得多

随着华为的发展，股东和资本所占的比重也越来越多，形成了所谓"拉车人（劳动者）"和"坐车人（股东）"两个利益层级。由于许多股东也是华为的员工，每年可享受华为可观的红利分配，他们越来越不愿意做普通的劳动者。如何平衡股东（坐车人）和劳动者（拉车人）的利益分配问题，对华为来说是一个很重要的课题，也是一个极为重要的考验。

在任正非看来，推动华为发展、让华为在瞬息万变的市场中生存下来的主要力量是华为的十多万员工，尤其是那些坚守在一线和海外的员工。所以尽管华为在发展过程中非常聪明地借助了资本的力量，但始终没有让华为变成一个由资本主导的企业。任正非说："未来华为的价值创造，要依靠资本的力量，但更主要是靠普通劳动者的力量。"

对华为管理者而言，一方面要管理好员工内部的分配结构，关注到公司的每个角落，让人人都能分享到公司成长的红利；另一方面也要协调好拉车人和坐车人的利益分配比例，让拉车人比坐车人拿得多，拉车人在拉车时比不拉车的时候要拿得多。

因此，华为将劳动所得（包括TUP、工资、奖金等收入）与资本投入所得（虚拟受限股收入）设置的分配比例大约是3∶1，这意味着，华为高分红的时代已经一去不复返了。

2008年，华为对"虚拟股制度"进行了调整，实行饱和配股制，也就是说，员工的配股上限和他的职级挂钩，每个级别达到上限后，就不再获得新的配股。这就意味着原本持股数量巨大的老员工很难继续获得配股了，但对进入华为不久的"新人"来说可谓是巨大的福利。

2011年，华为召开"如何与奋斗者分享利益"的座谈会，华为轮值CEO胡厚崑透露，为了防止老员工长期坐享公司股票的丰厚分红，华为出台了一系列具体措施，去识别新的"奋斗者"，并把不再是"奋斗者"的员工调整出去。例如华为一位十年的老员工，因为家庭原因拒绝去国外工作，因而失去了配股资格。

在这次座谈会上，任正非呼吁那些持股较多、将要脱离一线的老员工主动把所持的股票数量降下来，给新进的"奋斗者"更多机会。包括董事长孙亚芳在内的华为高管已经开始减持股票，任正非本人也在2012年减持部分股票。

华为人达成一种共识，货币资本所得保持合理收益即可，其他收益全部给人力资本所得。另外，退休员工的收益要保障，但不能过度通过股票大量分红来实现，而是要切实保证努力工作的员工获得合理的回报和上升的机会。

不过，任正非也指出，新加入华为的员工要保持良好的心态，不能因为工资比老员工低就觉得公司不公平。因为那些老员工过去在最艰难的时候坚守华为，比新员工获得更高的报酬也是对他们过去所作出的贡献的回报。

任正非说："我们是赶着牛车创业的，现在是高铁时代了，有些人没有'买'上票，许多人还不能当高铁的'司机'，当我们调薪时，有一部分人降薪就不奇怪了。当然，这还是比过去的艰苦时期挣得多得多了，牛车也卖的是'风光牛车'票，贵多了。不要与坐上高铁的人比待遇。"

3. 拉大差距，让火车头加油

在价值分配向奋斗者倾斜的基础上，华为更是提出要拉开顶端差距，给“火车头”加满油。在任正非看来，只有拉大差距，给“火车头”加满油，才能更好地让卓有成效的奋斗者创造价值，拉动华为这列火车前进。

3.1 拉大差距，突显关键人才价值

对大多数企业而言，关键人才的价值不言而喻。华为曾经购买了一个小团队的产品，买回来之后，却发现对其原理不能很好地理解，也就是说不能继续进行开发。于是，华为意识到，产品并不是最重要的，人才才是最关键的，于是又收购了该团队。

华为将员工分为三类：普通劳动者、奋斗者以及卓有成效的奋斗者。在任正非看来，卓有成效的奋斗者是华为的“火车头”，是带头人。华为不仅要有一群带头人，而且要在价值分配上体现出他们的价值来。

任正非指出：“卓有成效的奋斗者是公司事业的中坚，是我们前进路上的火车头、千里马。我们要让火车头、千里马跑起来，促进对后面队伍的影响；我们要使公司十几万优秀员工组成的队伍生机勃勃，英姿风发，你追我赶。”

华为消费者BG CEO余承东与新员工座谈时，有员工问：“深圳的房价这么高，应届毕业生初来深圳，多长时间才能买一套房子？”余承东以自己的例子做了示范：“1993年我加入华为，当时的工资是800元人民币，住在深圳大学教工宿舍楼那一带。深大对门有一个楼盘，我计算了一下，以我的工资，我一辈子在深圳都买不起房子。后来你们也看到了，不仅买得起，更贵的房子也买得起。今天你刚到深圳来，你一看房价，估摸着这辈子在深圳可能都买不起房子了。但事实上，只要你干得好，为公司不断创造利润，公司给你的回报也在不断增长，没有什么是不可能的。华为是一个有潜力、不断进取的公司，也希望员工能够成为公司的骨干人才。”

在任正非看来，华为有许多岗位承受压力大、工作难度大、需要创造性，这些岗位的员工为华为创造的价值最大、贡献最多，是华为最有价值的人群。

任正非曾经对财经部门的员工说，财务人员一定要懂业务，如果财务人员

只懂财务，不懂业务，那只能给公司提供低价值的劳动，你做的别人也能做，收入自然也上不去。但是如果既懂财务，又懂业务，那就能为公司提供独特的价值，别人都做不了，你的收入也就上去了，职位晋升通道也就宽敞了。

无论是企业还是团队，关键人才都是不可或缺的，他们的贡献是特殊的，是其他人很难替代的。一个人所能贡献的价值越不可或缺，他的贡献也就越大，为公司或团队创造的价值也就越大。相反，一个人贡献的价值越是可以替代的，所能为公司创造的价值也就越低。因此，要突显关键人才的价值，发挥他们的创造力，在价值分配上就应该拉开他们与一般人才的差距。

3.2 按价值贡献，拉升人才之间的差距

“效率优先，兼顾公平”，这是许多企业都大力提倡的，但是在实际操作中，却很难在两者间进行平衡，甚至既无效率也无公平的情况也有。其实，企业的发展是一个动态的过程，在这个过程中，价值分配也是在不断变化的。如果无法把握这一特点，以静态的眼光去看待“效率优先，兼顾公平”，那自然是“刻舟求剑”。

20世纪60年代,美国心理学家斯塔西·亚当斯针对员工收入提出了“公平理论”。该理论指出，当一名员工完成他的工作并获得了报酬以后，他不仅关心自己到底拿到了多少钱，将自己的收入和付出作比较，还会跟公司的其他员工进行比较。如果自己拿到的报酬和别人差不多，工作量也相当，他就会认为企业内部是公平的，因而心情舒畅地积极工作；当他发觉别人拿到的钱比他多时，内心就会产生不公平感，于是有怨气、发牢骚，对管理层有意见，继而影响到工作积极性。

21世纪初，在亚当斯“公平理论”的基础上，德国社会行为学家弗雷·莱纳德又有新的发现，他说，“相对”差距是客观存在的，企业也可以合理利用这一点，至少让员工明白，这种差距并非是制度上存在缺陷，而是因为两个人为企业创造的价值不同，才导致差距的存在。既然这种差距并非不可填补，那么，收入较低的员工便想要追赶，而收入较高的员工也会努力维持这种差距，企业内部便能形成良性的竞争环境。

早在1995年，任正非便在内部讲话中强调，华为要逐步拉开差距，提高优秀人才的待遇，让有贡献的人先富起来。21世纪以来，华为对薪酬体系进行了

数次变革。

2001年，华为开始逐步制定透明有效的业务部门奖金方案，形成激励和约束的可持续发展机制。在此之前，华为的奖金分配还属于“大锅饭”的形式，哪个部门业绩好，就集体奖励，哪个部门业绩差，就集体受罚。随着华为不断实践，不断提高认识，华为管理层意识到，当企业发展到一定规模时，这种集体奖惩对人才的激励效力很小，集体奖励和集体受罚近乎没奖没罚，无法体现出每个员工的个体差异。

2007年，华为开始对英国本地员工进行双轨制考核，将短期奖金激励与个人业绩承诺的晋升考核相统一，保证“差距”的有章可循，让本地员工奖金透明化，员工能拿多少钱自己一清二楚。

2009年，华为继续对薪酬体系进行优化，使奖金评定流程简易化、明确化。当期贡献好，当期就发奖金。

以华为的成熟业务网络设备奖金分配为例，华为规定，每个代表处必须实现基线管理，即奖金由代表处自主分配，奖金以考核为准，考核以基线为准。每个代表处的计划出来后，都要有一个相应的业务基线，实际完成情况和这个基线进行比较。基线也不是只有一条线，销售要有基线，利润也要有基线，二者权重谁大谁小，不同时间权重有不同，不同区域也有不同，但不是随意变化的。员工只需要对比基线标准去做，并且努力做好，一个周期结束后，该得多少奖金，公司会立刻发放。华为网络设备业务部门一名员工说：“结果一经公布，谁的成绩好谁的成绩差一目了然，做得好的就多拿，做得差的就少拿，谁也挑不出毛病。想多拿奖金，赶上前几名，就得努力在下个周期把工作做好。”

说到底，每个成员对于团队的贡献是不一样的，是“不平衡”的。这就决定了价值分配策略也要“不平衡”，否则就不能真正激励有贡献有能力的员工，就不能激发全员持续进步，为企业和团队创造更多的价值。

华为轮值CEO郭平在2015年的新年致辞中指出：“只有正确的价值分配制度，才能激发出所有员工创造价值的能量。近年来，华为员工的积极性和组织活力有明显提高，说明我们的激励机制改革发挥作用了。我们将继续优化激励机制，让全体员工及时分享到公司的发展成果，鼓励大家去冲锋。”

2018年，华为消费者BG对荣耀手机部门的激励方式进行改革，大大简化了考核和奖金发放的方式。

在考核方面，荣耀不再考核利润率，而是以服务用户的贡献度来考核，也就是说，服务的用户（销量）越多，贡献度越高。当然，在完成华为公司制定的利润额的前提下，贡献度越高，奖金越多，上不封顶。

具体的奖金方案是：荣耀奖金 = 荣耀手机服务用户数（销量）× 每部手机提取金额 × 超额完成服务量（销量）加速系数 × 利润额完成率。

超额完成服务量加速系数，就是指完成华为的年度目标任务之后，奖金将加速增加。只要拿出贡献，“13 级小兵”甚至可以拿到“23 级将军”的奖金。除此之外，在职级评定、破格提拔方面也有倾斜。对于愿意去荣耀的员工，华为也打开绿灯，鼓励员工做出贡献。

由此可见，华为坚决执行报酬向面向客户的贡献者倾斜的制度的决心和力度。这也刺激了员工不断改进、前进的欲望，使得更多优秀的员工愿意付出更多的努力投入到公司的发展浪潮中。

华为通过拉大人才之间的差距，不仅让员工分享企业成长的收益，更是以此来鞭策员工持续奋斗，从而让员工利益和企业发展休戚相关，荣辱与共，使员工产生主人翁意识和使命感，无形中便形成“高能力、高绩效、高报酬”之间的良性循环。

3.3 给火车头加油，驱动团队奋斗

在拉大差距的同时，华为也清楚地认识到，企业作为一个整体，为同一个目标而奋斗，每个人都发挥出了自己的能力和价值。也就是说，在一个团队中，大家的贡献是相辅相成的，而不是单单靠哪个人的力量实现的。因此，在价值分配上，也要坚持群体奋斗，并形成共同的奋斗精神。任正非说：“过去大家一听说你做的产品有问题，都到你那里帮忙。那时虽然我们的产品不够好，但勤能补拙，大家互相帮助、互相信任。”

因此，华为的“火车头”不仅仅指的是那些有突出贡献的人才，更是指那些贡献突出的团队。给这些团队“加满油”，便能激发更多的团队争当“排头兵”“领路人”。

丹麦 TDC 是老牌运营商，但是网络老化，成本高居不下，用户体验不好，在

激烈的市场竞争中市场份额逐年下滑。为了重新赢回客户，TDC要华为做全网无线搬迁、优化和管理服务。这一项目难度和挑战不可谓不艰巨，项目组与TDC展开了漫长的谈判。项目经理周瑞生相当清楚，如果这个项目能成功，显然能为公司赚取非常多的利润，项目组的绩效考核也会相当优秀，于是他果断做出决策，与客户签署了协议。

为了达成目标，向客户兑现承诺，项目经理周瑞生将相关难题提交到总部，寻求支援，并在华为内部招募有相关经验的员工。很快，周瑞生得到了上级的支持，几个有经验的员工加入了他的团队。周瑞生带领交付团队，用了九个月的时间，一个一个作业流程优化，一个一个站点进行规划，或搬迁、或扩容、或优化，实现了高效运作，最终把客户的网络质量做到了第三方测试排名第一，圆满地完成了客户制定的目标。根据合同中的奖励条款，客户给华为发了1 300万丹麦克朗的奖金，而奖金的大头都进了项目组。

任正非在EMT会议上指出："要继续完善奖金策略，激发员工的积极性，激活组织。华为高层的职责是确定奖金的导向机制，具体的多样化分配方案授权下级团队制定，奖金的发放规则按业务需求和管理要求细分，增强激励的针对性、及时性，以起到明显的杠杆效应。"

为了达成这一目标，华为在坚持"获取分享制"的基础上，又探索了按"多产粮食"来确定薪酬包和奖励的机制，驱动所有团队持续奋斗。

4. 用物质激励驱动价值创造

对企业而言，物质激励可以说是最直接的激励手段。因此，华为在招聘和吸纳人才时，往往以高起薪来吸引他们，这一点也一直被人们所津津乐道。但除了基础的工资，华为的奖金和分红往往才是大头。

4.1 以物质激励聚拢人才

物质激励在招揽人才的过程中发挥着巨大的作用，这毋庸置疑。企业的物质激励如果没有竞争力，那么是很难招揽到合适的人才的。因为企业和人才之间是双向选择，只有双方认为合适才能走到一起，而越是优秀的人才越不缺少选择的机会。当然，物质激励不是引进人才的唯一条件，这是必要不充分的关系。也就是说，具有竞争力的物质激励并不一定就能把人才引进来，但它是引进人才必要的条件之一。

世界上知名的企业都把人才争夺当成一个战略目标来对待，华为近年来也提出要“吸纳全世界最优秀的人才”。因此，在物质激励上，华为也要向国际知名企业看齐。

据华为披露的数据显示，2016年，华为公司的薪酬总额是160多亿美元，总员工数量是18万多，人均年薪是9.5万美元。华为这一薪酬水平在世界顶尖企业中具备了相当的竞争力。在国际知名企业中，谷歌的人均年薪是最高的，达到了11万多美元；微软、思科等企业都在9万多美元，与华为差不多持平；爱立信员工的年薪是8万多欧元，折合成美元则略低于华为。可见，华为的人均薪酬水平已经进入世界顶级ICT企业的行列。

据一份从华为内部流出的2017年校招Offer显示，一个工作地点在南京的研发类岗位的年薪是288 000元人民币，其中包括72 000元的年终奖。除了五险一金的基本保障，华为还会为每个员工购买商业保险和医疗救助。当然，高年薪也需要有相应的绩效匹配。

其实，华为员工在加入华为的前两年，其收入跟行业平均水平相比，领先程度并不明显，但是到第三年以后，奖金和长期激励部分就会体现得越来越明显，特别是长期激励。如果员工被派往海外地区工作，还会有许多补助，收入大幅增长。

据资料显示，过去三年，华为员工的收入增长都大于华为的利润增长，也就是说，华为把过去所赚的钱也拿出来与员工分享。让公司与员工、客户共享利益，这是华为一贯推崇的。任正非说：“蛋糕越做越大，朋友越来越多，华为才能持续发展下去。”

4.2 萝卜加大棒，促使员工快速成长

早在1996年，任正非就旗帜鲜明地指出，薪酬和激励体系既要激发员工的动力，也要对员工形成约束。有约束、无动力，企业就会一潭死水；而有动力、无约束，企业的管理就会混乱。只有建立公平合理的价值分配体系，将约

束和动力统一起来，才能不断催发企业内部的化学反应。对PBC的考核便是华为薪酬体系里非常重要的一环。

华为的员工每年都要签订PBC。根据PBC中承诺目标的高低，分为持平、达标、挑战三个等级，一个财年结束后，根据各个目标的实际完成情况对绩效进行评估。不能完成承诺目标的员工会受到处罚，除了自己当年度的奖金、分红受影响外，职级晋升也会受到影响。

据华为内部资料统计，从2010年到2012年，三年间，华为共有177位主管因没有完成绩效承诺而被免除管理职位，共有346位部门副职因部门绩效不达标而错过升职机会。除此之外，还有103位中高层管理人员因部门绩效不达标而没有拿到年终奖金和配股，有21位管理人员因对下属绩效考核有失公允而被免职。通过这些精准的数据，我们可以看出华为在落实干部绩效责任上下手的力度。

此外，华为还坚持末位淘汰制，对低绩效员工进行辞退。如今，末位淘汰制已经融入华为的日常绩效考核工作体系之中，具体的措施包括：已经降职的干部，一年之内不准提拔使用，更不能跨部门提拔使用；连续两个周期绩效不能达到公司要求的部门，不仅一把手要降职使用，全体下属干部和员工也要处罚。

不仅是华为执行末位淘汰制，许多知名企业也提倡类似的管理机制。

马云说，有六类人必须淘汰：吃里爬外的、不爱学习的、斤斤计较的、工于心计的、太过势利的和缺乏激情的。阿里巴巴内部实行了“271战略”，即20%是优秀员工、70%是优良员工、10%则是要淘汰的员工。

在通用公司总裁杰克·韦尔奇的要求下，通用公司每年都会严格评估和区分员工的等级，评选出20%的明星员工、70%的活力员工以及10%的落后员工。落后员工会得到一到两年的改进缓冲期，如果还是没有改进，则会被通用公司解雇。

可见，对企业和团队而言，正向激励和负向激励都是必要的激励方式，两者相辅相成，推动着企业和团队的成员加速成长，自我提升，为企业创造更多的价值，也为自己带来更多的回报。

4.3 激励员工多做贡献

华为自创立之日起，便始终贯彻“有多少贡献就拿多少钱”的准则。有能力有贡献，就让他们“发财”。在激励员工做出贡献上，华为从来不斤斤计较。可以说，这也是华为文化“特立独行”的地方。有些企业在这上面过于斤斤计较，不愿意让员工拿到更多的钱，他们认为员工的业绩都是依靠公司的资源拿到的，公司既然已经给员工付了工资，那么员工做出贡献是应该的。但是在任正非看来，华为赚的所有钱都是华为员工一个客户一个客户跑出来的，奖金都是他们自己挣来的。

2012 年底，华为在某国中标近 10 亿美元，终于攻克了这座多年都未能拿下的“大粮仓”，参与竞标的团队获得 700 万元人民币奖金。第二年合同顺利签订后，任正非决定再奖励 1 000 万元人民币。

时任所在地区部总裁得到消息，就跟任正非说：“任总，公司已经奖励过了，这次您请大家吃个饭意思意思就行了。”任正非听了很生气：“奖金的事情怎么能意思意思，该发就发，绝不能含糊。你自己吃饱了不管兄弟们死活，那把你的奖金股票工资都给我，我天天请你吃饭。”

在这之后，任正非又连打 5 个电话给地区部总裁：“你要认真想想，弟兄们在一线干活不容易，要给大家分好钱啊！”地区部总裁又说：“任总，1 000 万元太多了，我不敢要，压力太大，过去哪有一个项目奖这么多的？虽然我一分钱都拿不到，但我心里还是过不去啊。”任正非说：“那你告诉我多少合适？”最后在任正非的坚持下，还是又发了 700 万元奖金。

华为运营商BG总裁邹志磊曾这样评价任正非：“我们要一碗米，他给你十斗米；你准备一顿大餐，他给你十根金条。一个项目怎么干他不关心，他给你政策、资源，只要结果。”

其实，华为文化很简单，坚持“以客户为中心”的价值创造原则，坚持“以奋斗者为本”的价值分配原则，提拔有能力有贡献的人，让奉献者拿到合理的报酬。这种文化根植于华为的基因中。

5. 敢于表彰，扩大非物质激励面

物质激励能够满足员工衣、食、住、行最基本的生存需要，而很多精神需求也需要物质基础的支撑，因此，物质激励能够在很短的时间内产生激励效果。但是，单纯依靠物质激励很难让一个企业实现长远发展。所以，华为能成长为拥有十几万员工的世界级企业，依赖的并不仅仅是物质激励，更包括许多非物质激励。

5.1 让成员在工作中获得荣誉感

任正非说："企业的发展不能只以利益来驱动，君子取之以道，小人趋之于利，以物质利益为基准，是建立不起强大的队伍的，也是不能长久的。"当物质激励达到一个阶段时，人对于物质的需求就不是那么重要了，也就是说，事物在发展过程中，主次矛盾发生了变化，非物质激励变成了主要矛盾。此时，非物质激励可能才是人们首先要考虑的。

美国著名心理学家马洛斯提出了著名的"需求层次理论"。他认为，人的需求主要分为五大层次：生理需求、安全需求、社交需求、尊重需求和自我实现需求。

生理需求

生理需求（Physiological needs），是人类最原始最基础的需求，如：食物、水、空气、性欲、健康。显然，如果一个人的最基础的生理需求得不到满足，就生存不下去，这个人便可能会不择手段让自己活下去，思考能力、道德观明显变得脆弱。

安全需求

安全需求（Safety needs），其中包括对人身安全、生活稳定以及免遭痛苦、威胁或疾病等的需求。对一个企业的员工而言，安全感就是企业提供的薪酬能不能满足他生活稳定的需要，同时也包括他失去工作的可能性，因为如果一个企业虽然能提供不错的薪水，但是随时都可能裁员，这样的工作也不是很有安全感的。

社交需求

社交需求（Love and belonging needs），属于较高层次的需求，如：对友谊、爱情以及隶属关系的需求。我们常说的让员工对企业有归属感，让他们觉得企业是一个大家庭，对员工而言就是一种社交需求，或者说爱与归属的需求。

尊重需求

尊重需求（Esteem needs），属于较高层次的需求，如：成就、名声、地位和晋升机会等。尊重需求既包括对成就或自我价值的个人感觉，也包括他人对自己的认可与尊重。对员工而言，如果一个企业有良好的晋升通道，那无疑会很好地满足他的尊重需求。一些非物质奖励也包括在这项需求内。

自我实现需求

自我实现需求（Self-actualization needs），是最高层次的需求，包括针对真善美至高人生境界获得的需求，因此前面四项需求都能满足，最高层次的需求方能相继产生，是一种衍生性需求，如：自我实现，发挥潜能等。也就是说，在这一层面上，物质激励已经很难再对一个人产生作用了，他关注的是自我价值的实现。

马洛斯的“需求层次理论”如今在许多领域都得到了广泛的应用，它基于心理学的层面解释了人的需求。在许多西方经济学家看来，社会的发展和进步正是被人类总的需求所推动的，有需求才有供给。因此，“需求层次理论”为如今许多企业在制定激励政策方面提供了极好的参考。

华为在非洲大概有六七千员工，非洲工作条件非常艰苦，有些国家还疾病肆虐。比如，在南非的华为员工不少人都得过疟疾，但他们一直坚守在那里。因为支撑他们的是华为“以奋斗者为本”的价值逻辑，可以说从多方面满足了员工各个层次的需求。

华为一位HR曾走访非洲，与那里的华为员工进行交流。HR问他们为什么来非洲，大多数人都说为了赚钱。有的员工来非洲，开始的目标是三年赚够100万元，然后去美国留学，但是到了第二年就不这样想了，因为第二年被提拔了，工资也增加了。还有的员工在非洲待了好几年，甚至十年，对他们来说，在如此落后的一个国家，参与他们的通信网络建设，一步一步建起来，让几千万人可以通过现代通信工具进行信息交流，这种成就感是在别的地方无法体会到的。

华为曾做过一次内部调研，发现许多身在艰苦地区的华为员工并不愿意去欧洲、北京、上海等发达区域。其原因就在于华为的内部文化，华为营造了“以去艰苦地区为荣”“以艰苦地区为榜样”这样一种氛围，如此一来，虽然非洲条件艰苦，但正是这种荣誉感和成就感满足了许多人实现自我价值的需求，因此激励着无数华为人砥砺前行，坚守一线。

所以，很多员工不只是为了钱才努力工作，物质之外的激励同样重要。荣誉感和成就感不仅仅是一个仪式、一份奖励，更是一份责任。企业和团队应该让员工在工作中获得荣誉感和成就感。

任正非说："海军官兵上阵就很讲究仪式，海军军官还佩剑，激励了官兵一生的努力。我们发奖的时候也可以正式一点、光鲜一点、欢跃一点，给人一生记忆。拍个照片可能就感到很庄严，这就是激励感，让他感到要承担责任。"因此，在任正非看来，仪式与勋章给员工带来的是荣耀感，而这种荣耀感可以激发出更大的责任感与使命感。

5.2 扩大激励面，使英雄辈出

华为提出，坚决贯彻物质激励和精神文明建设双轮驱动，用荣誉感激发责任感，将公司愿景使命与员工工作动机相结合，在规则制度基础上信任员工，激发员工持续奋斗的内在动力。

为了更好地发挥非物质激励对员工的激励作用，形成人人争先的内部氛围，让英雄辈出，华为设立了一系列非物质激励的奖项。通过这些奖项，给予那些优秀的人才以非物质激励，满足员工多样化的个人需求，让员工获得荣誉感和成就感。华为非物质激励奖项最高的级别有公司金牌奖，其下还有BG行业奖、BG总裁奖、产品线总裁奖、部长奖等（见表8.1）。

表8.1 华为非物质激励奖

公司	公司金牌奖
BG	BG行业奖、BG总裁奖、BG行业及时激励奖
产品线	产品线总裁奖、产品线总裁及时嘉奖
部门	部长奖、行业奖、部长奖/行业奖及时嘉奖
其他	招聘推荐奖、冲锋奖、优秀员工、思想导师

2014年，华为启动"明日之星"民主评选活动，选举广大员工心目中的英雄。

在一个评选区域里，每100人就产生20名“明日之星”，获奖比例可谓相当大，而且艰苦地区的部门，获奖比例更高一些；绩效持续优秀的团队，获奖比例也高一点。评选标准也在华为的心声社区展开民主讨论，然后由各地各自制定标准。

“明日之星”每年由道德遵从委员会启动评选，各级道德遵从办公室与行政管理团队协商合作，部门员工全员投票，一人一票，评选产生“明日之星”。评选结果由本部门道德遵从委员会在部门内公示。对结果有异议的，可以反馈给道德遵从委员会。通过这种民主的形式，真正选出让所有人服气的员工或干部。

任正非专门指出，非物质激励就是要把英雄的盘子划大，让多数人变成先进，让员工看到机会，拼命去努力，实现“遍地英雄下夕烟”。在他看来，华为绝大多数人是先进人物和优秀分子，但能获得公司金牌奖的员工还是太少，很多员工来到华为好几年了，还没拿到什么奖。因此，华为的激励手段要多样化、丰富化，让绝大多数员工变成先进人物和优秀分子。

5.3 发现成员优点，关注默默贡献的人

随着华为不断地发展壮大，业务也拓展到海外地区，在任正非的号召下，许多员工纷纷“出海”，到海外去工作。华为许多业务都在条件非常艰苦的国家或地区，这些地方的华为员工工作十分辛苦。这时，任正非敏锐地察觉到，除了物质上的激励，华为也要大力给予员工非物质激励，例如休假旅行。

近年来，华为开展了许多员工旅行活动，安排在艰苦地区奋斗多年以及外派国外多年的华为员工与家属一起出游。例如华为中东北非片区“阳光之旅关怀计划”。考虑到一些员工已经在阿富汗连续工作5年，活动首先在阿富汗办事处开展，这些常驻阿富汗的员工带着家属来到埃及度假观光，逛开罗、游红海、观金字塔、骑骆驼等，一系列独有风味的活动让每一个员工暂时放下手中的工作，尽情体验神秘古老的埃及文化和风情。在旅行结束前，华为还专门为员工留出几天，方便员工及家属购物。这次活动，对于长期承受高压力、高强度工作的华为海外员工而言，无异于一场及时雨，让他们放松身心，并且和家人团聚在一起，使他们在之后的工作中更好地集中精神投入。

此外，华为也有相当一部分从事基础性工作的员工，他们虽然没有像一线

团队那样直接为华为创造价值，但他们作为“润滑剂”，为华为整个公司的顺利运营也起到了不可或缺的作用。如果总是拉高顶端，那么在公司内部可能就形成了两个对立的群体，那就会产生内部矛盾。因此，任正非要求，也要关注到这一部分员工的利益，让他们获得社会可比性的收入待遇，让所有人都分享到公司的未来收益。这样一来，华为才能万众一心，形成新的战斗力。

任正非举例说：“司机在机场等客人，一旦客人晚点，就要在机场外等几个小时，与其让他坐在车里开着空调，为什么不能同意他们去咖啡厅喝杯咖啡、吃点东西，这样汽油也节省了，他本人也有感觉。这种改善有利于巩固我们的队伍，也有利于优秀员工拿高工资。”

在华为，维修人员并非受人瞩目的存在。但仍有许多人在这一岗位上默默奋斗，不断进取。刘爱群便是这中间的一员。

在一次紧急项目中，H 国 S 单板出现故障，客户要求华为进行全网整改，华为研发部门协调生产维修技师一起参与项目整改。刘爱群随团队来到了 H 国，面对严峻的形势，他提出了很多具体控制措施，严格做好不同状态区域划分，确保每一个步骤质量得到有效保障。由于整改时间紧急，客户要求由集中运输到一个整改点改为直接到各局点整改。为满足客户需求，刘爱群不得不在局点间各处奔波，移动整改场所，同时为了赶进度，当天更换下来的产品当天完成整改，他经常加班，最终使客户业务快速恢复。

刘爱群的敬业精神和对质量的严格要求，打动了客户，得到了客户方负责人的充分认可，他和客户也建立了友谊。周末，他和客户一起爬山，参加客户的生日聚会，临走时客户还特意送他到车站。

刘爱群从一名维修工，到获得华为“公司金牌奖”，再到维修部门的主管，始终坚持在维修的岗位上。他说：“希望更多人能看到维修岗位的价值，不要只看眼前的得失，坚持做有价值的事情，成为公司值得信赖的人。”

任正非在内部讲话时指出，华为要提升从事基础性工作员工的待遇，不仅是经济待遇上要逐步达到国际标准，也要在地位上肯定他们，培养他们的自豪感与自信心。通过一系列举措，让他们也参与管理，也等于给华为培养了后备人才。

在销售团队内部，实际上也有这样起到“润滑剂”作用的成员，他们默默无闻地从事着基础性的工作。作为管理者，应该给予他们关注，看到他们的优点和对团队的贡献。

6. 为奋斗者提供职业晋升通道

正如马洛斯“需求层次理论”指出的那样，员工在企业工作，不仅希望自己的职业发展道路有着明确的方向和通道，也希望能在工作中获得提升，超越自我。因此，职业晋升空间同样是团队激励不可或缺的一部分。

6.1 帮助团队成员提升自我

因此，除了必要的物质激励，管理者也应该在工作中帮助成员不断提升能力和见识，获得成长。一般而言，管理者都是从普通员工成长起来的，对于普通员工在成长中遇到的困惑或者瓶颈，多多少少也曾经历过，可以感同身受。即便管理者在具体业务上无法进行指导，但大方向是可以帮助成员把握的。

毛国峰是华为企业通信设计部5级专家。他认为，要想保持战场常胜的秘诀就是要有一支素质过硬、敢打敢拼的队伍。毛国峰对人才相当珍惜，对新员工尤其重视。每当有新员工加入，他便组织员工研讨交流，顺势为新员工推荐入门学习资料，激励他们从小处着手做探究，并鼓励新员工多发言。

在毛国峰看来，跟水平相当的人交流，这样的交流往往最高效，最能碰撞出火花，也更好避开由于知识体系架构不同而存在的“理解狭缝”。为此，毛国峰经常引导团队成员自行组队讨论，谈工作感想，谈人生体验，就是为了让他们在讨论中提升自己。

毛国峰说：“华为可以提供更宽广的技术平台，可以让真正想做技术的人走进技术的核心，实现技术控们的职业夙愿。我的责任就是培养他们，使他们成为真正的技术人员。”

实际上，很多时候，大部分成员在工作中都希望有所成长，但限于自身的经验或能力，不一定就能找到方向。此时，管理者可以根据自己的经验给予他们必要的指导，达到言传身教的效果。

华为员工杨瑞当时负责某产品全球发布的版本，版本应用规模大，现网配套厂商多，客户需求紧急，他一时比较焦虑，怀疑自己到底能不能做好这项任务。主管了解到他的情况，每天晚上加班过后，便找他沟通，进行业务辅导。主管仔细倾听他对业务的策划与布局，考虑的风险与应对措施等，并在他讲解过程中适时点评。同时，主管从更高层面给他提醒潜在的风险，协同局方的需求等。主管的运作视角和提出的思路让他茅塞顿开，主管还答应帮他打通关键节点，最后，主管鼓励他说："版本整体把握很好，放手去干，把版本做成交付的样板。"但是主管也告诉他，以后不会常常去"辅导"他，只有遇到解决不了的困难，才会帮他。此后，杨瑞迅速成长，积极作出自己的贡献。

在任正非看来，评价一个干部，不仅要看他带领的团队的业绩，也要看他团队的员工是不是够出色、有进步。管理者在团队中起到的是催化剂和黏合剂的作用，同时也起到给组织造血的功能。带领的团队业绩突出，团队成员个个出类拔萃，这样就可以建立起充满活力、高质高效的团队。

6.2 不争功劳，推出明星成员

作为管理者，应该有"先天下之忧而忧，后天下之乐而乐"的精神，这种精神就是社会责任感。在任正非看来，狭义上的社会责任感，就是实现企业和团队目标的强烈使命感和责任感。能"打粮食"的人是"英雄"，而能让下属成为"英雄"的是领导者。企业既需要"英雄"，也需要领导者。领导者的责任就是要使下属成为"英雄"。作为华为的创始人，任正非就是这样一个让下属成为"英雄"的领导者。

不仅如此，任正非还要求华为的干部要善于发现身边的英雄，发现身边的英雄行为。华为的发展需要无数的英雄人物来推动。他说："不是一两个企业家创造了历史，而是70%以上的优秀员工，互动着推动了华为的前进，他们就是真正的英雄。"

伍小川在成都LTE开发部操作与维护开发组工作。按照当时的架构，操作与维护是直接面向客户的操作与维护界面，关系重大。那时，故障告警检测模块不仅代码量大，问题也非常多。

为了解决故障告警检测缺陷值居高不下的问题，伍小川向主管、系统工程师、模块设计师和代码开发等诸多同事请教，同时结合自己对编程的理解，决心重构代码。用了一个月的时间，伍小川重构代码量超过 1 万行，重构后代码减少 30%，优化 CPRI（通用公共无线接口）故障检测逻辑 2 000 行代码，重构期间解决老代码隐藏缺陷超过 8 个。

这时，客户反馈基站的告警帮助不易理解，伍小川继续进行优化，以全新的图形化语言颠覆式地重构原有资料，并通过分离近 / 远端操作，提高网上运维可操作性。改进后的产品获得客户的广泛好评，这也让他成为团队的明星成员。

在任正非看来，干部要有奉献精神，学会多肯定下属的贡献，这种肯定并不是没有回报的。因为下属的业绩和成就是在管理者的领导下实现的，肯定下属的贡献实际上就是肯定管理者自己的能力。下属干得好，那么管理者自然就“升官发财”了。

6.3 为团队成员提供晋升的机会

华为一贯坚持多劳者、贡献者则“升官”的晋升机制，对华为员工而言，要想快速进步，到非洲去，到艰苦地区去；要想做“将军”，到“上甘岭”去，到主航道去。

蔡鹏于 2010 年加入华为，领导询问他的工作意向，他提出希望挑战自我，在挑战中学习，领导便让他去塞拉利昂，他当时不假思索地答应了。在塞拉利昂，他负责当地市场及办公室的整体工作。塞拉利昂国家穷，条件艰苦，以前都没有华为的员工愿意到那里去。

到了塞拉利昂，蔡鹏才发现当地的条件远远比预期的差，突破了他的心理底线。塞拉利昂分旱季和雨季，他住的地方和办公室在一个山坡上的小院子里，每到雨季，屋子里面阴暗潮湿。工作上也充满挑战，工作交接完毕之后，他发现关键客户并不信任华为，项目面临被友商抢走的风险。

在最初的三个月，蔡鹏心里一直在斗争，多次萌生了辞职的想法。但是思索了无数次，他下定决心，即使要走，那也要干出点成绩，光明正大地走。蔡鹏把精力全部放在工作上，每天都想着如何运作客户关系。终于，蔡鹏做出了成绩，项目交付率达 100%。很快，他的优异表现为他赢得了华为的“公司金牌奖”。地区部的领导也非常信任他，破格提拔了他。

在任正非看来，机会向奋斗者倾斜，就是坚持从“上甘岭”选拔干部，因为那些在艰苦地区工作的员工的业绩未必比市场成熟的地区的员工的业绩好，但他们所付出的努力则要大得多。

为此，华为还提出了三优先、三鼓励的政策。三优先是：优先从优秀团队中选拔干部，出成绩的团队，要出干部；优先选拔责任结果好、在一线和海外艰苦地区工作的员工进入干部后备队伍培养；优先选拔责任结果好、有自我批判精神、有领袖风范的干部担任各级一把手。三鼓励是：鼓励干部到一线工作，特别是海外一线和海外艰苦地区，同时奖励要向一线倾斜，要大幅度向海外艰苦地区倾斜；鼓励专家型人才进入技术和业务专家职业发展通道；鼓励干部向国际化、职业化转变。

第9章 超越期望的努力

员工在华为改变命运的道路只有两条，一条是努力奋斗，二是产生优良的贡献。华为给员工的报酬是以他贡献的大小和任职能力为依据，不会为员工的学历、工龄和职称，以及内部“公关”做得好支付任何报酬。

——任正非

1. 超越公司对团队的期望

不管是个人也好，团队也好，企业也好，挑战目标都是没有极限的。因此，要打造高效的销售团队，不仅需要完成公司的目标，更需要自我超越，超越公司对团队的期望。

1.1 坚持不懈，为客户攻克难关

在通信设备领域，情况复杂多样，很多时候面对的不只是技术上的难题，还要面对复杂险峻的自然环境的挑战。其实很多时候，客户都只是抱着让华为试试看的态度，并没有抱太大的希望。但华为的一线团队始终坚持“以客户为中心”，从不轻言放弃，克服万难，攻克难关，为客户及时开通网络打下了基础。华为正是用这样的精神，赢得了许许多多客户的信任和尊重。毫不夸张地说，华为今日的成就就是靠一线团队一步一个脚印拼搏出来的。

欧洲通信杂志《Connect》在欧洲极有影响力，其组织的 P3 比拼和排名，所有的电信运营商都极其重视。P3 比拼是第三方网络比拼测试，基于用户体验以同等标准对运营商网络打分和排名。因此，P3 比拼被运营商视为大考，对用户选网、运营商口碑、市场品牌形象和管理层等方面的影响都非同小可。

瑞士 S 客户的网络由于基础条件落后，排名常年垫底。2012 年，为了提升网络质量，S 客户决定让华为进行改进。

项目困难重重，问题多多，解决了一个问题，更多的问题又蜂拥而至，这对华为一线的项目组是一个极大的挑战。但项目组自立项以后始终坚持不懈，出现一个问题就解决一个问题。就这样，经过两年的努力，客户的网络得到了巨大的提升。

2014 年，S 客户的 P3 排名由三国 10 网垫底上升到第三，可谓跨越式的进步。客户 CTO 在结果出来之后，第一时间与华为项目组成员分享喜讯。华为项目组交付副代表说道："只有亲身经历过这样肩挑手扛的艰难与痛苦，才能真正懂得其中的艰辛与不易。"

在任正非看来，艰苦奋斗不仅仅指的是条件上的艰苦，更包括思想上的艰苦奋斗。思想上的艰苦奋斗，就是要保持坚持不懈的信念，攻克一个个难题，越过一个个险滩，始终聚焦客户，不断进取，不断地提升为客户服务的质量，为客户和公司创造价值。

1.2 吃透客户需求，适度超出客户预期

任正非曾说："如果我们将产品质量提升到别人达不到的高度，将来华为的标准，就是产品的标准。越南遭遇史上最强台风，其他公司的铁塔都塌了，就华为铁塔还在。这就是我们的优势，这就是我们的核心竞争力。"

任正非这段话也体现出华为的自信。尽管华为属于后起之秀，但经过几十年的发展和积累，华为在通信设备领域已经拥有一定的优势。这种优势并非凭空而来，而是华为不断深度挖掘客户需求、吃透客户需求而获得的。

沃达丰是欧洲知名的电信运营商，拥有 24 张子网。为了拓展沃达丰这个客户，华为可谓经历了漫长而艰难的过程。

有一次，彭博找到机会，在机场见客户，结果客户只听了几分钟，就打发他走了。之后，华为公司的高层也专程赴欧洲拜访客户，并向客户表示："华为的无线产品经得起任何考验！"沃达丰的 CTO 将信将疑，提议道："那就把华为的产品放到最严格的德国来进行测试。"

然而，华为准备了几个月，德国方面却不愿意让华为在德国测试，之后，测试的地点改在西班牙。尽管机会渺茫，但华为的团队还是不轻言放弃。客户每提出一个要求，华为都积极响应。比如客户提出要看看华为的高铁覆盖方案，华为仅用三个月就在上海磁悬浮沿线搭建了覆盖，并请客户到上海体验。

经过不懈的努力，华为终于打动了客户。尽管最初的招标名单没有华为，但后续的招标却选择了华为。华为也终于实现突破，第一次获得了沃达丰的招标。客户说："我们原本没考虑你们，但没想到你们能做得这么出色。你们做事的严谨、规范、响应速度，以及团队成员，我们都非常认可。"

在任正非看来，吃透客户需求、超出客户期望就是要在产品和服务上都做到业界领先，并且这种领先是符合客户当下需求的。也就是说，这种超出的期望应该是客户需求之内的，而不是说一味“颠覆式创新”，偏离了客户的需求。

微软公司推出的Windows Vista操作系统就是一例，尽管该系统在诸多方面都有重大的创新，比如“毛玻璃特效”“3D桌面”等，但对当时的用户而言，多少显得华而不实。并且，该系统对电脑的硬件配置要求非常高，超出了当时主流电脑的配置，这一点也是当时被人诟病的地方。因此，Windows Vista操作系统在市场上“遇冷”也就毫不例外了。

1.3 严格要求成员，为团队贡献成果

任正非曾告诫华为员工，如今华为在主航道前行，这意味着华为正在向着未来的方向突破。突破就意味着未知，意味着挑战。人类的任何突破都是历经磨难才完成的，不可能舒舒服服的。厚积才能薄发，没有艰苦奋斗的精神，是不可能完成突破的。因此，每个人都要严要求、高标准，做出自己的贡献。实际上，对于团队而言，要超越公司的期望，同样也是如此。

李品兴是华为 GTS 的专家，主导设计过多个公司重大项目。2011 年，华为参与某国电力光缆项目的竞争。尽管友商经验丰富，有过类似的交付项目，而华为的经验几乎为零，但是在李品兴的带领下，项目组各项工作有条不紊地进行着，编制投标计划、现场勘察、分析优势和劣势、交付难点和风险等。很快，总体解决方案出炉。

不过，李品兴根据自己的经验和对客户经营环境的认识，认为解决方案不能仅仅停留于此，还要增加环境、职业健康和安全等方面的内容。于是，项目组对解决方案继续进行修改。

经过数番修改后，客户非常认可华为的方案。最终在该项目的招标中，华为从众多友商中脱颖而出，成功中标。

在任正非看来，尽心与尽力是有天然之别的。尽力是比较容易做到的，只要有合理的薪酬机制，绝大部分员工都能做到尽力地工作。但是，只有极少的人可以做到尽心，尽心就是把潜能发挥出来。而作为干部，不仅自己要尽心，也要学会让员工尽心地工作，激发他的潜能。

余承东曾回忆说，有一次任正非找到他，跟他谈了一番话，这彻底改变了他在华为的前途和命运，也彻底改变了他的人生轨迹。这番话就是任正非经常提到的“尽心与尽力”的区别。

在日常管理中，管理者对于那些业绩突出的成员也要严格要求，甚至对他们提出更高的要求，激发他们的潜力，从而为团队做出更大的贡献。

2. 紧盯团队目标，超越个人目标

对销售团队来说，要超越公司的期望。而对于个体而言，团队成员也不能成为落伍者，而是要紧跟团队队形，超越个人目标，也就是说要努力实现自我价值。

2.1 自我激励，迎难而上

对于任何企业而言，不断满足用户需求、开拓新的市场是一个持续而漫长的过程。在这过程中，肯定不是一帆风顺、简简单单的，而是充满了艰辛与挑战。只有敢于直面困难与挑战，不怕失败，敢于打拼，才能让企业生存下去。

对于团队中的成员而言，也是如此，在追求卓越的道路上，困难是无处不在的。面对困难和挑战，要保持积极和良好的心态。无论是谁，新员工也好，老员工也好，业绩突出的也好，业绩一般的也好，都要学会自我激励。可以说，自我激励才是驱动人前进的最大动因，而外在激励更多的是起到辅助的作用。

任正非曾说：“我认为高级人才光靠培训是培养不出来的。你们知道方丈是怎么出来的？悟出来的！悟性，是很难培养的。”可见，内在因素对人的进步起着决定性的作用。

2010年，刚果（金）销售副代表胡伟被末位淘汰。而这时，家庭矛盾也正困扰着他，内忧外患的胡伟开始心灰意冷，觉得人生太失败了，一度有了离职的念头。

这时，上级让他去埃塞俄比亚发展。埃塞俄比亚长期被友商独家垄断，是华为重点竞争的市场。新的任务让他意识到这是一个再次证明自己、再次爬起来的机会。一周后，他来到了埃塞俄比亚，开始新的战斗。在埃塞俄比亚，华为面对的是友商霸占了整整4年的独家电信市场，但他全身心地投入，以更严格的标准要求自己，决心拿下埃塞俄比亚市场，再次证明自己。

胡伟在刚果（金）代表处多年的组织运作和经营管理的经验，在埃塞俄比亚代表处组建过程中找到了用武之地。项目团队的日常组织和具体项目运作都由他来负责，他跟代表处的领导和员工一起，开始全面梳理客户关系，发掘各种可能的机会点。埃塞俄比亚的竞争激烈程度，跟刚果（金）不可同日而语。绝大部分时间，他要么在拜访客户，要么在办公室，反复研究客户关系，分析对手信息，并制定竞争策略，拓展客户关系。在他的带领下，所有人齐心协力，全面完成了公司的目标，还获得了更大的市场份额。

无论是华为最初建立时的“一亩三分田”，还是如今的世界大舞台，处处都是竞争和挑战。华为刚走出国门的时候，面对的是一无所知的世界。但华为人正是在强大的内在自我激励下，艰苦奋斗，不畏艰险，勇敢面对挑战，在海外站稳了脚跟。华为人常说，“烧不死的鸟是凤凰”，或许这正是华为精神的最好写照。

2.2 艰苦奋斗，追求卓越

孙亚芳曾说：“我们没有任何稀缺的资源可依赖，唯有每个人保持艰苦奋斗的精神，才能持续为客户为社会创造价值，在这一过程中，奋斗者不仅能获得合理的回报，更重要的是实现个人成长。”

因此，在任正非看来，艰苦奋斗并不是艰苦岁月或艰苦环境下的特殊要求，而是追求卓越道路上的必然要求。艰苦奋斗能够创造繁荣，但繁荣必须建立在持续奋斗的基础上。市场环境千变万化，只有持续艰苦奋斗，才不会被时代的大潮所抛下。

任正非说：“长期艰苦奋斗的文化是不会变化的。这不是中国特色，这是人类特色。第一，你要成功，就要奋斗。第二，你要想吃饭，就得做工，没人为你做牛马。”

金丹2012年加入印度尼西亚E项目，这是公司级的竞争项目，项目周期长达三年。用金丹的话说，三年中一直在黑暗中守望天边的曙光。

三年间，金丹从经常出差支撑到常驻印尼，经历了项目的各个阶段。由于客户对技术要求高，时间却给得很少，而且客户需求不断在变，给项目组的响应时间往往很短。项目 LTE 投标时，客户要求一个月交标，1 000 多页的标书，8 000 多项的 SOC，难度和压力可想而知。项目组克服人手紧张的问题，连续奋战一个月，最终准时交标。

接下来的工作又是无数轮的技术澄清，每一次都要按照客户新的要求重新进行商务汇报、测算。就这样，投标持续了 12 个月，成为代表处投标周期最长的一个项目，但金丹和她的伙伴们坚持了下来，赢得了项目合同。

因此，在追求卓越的道路上，要超越个人目标，就必须要有头悬梁、锥刺股的精神，下狠心提升自己。任正非经常以毛泽东、邓小平的例子来激励员工，他说："接受培训是重要的，但自我培训更重要。谁培训了毛泽东？谁培训了邓小平？你想成为最顶尖的人才，就只有艰苦奋斗，自己培训自己。毛泽东为什么能指挥军队打仗？为什么能领导那么多人呢？就是在于他能够开发人生的自我价值。"

2.3 在团队中实现自我价值

实际上，实现自我价值与团队目标并不是矛盾的关系。恰恰相反，要实现自我价值，就必须依靠他人的力量，依靠团队的力量。因为一个人的力量始终是有限的，所有的事情不可能都一个人做好。即便如牛顿、居里夫人、爱因斯坦这样的天才，也是站在前人的肩膀上才取得如此大的成就的。随着时代的发展，团队的力量显得愈发重要了。

任正非曾经用中研部唐东风的事例教育华为的员工。唐东风的父母是农民，但一心培养他读书，用知识改变命运。任正非说："如果他父母不让他读书，那唐东风现在就是养猪专家、养鸡专家、种田专家，而不是今天的软件专家。是时代造就了他，华为造就了他，他在华为这个集体里推动了华为的发展。大家来到华为这个集体，每个人都可以谱写自己人生的乐章，为国家民族作贡献。当这么多优秀青年集结在一起时，千百个唐东风就出现了。如果一个人去奋斗，就会消耗掉自己却不会成功，但是站在大家的肩膀上就成功了。所以，'革命'一定要共同奋斗。"

另外，要在团队中实现自我价值，就必须“干一行，爱一行”，把所有的事情做实。华为鼓励员工进行自我人生设计，但是要实事求是，要切合自身的实际能力和工作岗位。

在任正非看来，人生发展的道路有很多，去一线是一条路，做管理是一条路，做技术专家同样是一条路。华为各种管理岗位、各种协调岗位都可以让员工发展，因此，找到适合自己人生发展的方向是最重要的。任正非说：“人生要找到一个切入点，找准方向，你才会越干越有兴趣，越干越有前景。”

华为的研发工程师曾经喜欢盲目创新，研究新技术，少有人愿意继续维护和优化老产品。他们认为了解的新东西越多越好，将来离开华为还好就业，这在当时华为的一些实验室和研发部是很普遍的思维方式。后来任正非对这种情况提出了严厉的批评，在他看来，懂一点的才叫专家，懂很多的不是专家，一个人只有在一个点上深入钻研，在这个点上成为公司乃至世界范围内的佼佼者，才是专家，而什么都懂一点，什么都搞，是搞不好研发的。任正非说：“你们在华为是在给一条铁轨上的一段枕木钉道钉，如果到微软，连钉道钉的机会都没有，微软的分工更细，他们做的工作更窄更细，都是0、1、0、1……一个一个地累加。”

因此，在追求自我价值实现的过程中，不能盲目地“乱闯”，还是要找准方向，知道自己的优势在哪里，更多地发挥自己的优势，借助于团队的力量，紧紧围绕着提升核心竞争力的方向去努力。

3. 增强补位意识，相互分担

在团队工作中，各成员之间不可能真正做到完全的分工明确，一定是存在一些模糊地带的。如果团队成员都只做自己的那一部分工作，团队的工作效率势必就会降低许多。因此，团队成员之间应该有相互分担的意识。

3.1 主动承担更多职责

作为管理者，在日常工作中，应该向团队成员传递这样的概念，即要成为公司的骨干、团队不可或缺的人，就应该主动站出来，承担更多的职责。更多的职责意味着需要更高的能力，其实每个人的能力都不是天生的，而是在工作中不断成长的。

美国励志专家鲍勃·尼尔森的书被许多跨国企业作为员工培训的核心读本。关于员工职业成长和向上管理，他做了极为精彩的论述。

鲍勃·尼尔森在书中写道："在任职期间，员工通常会被要求做许多事情，一般性的职责、额外的任务、团队和个人项目等。在这一过程中，员工会有很多机会展示自己的能力，并超越他人。然而，对员工而言，有一项最重要的职责，并没有写在岗位职责上，在其他场合也没有被提及过，上级也从来不会告诉你，那就是永远做非常需要做的事，而不是等待别人要求你去做。这也是企业对员工的终极期望。"

盖洛普曾做了42项调查，研究结果表明，在大多数公司里，有75%的员工不敬业，这些员工在公司里总是混日子，他们得过且过，对公司缺乏敬业度。研究结果还表明，员工资历越深，越不敬业。其中大部分资深员工"人在心不在"或"在职退休"，他们对工作的热情远远不如新员工，给公司带来了一系列的问题，比如浪费资源、贻误商机、收入减少、员工流失、缺勤增加和效率低下等。

他们通常是很被动地工作，对待老板安排给的任务，总要计较分内和分外，如果不是分内的事，则会说"这应该某某去做"。即便是分内的工作，如果不被监督，他们也常常拖延，甚至干脆不做。对于老板没有安排的工作，他们往往视而不见。

作为管理者，应该在团队中时常让成员记住，应该做需要做的事，而不是只做"分内之事"。没有谁不喜欢积极主动又精明干练、在关键时刻能做出贡献的成员。要成为公司和团队的骨干，从众多人里脱颖而出，并赢得大家的信赖，那么就得积极主动承担职责，想方设法为公司做出贡献。当一个人积极主动地工作，前进的动力也鞭策着他思考和行动，进而抓住机遇，成为骨干。在华为，那些优秀的奋斗者正是这样做的。

华为沙特阿拉伯代表处技术研发团队中有一位专门负责清单配置工作的本地员工，他给自己取的中文名字叫"大巴"。2009年6月，团队需要开具一种货到付款的票据，可是，中国员工从来没有开过这种票据，加上正赶上代表处业务量剧增，人力紧张，着实让主任张达犯了愁。这时，大巴主动找到了张达，希望能将这项工作承担下来。张达很欣慰，并给大巴说了很多鼓励的话。

担下责任的大巴很快忙碌起来，他每天都不断地跟客户、市场、供应链、财经等部门沟通协调，几乎没怎么休息。大巴的忙碌取得了成效，星期一交给他的任务，他在星期三就圆满地完成了，这也大大超出了团队的预期。经历了这件事，大巴得到代表处的认可，被破例任命为产品经理。

尽管开票据不属于大巴的本职工作，但他适时站了出来，承担起了这份责任。同时，他也获得了展示自己能力的机会，赢得了团队和上级的信任。在任正非看来，人生处处充满机会，充满了希望。希望和机会掌握在每个人自己手上，努力提升自我，做需要做的事，积极为公司做出贡献，成为公司和团队的骨干，人生就大有希望。

3.2 互相分担，提升团队竞争力

机会转瞬即逝，效率对于销售团队的重要性不言而喻。要打造高效的销售团队，互相分担的意识不可缺少。在实际工作中，难免会出现突发或意外情况，或是遇到从未出现的问题，或是原本承担该职责的成员暂时不在岗位。也就是说，团队成员应该首先考虑公司和团队的利益，即便是“分外”的工作，即便这份工作是其他成员的职责，也要毫不犹豫地站出来，积极分担职责或任务，为团队共同的目标加柴添火。

2012 年，华为巴西代表处法务经理马塞洛发现华为 INSS 退税项目存在问题。INSS 属于社保税，由于多方面原因，华为巴西代表处没有使用自己的 INSS 账户来抵扣 INSS，而是直接向税务局缴纳现金，等于多交了大量不该交的钱。

马塞洛发现这个问题后，找到上级，希望主动承担这个任务。但让税务局退回已缴纳的税金并不是一件容易的事。马塞洛利用周末时间，在办公室一遍一遍地查找相关的文档，找出了几百份退税证据的文档。在他的努力下，总共从税务局退回 3 000 万美元的现金税款，极大地改善了华为巴西代表处的现金流。

这项工作并不是他分内的工作，但他说看着公司交了那么多“冤枉钱”很心疼，强烈的责任感和“补位”意识让他站了出来。他主动查漏补缺，发现多个税务筹划的机会点，并且协助相关部门推动落实，他的“补位”工作让华为公司累计受益超过 1 亿美元，为华为业务增长贡献了重要力量。2014 年，马塞洛荣获华为公司金牌个人奖。

“补位”是足球比赛中常见的术语，就是说本方队员之间要相互照应，当队友来不及撤防时，其他队员要及时补到队友的位置，以保持整体阵型的稳固，不会散掉。这是互相分担的一种表现。实际上，华为人在集体英雄主义和群体奋斗精神的感召下，从来不缺少“补位”意识。也正因为如此，华为的一线团队才具备强大的作战能力，才敢于“亮剑”。

3.3 学会分享，共同成长

在企业或团队内部，经验分享是非常重要的。尤其在一些无法形成流程化、需要具体问题具体分析的岗位上，就更需要个人的经验和过往数据的辅助。一个人在工作中累积的经验，甚至失败的教训，也是企业和团队重要的财富。管理者应该积极倡导团队成员分享经验，让这些经验继续传承给其他人，这样所有团队成员都能得到成长。

华为内部刊物《华为人》上曾刊载过这样一个故事：一个汽车的QCC（品管圈）组长发现部分零件上有毛刺，就自己买了一把锉刀，把问题零件上的毛刺锉掉，于是零件就合格通过验收了。但他并没有把自己的经验告诉别人，在他退休以后，零件大批量地出现不合格。

在团队运营过程中，管理者可以时常组织座谈会、交流会、分享会等活动，让所有成员都参与进来，相互分享各自在工作中的经验、心得、体会等，营造一个相互分享、相互学习、共同进步的氛围。

华为俄罗斯核心网解决方案团队成立于2008年，成立初期，由于人手短缺和经验不足，好几个项目遭遇失败。接着又受到金融危机的影响，团队迎来了一个苦涩的冬天。

为了提升士气，增加团队的凝聚力，他们将西点军校的行为准则“No Excuse”作为团队的行为准则，团队成员之间相互分享各自的点子。有成员反馈说与客户往来的邮件、函件和相关网站全都是俄文，很难理解，一位成员便分享了用Google Translate来阅读俄文的方法，本地员工也学着用Google Translate阅读中文。如此一来，团队的信息传递效率就大大提升了。

此外，他们还利用晚上的空余时间，办了“核心网技术论坛”，团队所有人聚集于此，交流经验，互相碰撞。而他们交流产生的火花输出了不少想法，甚至在华为公司内部都产生了一定的影响力。

实际上，团队内的活动不仅仅局限于分享工作经验，也包括技能比拼、团队户外活动、团队游戏等，通过这些方式，最主要的是营造互动的氛围，增进团队成员之间的了解，提升团队的凝聚力，实现共同成长。

4. 灌输多付出、多回报的意识

对于销售团队而言，除了要有相互分担的意识，成员还要有付出的意识。有付出才有回报，这显然是毋庸置疑的。作为管理者，应该在日常管理中，时常向团队成员灌输多付出、多回报的意识，不能只是简单地完成公司或团队的任务。只有这样，一个人才能在工作中不断地成长。

4.1 不要害怕吃亏，全情投入

有的人总是精于算计，任何一点小事情都要斤斤计较，在工作中也是如此，认为公司付给他多少工资，他就干多少活，干多了就是给公司白打工。这样的想法看似有一定道理，但其实并非如此。因为实际上企业也好，团队也好，把人招进来都是花费了成本的，尤其是缺少经验的员工，要花一段时间去培养，才能为公司创造价值。

在任正非看来，新员工加入华为前两年基本很难为华为创造太多的价值，这两年实际上是华为在员工身上“投资”的阶段。差不多到第五年，华为才能从“投资”里得到收益。因此，管理者应该在团队中营造不要害怕吃亏的氛围，让每一个团队成员都全情投入其中。

印度研究所 IT 服务部主管 Karthik 已经在华为工作了整整 10 年，他带领的 ITG 团队始终以客户满意作为工作标准，十年如一日，一直如此。

作为支撑印研 2 000 多开发人员的 IT 部门主管，一大早，客户的电话和拜访就不断，Karthik 每次和客户交谈，总会在确认客户得到了满意的答复之后才会结束。Karthik 的邮件非常之多，但对每一份邮件，他都认真地答复，即使这件事情责任不在他，他也会细心解释并指导用户找到正确的人；即使今天他无法完成，他也会告诉客户他的计划。

有的周边部门来讨论 IT 相关的工作，一些事务需要 Karthik 去推动，讨论完后，他总是静下心来认真总结。写相关工作联络邮件时他总会字斟句酌，生怕看邮件的人不理解。写完后，他还反复考虑周边部门的同事能否完全理解这个方案的全部含义。随后，他才满意地将邮件发送出去。

Karthik 将他的团队成员直接安排到每个业务部门中，为各项业务活动提供全方位的 IT 支持。业务要加班赶版本或者测试，ITG 则总是提前加班为业务搭建基础 IT 设施。正是这样长期支撑各部门业务运作，Karthik 和各级业务主管保持了良好的关系，也正是 IT 和业务良好的关系，Karthik 在很多推动型工作中发挥了极为重要的作用。

华为开拓新市场的时候，总是敢投入资源。如果华为害怕吃亏，不敢投入，那么势必难以抢占市场。个人也是如此，要先将个人的能力和价值体现出来，为公司和团队创造价值，然后才能获得尊重和回报。所以，个人也好，企业也好，实际上都是一个先投入、后产出的过程，先有产出后投入显然是不可能也不会存在的。

4.2 给予与贡献相匹配的物质报酬

“以奋斗者为本，长期艰苦奋斗”在华为并非一句漂亮的空话，而是实实在在得到执行的，这就是华为能成功的地方。一些企业虽然口号喊得很响亮，向员工承诺了很多，但是实际执行起来大打折扣，甚至沦为一纸空文。也就是说，作为销售团队的管理者，应该让“先投入、后产出”得到切实的体现，做出了贡献就应该给予相应的回报，这样才能激励更多的团队成员努力争先，实现“遍地英雄下夕烟”。

布拉沃是华为特招员工，曾在摩托罗拉工作了 10 多年，也是 MOTO 中国区无线专家组的成员之一，做事认真踏实，技术水平相当了得。当 2008 年加入华为时，他对华为的激励方式还不太理解，于是选择了年薪制的方式，也就不能获得配股，年终奖也较为固定，不像普通华为员工那样与公司业绩和个人绩效挂钩。

一段时间之后，布拉沃的工作绩效出色，个人能力也得到上级和同事的认可，主管希望他能在华为长期发展，为公司做出更大贡献，当然，他自己也会获得更丰厚的回报。主管找机会和布拉沃详细讲述了华为的激励方式，设置饱和配股、浮动奖金，是为了把华为的发展和员工的贡献紧密结合起来，让员工分享华为发展的利益。因此，主管建议布拉沃像普通华为员工那样，改为以绩效为导向的普通薪酬制。布拉沃接受了主管的提议，并主动提出想要担任某一岗位。

当时正值印度无线市场大发展，布拉沃被安排到印度地区部工作，支持当时几个重大无线项目。布拉沃在新的项目中很快发挥了自身的优势和才干，表现出很强的能力，受到地区部领导和同事的认可。几年之后，布拉沃成功当上印度无线行销的总工程师。布拉沃表示，他很喜欢他的工作，要感谢华为给他提供平台，发挥他的特长和能力，让他做他喜欢和愿意承担的技术工作。

任正非说："我们的价值评价体系不可能做到绝对公平。如果用曹冲称象的方法，那肯定是公平的；但如果用精密天平，那肯定公平不了。做到绝对公平是不可能的，但是奋斗者一定能得到合理的回报。"

4.3 收获超出物质以外的回报

美国石油大王洛克菲勒曾说："工作是一个施展自己才能的舞台，我们寒窗苦读来的知识，我们的应变力、我们的决断力、我们的适应力以及我们的协调能力都将在这样的一个舞台上得到展示。除了工作，没有哪项活动能提供如此高度的充实自我、表达自我的机会，以及如此强的个人使命感和一种活着的理由，工作的质量往往决定着生活的质量。"

因此，除了物质回报以外，员工在工作中还期冀获得其他的回报，这种回报有时候比物质回报对员工的激励作用还要大很多。例如一直让众多华为员工津津乐道的消夜，华为的食堂通常都会供应夜宵，同时华为规定，员工只要加班到9点，便可以免费吃夜宵。这一福利被华为员工戏称为"老板免费请我吃饭"。

2007年，杜智刚被外派海外，他的海外第一站是非洲南部的津巴布韦。当时，正值津巴布韦恶性通货膨胀时期，津巴布韦政府发行的货币疯狂贬值，货币面值高达万亿，银行系统因为无法承载如此多零而一度瘫痪，黑市全部以美元交易。物价疯狂上涨，买东西不用点钞机，而是用电子秤称钱，所有人吃饭时都要先买单，因为等吃完饭，货币已经贬值了。超市和商店的货架空空如也，商家宁愿将货物囤积起来，也不愿换成纸币。最严重的时候，市场上买不到新鲜的食品，只能吃到干面包和番薯。当时的津巴布韦就是如此恶劣的环境。

华为当地办事处大部分人都撤离了，但杜智刚坚持留守。面对如此恶劣的环境，他承接了一项特殊工作，为华为探索特殊商业模式，解决津巴布韦超长期应收账款问题。作为资金经理，杜智刚针对津巴布韦的特殊货币背景，完成了一系列的特殊商业模式调研，这也是华为首次探讨特殊商业模式，为后续其他国家的特殊商业模式实践提供了经验案例。此后，他辗转许多国家，在尼日利亚、津巴布韦、巴基斯坦等十多个国家和地区留下了足迹。一系列海外经历和优异的表现让杜智刚被华为挑选进后备干部总队，进行进一步的深造。

任正非曾经表示，华为给员工的好处就是“苦”。“苦”后有什么？有成就感，自己有改善收入，看着公司前进方向有信心，这就是华为吸引人才的地方。

因此，作为管理者，一方面要鼓励团队成员多付出，在团队中最大程度地发挥自己的才干和潜能，另一方面也要创造这样的平台和机会，使团队成员有机会展示自己的能力。

5. 鼓励团队成员持续成长

当今时代，技术革新的速度突飞猛进，客户需求也变化得极快。无论是企业也好，销售团队也好，个人也好，要想不落后于时代，紧跟时代潮流，就必须持续学习，持续成长。管理者更应该鼓励成员在工作中践行“终身学习”，实现持续成长。

5.1 规划成员目标，并推动实现

要实现持续成长，就必须对自身的人生目标进行设计，规划成长道路，明确未来的职业方向。对人生目标进行设计必须坚持实事求是，既要脚踏实地，也要对未来有所展望，并且最好是分阶段分步骤去进行。

在这方面，管理者一般拥有更多的经验，对于成长道路有着更为清晰的认识。也就是说，管理者可以依据自己的经验和见识，对成员进行针对性的指导，使得目标更具有可执行性。

入职华为前几年，刘卫平的绩效并不太好，一连拿了几个C。刘卫平很迷惘："为什么我对工作充满热情，还是拿不到A呢？"主管回答："有些任务你还不能独立完成，以后要注意在这些方面加强锻炼。"

刘卫平的业务导师陈宏伟找到他，在一个小餐馆里一边吃饭一边谈心。陈宏伟对他说："你要有毅力和决心，千万不能有'等靠要'的思想，只要你积极努力地主动去做，自然会得到好的结果。"

陈宏伟针对刘卫平能力和经验上的不足，给他制订了一个提升计划，有意识地去培养他的独立性。刘卫平还给自己定下了三条"铁律"：每天无论工作再忙，都坚持总结当天工作；做好第二天的工作计划；把与客户、本地员工、分包商沟通中的问题，详细记录在本上，积极向导师请教和学习。经过一段时间的提升，他对业务越来越熟悉，逐渐能独当一面了。

2010年，刘卫平绩效考核第一次拿到了A，此后更是连拿5个A。刘卫平感慨说，如果那时候导师不找到他，帮助他提升自己，或许在那时他就离开了华为，也不会取得现在的成绩。

任正非曾经对华为的青年员工说："你们要树立起远大志向，有的人会说，我考评要拿A，我要当主管，那不是远大志向。什么是远大志向？就是做世界上排得上名次的专家、学者和商人，那才是远大志向。你们去看看市场部，他们动不动就称自己是'国际营销专家'，是不是真的'国际营销专家'姑且不论，首先你得有这个想法，然后按照这个标准去做。"

在任正非看来，华为的希望寄托在年轻人身上，华为公司实际上也是一个"年轻人"，年轻就要充满希望，要有大的目标。

为了鼓励员工树立远大志向，不断在工作中提升自我，实现自己的理想，任正非讲过这样一个故事：50年前有两个青年在抬石头修教堂，一个智者问他们："你们在干什么？"一个青年告诉他"我在抬石头"，另外一个青年则说"我在修教堂"。50年过去以后，智者再次来到这里，发现说"抬石头"的人还在抬石头，说"修教堂"的人已成了哲学家。任正非指出，华为瞄准了一个发展大目标，做的事情是天天搬砖头、搬石头，但是总目标是提升华为的核心竞争力。所以华为每天都在修教堂，50年后可能就修成了，华为人就成为哲学家、成为企业家、成为管理者。

当然，任何长远的目标和计划都需要踏实地执行，这可能是一个漫长的过程。因此，任正非曾告诫华为员工，不要急于求成，慢慢地寻找人生的感觉，花时间去理解，任何一个事物发展起来都需要一段时间，急于求成很难获得成功。

5.2 走出舒适区，敢于迎接新的挑战

在相对稳定的环境下，成员是很容易自我满足的，认为当前已经是自己可以到达的极限，自己的潜力已经挖掘完毕，因此就停留在“舒适区”。但其实，一个人如果不经受考验，潜力是很难被挖掘出来的。

对企业和团队而言，这种裹足不前的心态从长远来看会慢慢使内部的活力降低，所有人都失去前进的动力，最后可能就导致企业或团队失去竞争力。因此，企业和团队要持续发展，要在残酷的市场竞争中生存下来，团队也好，个人也好，都要走出“舒适区”，敢于时刻迎接新的挑战。

张俊松一直担任中国区电信系统部产品副部长。2013年年底，他告别了工作近十年的一线，调任LTC-MCS变革项目经理。但他对这个新的岗位完全不熟悉，不禁浮想联翩，内心也是惴惴不安。经过一个月深思熟虑，他认为公司的需要始终是第一位的，多年的历练也应该更好地为组织奉献自己的能力。他下定决心，回到华为总部，担当LTC-MCS变革项目经理。

张俊松对这个新的岗位一无所知，团队也只有他一个人，但他还是很快投入了工作。张俊松边学习，边从华为内部招聘团队成员。然而，前来面试的同事虽然不少，但在转岗去新领域面前打起了退堂鼓，他们的理由也很充分：“在原部门做业务顺心多了。”陌生的新领域让他们徘徊和犹豫，张俊松每天都召开说明会，对前来应聘的同事做讲演。他推心置腹，主动谈起自己的心路历程，聊公司对变革的重视以及参加变革的价值所在。他的演讲终于打动了他们，许多在一线工作多年的老同事陆续加入项目组。

因此，在任正非看来，要让组织保持活力，就不能停留在“舒适区”内。实际上，21世纪之初，华为在国内已经占据了足够大的市场，经营数据良好，利润也相当不错，但任正非仍是毅然决然地让华为走出“舒适区”，踏上了占领海外市场的征程。如今回过头来看，任正非当时的决策不可谓不超前。对于个人而言，更是如此，只有勇敢地踏出第一步，才能见识更广阔的天地。

5.3 跟上时代发展的步伐，持续进步

时代是不断往前发展的，人类所产生的知识和经验也越来越多，每时每刻可能都有新的技术实现突破，这就要求每个人都要有持续学习的能力，跟上时代发展的步伐。

在任正非看来，每个人都要学习，有经验的人要学习，没有经验的人更要学习。过去的经验当然能帮助一个人，也能在很多时候起到作用。但如果只是躺在经验主义上，而不能结合经验把新的事物很好地消化掉，那资历就成了包袱，成了阻碍一个人进步的障碍。

2006年，华为某产品开始研发，按照客户要求，要在2007年实现高质量商用。刚入职不到一年的刘杰听到这个消息，主动请缨，希望自己能负责一个模块的交付。但他没有任何代码以及项目管理经验，主管有些犹豫，觉得将这个难题交给他并不太合适。但刘杰不屈不挠，一边继续向主管请求，一边见缝插针，向开发团队专家请教，主管见他干劲十足，最终还是被他打动。

接下任务后，到处可见刘杰忙碌的身影，夜晚昏暗的路灯下，他慢慢地琢磨；热闹的会议室中，他与人争论得面红耳赤；光标闪烁的电脑前，他埋头编码；安静的实验室中，他紧张调测。就这样，刘杰竟然及时地完成了所有任务，产品上市后他所负责的模块没有出现过问题。

2008年，刘杰到德国支持某重大项目的技术保障工作。尽管该项目有一个设备是他第一次接触，但是到现场后，刘杰立即行动起来，夜间补习知识，白天就与现场技术支持团队以及后方研发支撑团队一起，安装设备、调试测试。很快，他就从一个十足的“门外汉”变成地道的“专家”，现场一起工作的客户多次对刘杰的想法和思路表示赞赏。

刘杰感慨道：“如果我不主动去学习相关的知识，不比别人更努力地钻研，可能我现在还是个没入门的菜鸟，我也没有机会施展自己的能力。当然也要感谢主管和华为的信任，给了我展示自己的大平台。”

任正非尤其强调，华为干部的标准是与时俱进的，如果后面的人跑得比前面的人快，那前面的人不一定能保住自己的位置，为了公司的生存发展，那他只能自己退下来，继续学习。就好像刻舟求剑的故事，华为就是往前航行的船，如果干部不能与时俱进，那就成了被华为这艘大船抛下去的剑，华为不会

也不可能停下船去捞剑。

任正非曾举了一个例子，他说，假设让一群之前对榴弹炮完全没有概念的工人制作榴弹炮，他们可以上网搜索原理和图纸，只要弄到原材料和设备就能做出榴弹炮了。因此，任正非提出了“一杯咖啡吸收宇宙能量”的理念。“咖啡”一词源于希腊语“Kaweh”，意思是“力量与热情”。任正非提倡的“喝咖啡”，就是通过内外部交流，拓展思路，吸取多方面多人的能量。华为的高级干部与专家尤其要多参加国际会议，“多喝咖啡”，与不同的人碰撞，说不定就擦出火花来了。就算没有火花，也是很有裨益的。只有通过这样的交流与碰撞，每个人才能跟上时代发展的步伐，以“一杯咖啡吸收宇宙能量”。

参考文献

1. 吴春波. 华为没有秘密. 北京：中信出版社，2014.

2. 田涛，吴春波. 下一个倒下的会不会是华为. 北京：中信出版社，2012.

3. 黄卫伟. 以奋斗者为本. 北京：中信出版社，2014.

4. 黄卫伟. 以客户为中心. 北京：中信出版集团，2016.

5. 田涛，殷志峰. 厚积薄发. 北京：生活・读书・新知三联书店，2017.

6. 程东升，刘丽丽. 华为三十年.贵阳：贵州人民出版社，2016.

7. 汤圣平. 走出华为. 北京：中国社会科学出版社，2004.

8. 张利华. 华为研发. 北京：机械工业出版社，2009.

9. 周留征. 华为哲学. 北京：机械工业出版社，2015.

10. [美] 罗珊 L.斯皮罗，威廉 J.斯坦顿，格雷戈里 A.里奇. 销售团队管理. 韦福祥. 译. 北京：机械工业出版社，2005.

11. [美] 吉姆・潘西罗. 销售团队管理. 朱国振，高晓燕. 译. 北京：电子工业出版社，2007.

12. [美] 南希・马丁尼，杰弗里・詹姆斯. 销售团队管理：通过应用心理学打造高绩效销售团队. 高晓燕，黄莉莎，王惠. 译. 北京：电子工业出版社，2017.

13. [美] 大卫・西克海利. 销售团队薪酬激励设计与实施. 信任. 译. 北京：中华工商联合出版社，2016.

14. [美] 罗森. 王牌销售团队：送给销售经理和公司高管的实战手册. 李波，温慧. 译. 北京：企业管理出版社，2009.

15. [美] 博恩・崔西. 销售中的心理学（白金版）. 王有天，彭伟. 译. 北京：北京联合出版公司，2016.

16. [美] 乔治・米尔科维奇，杰里・纽曼，巴里・格哈特. 薪酬管理（第11版）. 成得礼. 译. 北京：中国人民大学出版社，2014.

图书在版编目（CIP）数据

群狼战术：华为销售团队建设与激励法则 / 周庆，易鸣，向升瑜著. — 北京：中国人民大学出版社，2018.11

（华为营销方法丛书）

ISBN 978-7-300-26035-8

Ⅰ. ①群… Ⅱ. ①周… ②易… ③向… Ⅲ. ①通信企业－企业管理－销售管理－经验－深圳 Ⅳ. ①F632.765.3

中国版本图书馆CIP数据核字(2018)第169823号

华为营销方法丛书

群狼战术——华为销售团队建设与激励法则

周庆 易鸣 向升瑜 著

Qunlang Zhanshu——Huawei Xiaoshou Tuandui Jianshe yu Jili Faze

---

出版发行	中国人民大学出版社		
社　　址	北京中关村大街31号	**邮政编码**	100080
电　　话	010-62511242（总编室）		010-62511770（质管部）
	010-82501766（邮购部）		010-62514148（门市部）
	010-62515195（发行公司）		010-62515275（盗版举报）
网　　址	http://www.crup.com.cn		
	http://www.1kao.com.cn（中国1考网）		
经　　销	新华书店		
印　　刷	涿州市星河印刷有限公司		
规　　格	170mm×230mm　16开本	**版　　次**	2018年11月第1版
印　　张	15.25　插页2	**印　　次**	2020年2月第3次印刷
字　　数	246 000	**定　　价**	58.00元
